CORRESPONDANCE

DE

P.-J. PROUDHON

TOME NEUVIÈME

PARIS
LIBRAIRIE INTERNATIONALE
A. LACROIX ET Cᵉ, EDITEURS
13, RUE DU FAUBOURG-MONTMARTRE, 13

1875

CORRESPONDANCE

DE

P.-J. PROUDHON

ŒUVRES COMPLÈTES DE P.-J. PROUDHON

32 VOLUMES

En format grand in-18 jésus.

ŒUVRES ANCIENNES. — TOME I. Qu'est-ce que la propriété? 1er Mémoire. Recherches sur le principe du droit et du gouvernement. — 2e Mémoire. Lettre à M. Blanqui sur la propriété. 3 50

TOME II. 1° Avertissement aux propriétaires; 2° Plaidoyer de l'auteur devant la cour d'assises de Besançon; 3° Célébration du dimanche; 4° De la concurrence entre les chemins de fer et les voies navigables; 5° Le Miserere. 3 50

TOME III De la creation de l'ordre dans l'humanité, ou principes d'organisation politique. 3 50

TOMES IV et V. Système des Contradictions économiques ou philosophie de la misère. 7 »

TOME VI. Solution du problème social. Organisation du crédit et de la circulation. Banque d'échange. Banque du peuple. 3 50

TOME VII. La Révolution sociale. — Le droit au travail et le droit de propriété. — L'impôt sur le revenu. 3 50

TOME VIII. Du Principe fédératif. — Si les traités de 1815 ont cessé d'exister. 3 50

TOME IX. Les Confessions d'un révolutionnaire, pour servir à l'histoire de la Révolution de Février. 3 50

TOME X. Idée générale de la révolution au XIXe siècle. (Choix d'études sur la pratique révolutionnaire et industrielle.) 3 50

TOME XI. Manuel du spéculateur à la Bourse. 3 50

TOME XII. Des Réformes à opérer dans l'exploitation des chemins de fer. 3 50

TOMES XIII et XIV. La Guerre et la Paix; recherches sur le principe et la constitution du droit des gens. 7 »

TOME XV. Théorie de l'impôt. 3 50

TOME XVI. 1° Majorats littéraires; 2° Fédération et Unité en Italie; 3° Nouvelles Observations sur l'Unité italienne; 4° Les Démocrates assermentés. 3 50

TOMES XVII, XVIII, XIX. Brochures et articles de journaux, lettres, etc., depuis février 1848 jusqu'à 1852 (réunis pour la première fois). — Articles du *Représentant du Peuple*, du *Peuple*, de *la Voix du Peuple*, du *Peuple* de 1850. 10 50

TOME XX. Philosophie du progrès. — La Justice poursuivie par l'Eglise. 3 50

TOMES XXI à XXVI. De la Justice dans la Révolution et dans l'Eglise (avec les deux premiers volumes inédits) 21 »

ŒUVRES POSTHUMES. — Théorie de la propriété, suivie d'un plan d'Exposition universelle. 1 vol.......... 3 50

De la capacité politique des classes ouvrières. 1 vol.... 3 50

France et Rhin. 1 vol.............................. 2 50

Théorie du mouvement constitutionnel. 1 vol.......... 3 50

La Bible annotée. — Les Evangiles. 1 vol .... 4 »

— Les Apôtres. 1 vol.................. ..... 5 »

PARIS. — IMPRIMERIE MODERNE (BARTHIER, Dr), RUE J.-J.-ROUSSEAU, 61.

CORRESPONDANCE

DE

P.-J. PROUDHON

TOME NEUVIÈME

PARIS

LIBRAIRIE INTERNATIONALE

A. LACROIX ET Ce, ÉDITEURS

13, RUE DU FAUBOURG-MONTMARTRE, 13

1875

CORRESPONDANCE

DE

P.-J. PROUDHON

Bruxelles, 22 janvier 1850.

A M. GOUVERNET

Mon cher Gouvernet, en réponse à votre dernière du 18 courant et en attendant que je vous envoie rue Saint-Lazare et rue d'Enghien, voici deux petites commissions que je recommande à vos soins.

Je ne répondrai à l'assignation qui m'a été envoyée que par le plus profond silence. Seulement, si je trouve en Belgique un journal assez complaisant pour me prêter une de ses colonnes, je publierai mes deux pièces au Président de la Cour et au parquet. Ce sera un document historique pour servir ce que de besoin.

Comment, Samyon a quitté Vesoul! Il se fixe à Paris! Est-ce qu'il compte déjà trente ans de services? Je crois, en effet, me rappeler que c'est en 1829 qu'il a subi ses examens de baccalauréat et qu'il est entré au collége de Vesoul. Il me semble que c'était hier!..... Hélas! j'avais vingt ans alors, et j'en ai cinquante!...

P***, souscripteur pour cent actions de 1,000 francs! Il n'a pas 100,000 sous liquides. Le pauvre malheureux a laissé passer toutes les bonnes occasions et il se raccroche à l'assurance rurale. Puisse-t-il n'y pas trouver la ruine et la honte, comme tant d'autres les ont trouvées dans des commandites bien autrement appétissantes!

Vous voyez bien que l'Empire n'aura bientôt plus rien à concéder, rien à donner, qu'il est à bout de subvention et qu'il faut qu'il fasse la guerre! Pauvre empereur! si du moins il savait tout ce qu'il fait, s'il se comprenait lui-même, il lui resterait du moins la gloire d'avoir été un tyran de génie. Mais, abstraction faite de sa conscience que je ne juge pas, c'est bien, pour l'intelligence, la bête au bon Dieu.

Ma femme a si bien oublié déjà ses griefs, et elle est si peu ingrate, qu'à la lecture du dernier paragraphe de votre lettre elle s'est écriée : Pauvre M. Gouvernet! Que ne suis-je là, je lui trouverais une chambre!...

Quant à moi, j'ai la tête bien grosse, ma cervelle me semble plus forte, j'ai le pas plus assuré, la moelle plus ferme; mais ce sont des congestions qui me tourmentent. Je n'ai réellement besoin que de repos; donnez-moi trois mois de calme après ma prochaine publication, et je suis guéri.

Dans huit jours, la presse belge annoncera, en guise de réplique à la Cour impériale, la brochure suivante :

COMMENT LES AFFAIRES VONT EN FRANCE, ET POURQUOI NOUS AURONS LA GUERRE?

Que dites-vous de ce titre? Il me semble de nature à piquer la curiosité. N'en dites encore rien. Je n'en parle ni à l'ami Chaudey, ni à personne. Si les Anglais, les Autrichiens, ne me reconnaissent que pour un utopiste, la démocratie elle aussi ne veut rien de moi; il est écrit que je serai une prophètesse Cassandre.

Toutefois, ma brochure paraîtra en allemand presqu'aussitôt qu'en français, et je vais écrire à Londres pour avoir un traducteur.

Je vous serre la main.

P.-J. PROUDHON.

Bruxelles, 27 janvier 1859.

A M. CHARLES BESLAY

Mon cher ami, votre dernière est du 15 janvier. En même temps que vous m'écriviez, je vous écrivais de mon côté : nos deux lettres se sont croisées en route. J'attendais en conséquence réponse de vous, surtout hier et ce matin, pensant que vous auriez à me parler de l'audience du 25 ; je ne vois rien venir.

Ma lettre contenait un pli pour Duchêne, lequel en contenait un autre pour le Champenois. Je n'ai avis de rien. Chaudey, qui m'a écrit, ne me parle pas de vous, Gouvernet pas davantage. N'auriez-vous donc pas reçu ma lettre ; elle était adressée *rue Saint-Sébastien*, 53, *à M. Charles Beslay.*

Je suis sous presse ; dans huit jours mon opuscule sera tiré. Ce sera intéressant, et si les Anglais, les Allemands, les Autrichiens, les Belges, ont de l'intelligence, cela fera son trou. A Paris, on en eût vendu cinquante mille. Mais il n'y faut pas songer. L'Empire ne peut plus se défendre que par le silence et les ténèbres. Après ma brochure, il en viendrait d'autres où l'on ferait remonter à l'empereur la responsabilité de tous les vols qui se commettent; il n'y aurait pas moyen d'y tenir.

Décidément, je dois considérer le public français comme perdu pour moi. On a permis à V. Hugo, après *Napoléon le Petit*, de vendre en France ses *Contemplations* ; on ne laissera pas passer de moi-même un abrégé d'Histoire ancienne. Rien, rien ! Que de gens doivent se féliciter de me voir parti ! Voilà Michelet qui s'est mis à venger l'*Amour* de mes rudesses, puis M. Louis Jourdan, puis Mme Juliette la Messine, puis M. Pelletan ; de tous côtés on jette la pierre au brutal qui a injurié la *Femme* et l'*Amour*. Grand bien leur fasse. Il est trop tard pour moi d'apprendre l'anglais ou l'allemand ; mais assez de gens hors de France lisent le français, et quand il ne me resterait pas la ressource de travailler pour l'avenir, je pourrais encore faire d'assez utiles publications. Je ne renonce pas même à rentrer dans le journalisme. Peut-être en entendrez-vous bientôt parler.

Si vous voyez Duchêne, dites-lui que j'ai reçu sa dernière, que l'envoi dirigé sur Enghien a été contremandé et réexpédié sur Montmorency, à l'adresse de M. T***; qu'aujourd'hui j'écris à V***, à Londres, pour la publication en anglais de la brochure sur les chemins de fer.

Mais j'espère peu de l'appui des Anglais et du zèle des Belges. Le socialisme est odieux partout, la raison venant de nous n'est pas une raison ; nos révélations, nos plaintes, nos idées, tout est non avenu. C'est quelque chose d'incroyable.

Si je me trouvais en fonds, j'irai moi-même voir si on ne peut pas organiser le passage des imprimés. Mais je ne puis bouger. Je suis de nouveau à l'attache et forcé d'économiser sur tous les instants.

Bonjour et écrivez-moi, car à mon tour je deviens inquiet.

Tout vôtre.

P.-J. PROUDHON.

Bruxelles, 6 février 1859.

A M. CHARLES BESLAY

Mon cher ami, reçu vos deux lettres du 29 et du 3.

Je suis heureux d'abord des détails que vous voulez bien me donner sur vos affaires. J'ai grande confiance en votre activité et votre prudence, mais les temps sont mauvais, les hommes perfides; vous n'êtes plus assez jeune pour affronter certains risques, et vos soixante ans si verts pourraient se flétrir tout à coup sous un sinistre imprévu.

Merci, en second lieu, des détails que vous me fournissez sur tout ce qui m'intéresse, et notamment de l'abbé Maret. Parlez donc un peu, à l'occasion de cet olibrius, à Massol, à Langlois, à Duchêne, à tous ceux qui peuvent perdre une demi-journée pour venir l'entendre. J'aimerais à recevoir, tantôt de l'un, tantôt de l'autre, quelque rapport sur ses leçons.

Ma brochure, je vous l'ai dit, est sous presse : deux cents pages, pas plus, pas moins, grand in-18. J'ai ici deux censeurs officieux qui me tamisent, en vue de la loi belge qui punit l'insulte au gouvernement. Déjà il m'a fallu refaire plusieurs pages; vous voyez ce que c'est que la liberté en Belgique. — Mais nous arriverons à nos fins, et plus on me serre, plus j'ai de ressort. Je traite à fond la question de la guerre, ma brochure arrivant huit jours après celle de La Guéronnière servira de réponse.

J'ai pris sur moi d'exprimer l'opinion de la République en cette circonstance et de dire la pensée de la Révolution. Il ne fallait pas s'attendre à mettre d'accord dix ou douze réfugiés pour faire une pareille déclaration. Eussent-ils été d'accord sur le fond, ils n'eussent pas consenti à la publication. Ils ne savent pas, disent-ils, jusqu'à quel point, en se prononçant contre Bonaparte, ils engageaient la politique du parti!... Ils veulent bien qu'on combatte l'Empire, mais ils font toute réserve sur la question de *nationalités*. — Moi, je prouve que cette prétendue question de nationalités, telle qu'ils l'entendent, est un faux principe, une fausse donnée, un anachronisme, que je nie et mets en pièces. Vous en jugerez, du reste.

Aussitôt que j'aurai des feuilles, je mettrai deux exemplaires en un seul paquet, chargé, avec les cinq cachets d'ordonnance; je vous les adresserai affranchis, et dès que vous les aurez reçus, vous m'en informerez courrier par courrier.

L'un des deux exemplaires sera pour vous, l'autre pour Duchêne.

Si quelqu'un ensuite désire en avoir, voici ce que vous ferez : vous prierez la personne de vous remettre 2 francs, avec son adresse; vous garderez l'argent et m'enverrez l'adresse, et je ferai pour le demandeur comme je vais faire pour vous, c'est-à-dire que j'expédierai sous enveloppe cachetée et *chargée*; seulement la personne paiera le port.

Cela pourra revenir à 6 ou 7 francs l'exemplaire.

Dans le cas où je devrais affranchir (pour raison d'ordre ou d'économie), vous vous feriez payer le port et le prix. Nous continuerons ainsi jusqu'à ce que nous soyons découverts, ce qui implique encore qu'à chaque arrivage vous devrez faire connaître le résultat. C'est en prévision de la saisie que je voudrais laisser le port à la charge du destinataire.

J'ai écrit à V*** ; le malheureux, après quatre mois de maladie, s'est trouvé ruiné ; il s'est refait ouvrier. Cependant, il a fait déjà quelques démarches ; je lui adresserai des épreuves. S'il y a possibilité d'obtenir une traduction, on la fera; dans le cas contraire, on enverra des exemplaires de l'édition originale.

On souhaite fort ici que je prenne la parole sur cette question de la guerre; on sent combien, avec nos traditions chauviniques, nos scrupules patriotiques, etc., la chose est difficile. Mais, sur le terrain du droit révolutionnaire et des principes économiques où je me place, toute difficulté s'évanouit, et j'espère qu'après avoir reconnu que mes raisons sont sans réplique, vous ne regretterez pas que j'aie rien sacrifié du sentiment français.

Nous avons ici des nouvelles du mariage de Son Altesse Impériale. Le malheureux prince ne paraît pas avoir gagné en popularité; les ouvriers et les soldats (je parle de la France) font à ce sujet les plus bêtes calembours : on l'appelle, lui, *la mansarde* (*l'amant sarde*), et son épouse, la *fleur des poissardes* (*fleur des pois sardes*), en sorte que M. la Mansarde aurait épousé la Fleur des poissardes !... C'est la correspondance secrète du journal le *Nord*, journal bonapartiste, qui raconte cela. J'en ai eu connaissance par R***. On ajoute que l'accueil fait aux époux par la population parisienne, l'armée et les Tuileries, a été glacial. — De la part des Tuileries, cela ne me surprend pas : la princesse Clotilde est *fille légitime de* ROI, tandis qu'Eugénie appartient à une autre catégorie. L'empereur se fait vieux et ne gouverne plus, c'est le cousin qui mène; tout cela, vous comprenez, doit donner fort à réfléchir à Leurs Majestés Impériales.

Je vous suis bien obligé de la complaisance que vous avez eue pour Duchêne. Puisque vous n'avez pas cru devoir lancer la traite que j'attendais, il va arriver que je me trouverai désargenté de ces 100 francs, et que vous ne pourrez tirer sur moi qu'après m'avoir prévenu au moins une quinzaine à l'avance.

Je vous serre la main.

P.-J. PROUDHON.

P.-S. Ma protestation au président de la Cour d'appel a paru jeudi dernier dans l'*Étoile belge*. L'effet a été assez bon. Il y avait une petite lettre au rédacteur assez significative.

Bruxelles, 6 février 1859.

A M. JOSEPH FERRARI

Mon cher Ferrari, j'ai bien reçu dans le temps vos deux lettres sans date, et que j'ai oublié à mon tour de coter, ce qui prouve qu'économiste et historien nous sommes aussi oublieux du temps l'un que l'autre.

Que me dites-vous de vos correspondances italiennes et de mes citations? Moi! j'aurais contribué à vous faire connaître en me plaçant sous l'autorité de votre parole! Quelle bonne plaisanterie!... C'est moi qui vous dois des remerciements, cher ami, pour m'avoir fourni la plus belle citation de mon *Mémoire*. Que dis-je? Je vous dois des excuses pour vous avoir rendu, autant qu'il était en moi, complice du délit qui m'a valu trois ans de prison.

Mais je vais faire bien pis : je vais vous citer encore et me prévaloir de vos enseignements dans une brochure actuellement sous presse, qui paraîtra dans huit ou dix jours, et dans laquelle je combats à outrance le projet impérialiste d'une guerre contre l'Autriche à propos ou sous prétexte de l'Italie.

Quelle sera cette fois votre opinion, mon cher Ferrari?

Je tremble de contrister, bien malgré moi, votre cœur patriote; mais vous sentez bien que ce qui m'a fait agir n'est point un manque de sympathie pour votre nation; vous comprenez que je suis patriote, moi aussi, et que s'il vous est naturel de désirer, à tout prix, l'expulsion des Autrichiens, il peut bien m'être permis, à moi Français républicain et exilé, de ne voir dans cette prétendue campagne d'affranchissement qu'une intrigue dynastique et contre-révolutionnaire, dont l'unique résultat, selon moi, sera, après avoir fait changer l'Italie de patrons, d'appliquer une double cuirasse sur le cœur et le génie de la France.

En quelques lignes vous avez ma thèse; je vous fais grâce, quant à présent, des motifs, considérants, arguments, pièces, etc., à l'appui. Vous verrez cela, je l'espère.

Ainsi, non-seulement je vous afflige comme citoyen de l'Italie, mais je vous compromets comme écrivain libéral; que voulez-vous ?

La division entre nous n'est pas dans le but à atteindre ni dans les principes, elle est toute dans l'opportunité et le moyen. C'est une consolation. Mais à aucun prix je ne peux laisser passer cette atroce mystification de l'*indépendance italienne par une armée bonapartiste*; et je me sens parfois de la colère contre ceux de vos compatriotes qui, obéissant à leur impatience plus qu'à la raison, peu soucieux de la liberté et du droit des gens pourvu qu'on serve leur fantaisie, demandent à grand cri la descente des Français, dût-il en coûter à la France dix ans de prolongation de cet ignoble régime.

Voilà, mon cher Ferrari, les idées qui en ce moment me travaillent. J'espère que la réplique à la brochure de mons La Guéronnière sera rude; elle n'entrera pas en France, mais elle n'en produira pas moins son effet, je vous en réponds.

Au reste, je vous cite avec discrétion : une fois, à propos d'autre chose que la guerre, une autre fois sans vous nommer; je ne veux pas que vos compatriotes vous accusent de trahison, ni que vous m'accusiez de manquer à l'amitié. En remplissant ce que je considère pour moi comme un devoir civique, j'ai fait de mon mieux pour vous dégager du débat.

Que vous dirais-je à présent ?

Je lis depuis quelques jours les numéros parus d'une Revue nouvelle, le *Magasin de la Librairie*, par MM. Gérusez, Saint-Marc Girardin, Em. Saisset, etc.; la Sorbonne, Université toute pure. C'est bien faible, c'est somnambulique. Ces messieurs, on le voit de reste, continuent le sauvetage de la rue de Poitiers, combattant pour les saines doctrines, la Religion, la Providence, l'Évangile, la royauté constitutionnelle et la bourgeoisie exploitante, contre les athées, panthéistes, fatalistes, rationalistes, socialistes, révolutionnaires, *in omni genere, numero et casu.*

Cela fait pendant à l'avalanche des rapsodies sur l'*Amour* et la *Femme*, en opposition aux tentatives féroces de cet homme qui, après avoir dit : Dieu c'est le mal, la propriété c'est le vol, le meilleur des gouvernements c'est l'anarchie, s'avisa de soutenir que la grandeur de la femme était dans la beauté, et sa liberté dans l'obéissance. Concluons : la femme dans la famille est 49 %, près de moitié; dans la cité, rien. — Les suppôts de sacristie sont d'accord pour fonder sur d'autres bases la société expirante et la préserver du despotisme. Quels héroïques soutiens !...

Parlons un peu de vous. A ce que je vois, votre livre fait son chemin, tant mieux, cela prouve pour le siècle. Il n'y a pas de léthargie qui tienne devant un pareil réactif. J'ai là tout et je continue à en être satisfait, d'autant plus satisfait même que je trouve à vous combattre, et que c'est vous qui me fournissez mes raisons.

Sans cette secousse puissante que vous donnez à l'esprit, il est des choses qui seraient restées moins nettes dans mon intelligence. J'ai résolu de faire sur vous une brochure de 150 à 200 pages : quand ? je ne le saurais dire. Mais vous faites partie de la série des petits écrits auxquels je veux consacrer le reste de ma vie et dont j'ai fait le plan ; vous aurez votre tour, votre place honorable dans ma critique et vous apprécierez mes réserves.

Je crois me souvenir que vous estimez plus vos tomes III et IV que les deux premiers ; je ne serais pas aujourd'hui de votre avis. Ce n'est pas que les faits, tels que vous les présentez, ne soient toujours aussi intéressants, mais il y a de l'embrouillement, de la monotonie, de la fatigue, et chose singulière, tandis que dans les deux premiers on se laissait aller avec plaisir à votre idée, dans les deux suivants le doute gagne.

Ne prenez pas ceci, encore une fois, pour un coup d'épée par derrière ; votre œuvre est ce qu'elle devait être, et un pareil travail ne se perd pas. Mais votre raison individuelle ne peut pas plus que la mienne embrasser la totalité des points de vue qui forment l'univers et la vérité ; vous n'êtes toujours, quoique vous fassiez, que dans le relatif et votre force incontestable est d'y faire rentrer tous les faits. Je soutiens seulement que ces mêmes faits peuvent être présentés encore d'une autre manière, tout aussi vraie que la vôtre, et qu'il faut se convaincre de cela pour avoir une intelligence saine de l'histoire.

Adieu, cher ami, conservez-vous et travaillez.

Gouvernet m'a transmis l'autre jour un bonjour de votre part. Merci.

Tout vôtre.

P.-J. PROUDHON.

8 février 1859.

A M. GOUVERNET

Mon cher ami, j'ai reçu la vôtre du 2 courant, et je vous remercie de votre diligence à m'obliger. — Voici où j'en suis, quant à moi.

J'ai prié l'*Indépendance belge* d'insérer ma protestation adressée au président de la Cour d'appel, en prévision de ce qui vient d'arriver et que je prévoyais : refus. On n'ose rien faire ici de ce qui peut le moindrement déplaire au gouvernement impérial. Je me suis alors adressé à un journal moins répandu, l'*Étoile belge*, qui a accepté ma communication à titre de *document historique*. C'est tout ce que je voulais. L'*Étoile belge* ne va pas en France ; on m'avait promis plusieurs exemplaires du numéro ; comme je me suis présenté deux jours après, il n'y en avait plus. J'en possède deux seulement.

On ne s'occupe, on ne parle ici que de la guerre. Aussi le cours des idées m'entraînant, j'ai donné dans ma nouvelle brochure une extension assez grande à la question. Je crois avoir épuisé tout ce qu'on peut dire, à tous les points de vue possibles, de la guerre. C'est assez intéressant, surtout avec l'appui des faits économiques accumulés dans une publication, et qui prouvent tous que si l'Empire veut la guerre c'est qu'il y est forcé par le danger de la banqueroute. Je regrette fort que cette brochure n'ait pas paru un mois plus tôt, elle tombait comme un seau d'eau fraîche sur la fringale belliqueuse de Sa Majesté Impériale. Mais la question, un moment amortie, ne tardera pas à reprendre de l'élan; si je ne me trompe, on attendra maintenant la fin de la session du *Corps législatif* pour passer les monts : ce sera donc pour la fin du printemps ou pour l'automne.

J'ai lu hier soir le discours de Sa Majesté, arrivé par le télégraphe. C'est une *apologie* dans laquelle le dépit, le mécontentement se laissent voir à chaque ligne. On voulait détacher l'Angleterre de l'Autriche, l'Angleterre répond par un mot : *maintien des traités*. On voulait entraîner le pays, le pays ne veut pas de la guerre. Sur quoi notre homme de s'étonner, de se justifier; ses desseins sont méconnus, on ne lui rend pas justice, etc. Mais vous verrez qu'on reviendra à la charge : *il faut la guerre* pour sauver la dynastie bonapartiste. C'est ma thèse principale que vous lirez bientôt, j'espère.

Je suis attardé par toutes sortes de choses. D'abord l'imprimeur a manqué de caractères, puis il manque de papier, puis il fait lire mes épreuves par deux censeurs officieux : l'un avocat, l'autre docteur en médecine, qui m'épluchent attentivement et m'obligent à corriger tout ce qui pourrait motiver un procès. Une loi du pays, faite tout exprès pour l'empereur, défend, sous des peines très-sévères, l'attaque au gouvernement et à la personne de Sa Majesté. Or, on attaque, on injurie, on calomnie le gouvernement de Sa Majesté toutes les fois qu'on relève un fait illégal ou immoral à sa charge. Voilà la liberté dont nous jouissons en Belgique. Comme c'est gai!... Et on parle de la nationalité des Italiens quand on opprime celle des Belges!...

On va tirer aujourd'hui les feuilles une, deux, trois de ma brochure; on composera de suite et on tirera sans désemparer ce qui reste, en tout deux cents pages.

S'il y avait au Corps législatif cinq ou six bonnes têtes, voici ce que l'on ferait : je leur en adresserais, sur leur demande deux cent soixante-sept exemplaires (autant que de représentants); on verrait ensuite si le ministre de l'intérieur oserait empêcher un document important de parvenir à l'adresse de nos législateurs. Il y aurait matière à interprétations, scandales. Nous livrerions les deux cent soixante-sept à 50 centimes pièce. Parlez-en donc à M. Beslay.

Mais nos représentants, les républicains y compris, sont des ganaches; il n'y en a pas un qui ose réclamer, crier, accuser!...

J'ai écrit à Ferrari et j'ai oublié de lui donner votre adresse. Passez chez lui un soir, impasse Mazagran, 8, près le boulevard Bonne-Nouvelle, et donnez-la lui. J'attends une lettre de lui par votre entremise.

Ce que vous me citez de l'affaire des assurances est le comble du gâchis. Nous voici donc tout à l'heure à *l'Église industrielle!* Que cette génération d'hommes, à laquelle je me félicite de ne pas appartenir, est ignoble et lâche! Quand on songe à la masse des hontes accumulées sur la tête du peuple français depuis dix ans, en vérité on désespère. Eh bien, cher ami, ce que je vois ici est de même force; la liberté qui existe par place sur la face du globe est un effet du hasard; tout est corrompu et prêt à vendre père et mère, à lécher les bottes d'un maître pour quelques écus de rente.

Il y a une élite excellente : le gros est en liquéfaction putride.

Bonjour.

P.-J. Proudhon.

28 février 1859.

A M. GOUVERNET

Mon cher Gouvernet, prenez connaissance de l'incluse et faites-la parvenir à son adresse. Elle vous apprendra où j'en suis.

Voilà un mauvais début d'année. Une grosse maladie (à peine si j'entre en convalescence), une perte considérable de temps et d'argent, et beaucoup d'ennuis.

Si vous voyez Chaudey, faites-lui part de la situation; je ne pense pas pouvoir lui écrire avant huit jours.

Le voyageur est-il arrivé?

On doute toujours ici de la guerre, parce que ce serait un branle-bas général. Les Allemands sont très-montés et demandent à marcher tout de suite; du premier coup nous aurions devant nous, avec l'Autriche, la Prusse et la Confédération germanique. L'Angleterre finirait par s'y joindre.

Nous savons ici que déjà en France les affaires sont au plus mal par suite de cette fantaisie belliqueuse : un million d'hommes au moins y perdraient le travail. Il n'y aurait qu'à leur donner des fusils. Partout on n'entend que des imprécations contre Napoléon III, on demande qu'il soit enlevé, expulsé. Si ça gagnait en France, ça irai vite; attendons le congrès.

Je vous serre la main.

P.-J. PROUDHON.

P.-S. Une anecdote. Avant-hier, il y a eu à Bruxelles un procès en police correctionnelle pour affaire de société en commandite. Il s'agissait de *forêt en Sardaigne.* Dans ce procès, j'ai été cité avec honneur et comme autorité par le procureur du roi de Belgique, qui s'est appuyé de mes paroles pour flétrir les escrocs du jour... Ainsi, je suis condamné en France et prophète à l'étranger!...

11 mars 1859.

A M. BOUTTEVILLE

Mon cher Boutteville, du premier coup d'œil votre lettre m'a attristé ; j'ai reconnu au tremblé de l'écriture que votre névralgie vous tenait toujours, et, par surcroît, vous me dites que les affaires ne font pas chez vous compensation à la maladie. Quand donc cela finira-t-il ? Sommes-nous déjà, vous et moi, sur cette pente où l'homme ne se délivre de ses misères que par la liquidation finale, la mort ?

Ce qu'on a raconté de moi à notre ami Bourgès est vrai en partie ; j'ai payé le tribut au climat belge ; un monstrueux catarrhe m'a saisi il y a environ cinq semaines ; j'ai passé près d'un mois dans une impuissance à peu près absolue, non-seulement d'écrire et de lire, mais de dormir et de me coucher, ce qui m'a amené à un état d'exténuation extrême. J'ai craché déjà une quantité énorme de mucosités, et ce n'est pas fini. Bien que, depuis quatre ou cinq jours, je puisse me regarder comme en convalescence, la maladie n'est pas guérie, il s'en faut ; l'irritation subsiste et se traduit de temps en temps par des quintes de toux effrayantes. Ce n'est pas de huit jours que je pourrai reprendre le cours de mes occupations ordinaires.

Remerciez Bourgès et tous nos amis de leur bonne volonté pour moi. Il ne faut pas que personne perde le temps à des visites lointaines, coûteuses et inutiles. Je suis profondément chagriné, contrarié, de ce qui m'arrive; mes travaux en retard, la perte d'argent qui s'ensuit, me font assurément grand'peine ; mais je n'ai jamais éprouvé moins de *découragement*. Souffrir et geindre, s'irriter et vomir contre le sort toutes sortes d'imprécations, ce n'est pas précisément être désespéré ; c'est quelquefois même l'effet de trop d'exaltation et d'espérance. Je le dis ici tous les jours : si je puis revenir à la santé, faire face aux exigences du ménage, ma position, selon moi, n'aura jamais été plus belle...

Il me serait trop long, aujourd'hui, de vous déduire les motifs de ma sécurité; vous les devinerez sans peine.

Le 2 *Décembre* se découd : il lui faut quelque chose comme la guerre, et voilà que lui-même prend contre la guerre engagements sur engagements : *Discours d'ouverture*, *Note du* Moniteur, *Démission du ministre de l'Algérie*. Ce dernier fait surtout est remarquable : le mariage piémontais était le gage de la nouvelle campagne ; on vient de cracher dessus...

Oui, la guerre est dans la donnée impériale ; mais elle devient impraticable à l'empereur, autant par ses volte-faces que par la résistance des *intérêts*. Donc, la mort !...

Si le parti républicain avait eu gros comme un grain de sénevé d'intelligence, il aurait compris tout d'abord la situation et il aurait appuyé la paix. *La paix*, c'est la *mort au despotisme*. Mais attendez donc quelque chose de bon du parti républicain ! Les républicains voient l'immense majorité, en France et en Europe, se prononcer contre la guerre ; il semble qu'en qualité de *républicains*, de *démocrates*, de *nationaux*, de partisans du *suffrage universel*, ils ne devraient avoir d'autre opinion que celle des *majorités;* point du tout, les républicains sont de l'avis de S. M. I. !...

Au reste, tout va à rebours du sens commun dans cette belle France !

Lisez-vous le *Magasin de la librairie?* Je ne vous cite que cet échantillon du travail qui se fait contre la *Révolution sociale*, dans la sphère universitaire, éclectique et juste-milieu. La conspiration des vieux partis, bien plus que l'Empire, travaille à étouffer les idées nouvelles ; jamais le fait ne m'a été plus sensible, ne m'a paru plus flagrant.

Je me préparais à rentrer dans l'arène par une publication sur l'état des *Affaires en France* quand j'ai été arrêté par la maladie. J'ai voulu poursuivre malgré la toux et la fièvre, je n'ai rien fait qui vaille, et j'ai dû supprimer mon travail à moitié imprimé. Suspension de travail, frais perdus, dépenses de maladie, tout cela va me grever encore, m'arriérer d'un millier de francs. Je n'avais pas besoin de cette marque d'intérêt de la Providence.

Mais vienne la santé, et j'aurai ma revanche. Mon médicastre m'annonce que je vais être remis *à neuf;* puisse-t-il dire vrai ! Je n'aurais jamais mieux employé le temps !...

13 *mars*. — J'ai laissé passer deux jours avant de terminer ma lettre. Ma guérison s'opère avec une lenteur extrême, à tel point que je ne saurais dire si je suis mieux aujourd'hui qu'avant-hier. Je sens toujours

au fond de la poitrine un reste de catarrhe qui me fait tousser tantôt sec, tantôt humide, et me courbe comme un octogénaire. Je crains que tout cela ne finisse par un rhume ou catarrhe chronique, voire même quelque chose de pis. Ah ! plutôt mille fois mourir tout de suite que de traîner six mois d'une existence inutile. Mais espérons encore.

Oui, je conçois que la famille ou le parti d'Orléans s'agite, d'autant plus qu'à cette heure l'ineptie des républicains ne doit pas lui faire grandement ombrage. Qu'il se hâte donc et qu'on en finisse ! Car si cela tarde trop, gare que la monarchie constitutionnelle ne revienne plus !

J'avais l'ambition, en traitant les choses d'actualité, de faire prendre à la République une attitude qui obligeât de compter avec elle ; jamais l'occasion ne fut plus favorable. Le diable s'est mis en travers en me retenant depuis six semaines au lit ; cependant le moment n'est pas passé, et il se pourrait encore que tout allât pour le mieux. Espérons !...

P. Leroux publie une *Revue* bi-mensuelle dans laquelle mon nom revient fréquemment ; vous pensez bien que ce n'est pas avec éloge. Le bonhomme prétend que ce que j'enseigne sous le nom de *justice*, c'est le despotisme. Il ne me pardonne pas mes plaisanteries sur la *triade* et le *circulus*, et mes anathèmes à l'*amour*.

Avez-vous vu un grand discours de F. Pyat sur la question d'Italie ? Il se prononce contre la guerre, c'est-à-dire contre l'émancipation de l'Italie par Bonaparte. Jusque-là, c'est bien ; malheureusement, Pyat, fort peu instruit, remplit son discours de déclamations sur les *nationalités*, les *traités de* 1815 et autres dadas démocratiques, qui font de son pamphlet un tissu de contradictions.

Avez-vous lu aussi le livre de Michelet sur l'amour ? Celui de Mme Juliette la Messine contre moi ? Celui de Louis Jourdan sur la *Femme et l'Amour ?*... C'est toute une levée de boucliers contre mon livre, où, sans réprouver l'amour, j'ai osé dire qu'il devait être subordonné à la justice. Ceci est un symptôme du temps. La faible moralité de la nation se révèle dans ces écrits, dont les auteurs semblent protester contre la religion du droit, au nom de la concupiscence idolâtrique et charnelle. Ces jours derniers, dans la *Presse*, je lisais des feuilletons de Pelletan et d'Alph. Karr, pleins de protestations en faveur de l'*Amour !*

Vous ne voyez pas les journaux anglais ? Le *Times* contenait, il y a cinq ou six jours, un article de haute ironie à l'adresse de S. M. I., qu'il comparait au Jupiter assembleur de nuages d'Homère. Il finissait par prier le dieu de retenir ses foudres, sa grêle, sa pluie et toutes ses tempêtes. Depuis quinze jours, la considération de Napoléon III a baissé à l'étranger de 50 p. 100.

Sur les attentats à la personne de Sa Majesté, voici ce qui a été raconté à Bruxelles. Un jour, un homme portant la livrée de la princesse Mathilde se présente à la gare du Nord pour réclamer trois caisses à l'adresse de la princesse ; deux caisses seulement purent être retrouvées et remises à cet individu. Le lendemain, la troisième caisse fut découverte vers un tas de bagages et envoyée aussitôt à la susdite dame, qui répondit qu'elle n'attendait rien. On ouvre la caisse : elle contenait des bombes fulminantes. Vous devinez que le personnage de la veille n'avait eu garde de revenir aux bureaux de la Compagnie.

Bonjour, cher ami. Je vous écris en malade; j'ai la tête faible ; les sueurs me montent, et je ne puis mettre mes idées en ordre. Comme vous, je suis *enguignonné*, et voilà bientôt un an que cela dure. Le pis est que je m'endette ; mais, encore une fois, j'ai l'âme plus dure que celle du diable, et j'espère !...

Mille amitiés à tous nos amis. Ma femme se recommande au bon souvenir de Mme Moylin, ainsi que de Mlles Marie et Anna.

Je vous serre la main.

P.-J. PROUDHON.

Bruxelles, 14 mars 1859.

A M. GUSTAVE CHAUDEY

Cher ami, je commence à me relever d'une longue et pénible maladie, qui ne m'aura pas tenu moins de six semaines dans une incapacité absolue de travail, de pensée, je dirai même de sommeil, et je profite de la première éclaircie qui se fait dans ma tête pour reprendre notre correspondance.

Commençons, si vous le voulez bien, cher ami, par les choses sérieuses, les affaires.

J'accepte les propositions de MM. B*** et consorts, telles qu'elles se trouvent relatées dans votre lettre du 12 février.

J'en use avec vous, cher ami, avec un sans-façon tout fraternel. Que ne vous dois-je pas déjà ! Vous m'avez dirigé dans toutes les péripéties de ma défense ; sans vous j'eusse commis plus d'une faute grave, qui m'aurait, aux yeux de mes juges et du public, rendu ridicule et amoindri. Vous vous êtes gaiement sacrifié à moi dans votre plaidoirie; c'est une chose que j'ai vivement sentie et que je n'oublierai pas. Maintenant, vous êtes le procurateur de mes intérêts; plus nous avançons, plus vous prenez sur moi de titres, et je ne vois pas encore comment je m'acquitterai envers vous. Mais j'oublie que nous sommes amis, confrères, coreligionnaires et compagnons d'armes à la vie et à la mort. Cette idée me remet à l'aise ; et je continue comme si vous étiez tout uniment mon associé.

J'ai déjà beaucoup réflechi à l'ouvrage qui m'est demandé et qui ne sera certes pas de ma part une biographie accompagnée de fioritures, comme le *Roi Voltaire* d'Arsène Houssaye.

Si mes prévisions ne me trompent, nous marchons à une restauration des idées révolutionnaires, restauration dont le signe extérieur, politique, sera le remplacement du despotisme par le régime représentatif et parlementaire (monarchique ou républicain).

Or, cette restauration des formes libérales du gouvernement sera accompagnée d'une restauration des bonnes lettres : cela est inévitable, nécessaire. L'école descriptive, emphatique, sensibiliste, déclamatoire, aboutissant aux *Mystères de Paris*, aux romans de G. Sand, au bavardage journalistique, etc., cette école, maintenant décimée, doit céder la place à une autre qui représente mieux le génie français, grave, supérieur à l'amour, à l'idéalisme et à l'enthousiasme, sobre, justicier, et qui n'admet la poésie et l'éloquence que pénétrées d'une forte dose de sens commun, de malice, de sang-froid et d'esprit. Le génie français, c'est la liberté, laquelle n'existe plus dès que les affections de la sensibilité ou les entraînements de l'imagination deviennent dominants.

On ne connaît pas encore le génie français. On l'a calomnié, on l'a trahi depuis soixante-dix ou quatre-vingts ans; il s'agit de le faire revivre. Ce sera, sous les noms de Voltaire et Diderot, le sujet de mon livre.

Que tout ceci, cher ami, reste entre nous. J'aime à vous faire assister à l'éclosion de mes idées ; mais n'en dites rien. Il est bien que vous puissiez dire, au besoin, à mes nouveaux éditeurs que je conçois mon œuvre de façon à ce que la fin de la tartuferie dans laquelle nous vivons ne la rende pas inutile ; passé cela, silence.

Je désire, quant à présent, qu'on parle peu de moi. J'aiguise mes ongles dans la solitude ; pendant qu'on se réjouit en maint lieu d'être enfin débarrassé de ma présence, je prépare ma rentrée. Les Bourbons étaient bien plus oubliés, bien plus enterrés, en 1812, que ne l'est aujourd'hui la sociale : deux ans après, ils étaient les représentants du mouvement politique de la civilisation ; ils nous rapportaient la Charte, et avec la Charte, 89 et toutes ses conséquences. Ou je me trompe fort, ou le cours des choses nous ménage quelque grande surprise de cette espèce ; il est impossible que la France vive avec ce monde de joueurs, de filous, de cafards, d'éclectiques, d'écrivains lâches et vendus, qui compose aujourd'hui la France apparente. Les sénateurs de Napoléon Ier, sa police et ses traîneurs de sabre n'étaient pas plus ignobles.

Le plus grand chagrin que m'ait causé ma maladie a été la suppression ou l'ajournement d'une brochure que j'avais faite sur la situation actuelle. J'examinais les affaires et la politique, je protestais contre la guerre. Pendant huit jours, j'ai lutté contre le mal et soutenu le travail ; la moitié de la brochure a été imprimée, le reste composé ; mais on ne fait rien de bon avec la maladie. Au dernier moment, j'ai donné ordre de s'arrêter ; c'est un sacrifice de 2 à 300 francs. Dès que je serai remis, je verrai, s'il y a lieu, avec les modifications que j'ai préparées, à reprendre ce travail que je souhaite vivement de ne pas perdre. Vous en comprenez les raisons.

Une belle place aujourd'hui est à prendre pour un écrivain français. Notre société se désorganise au point de vue économique ; la question de la guerre, jetée par dessus, rend la situation tout à fait critique, dramatique même. Le pays attend que quelqu'un parle, parle au nom de la philosophie, de l'histoire, de l'économie, du droit; et personne, ni en France, ni hors de France, ne sait rien dire. Une multitude de brochures ont été lancées; or, depuis celle de M. La Guéronnière jusqu'à celle de M. de Girardin, tout ce qui s'est publié est absurde; j'y comprends surtout les discours de S. M. et les notes du *Moniteur*, les articles de la *Presse*, du *Siècle* et toutes les prétintailles traditionnelles de la République.

Vit-on jamais parti plus inepte que le nôtre? Comment! la majorité, en France et en Europe, se prononce contre la guerre; il semble en conséquence que des gens qui se disent *républicains* (hommes de la chose publique), des démocrates, des partisans du suffrage universel (du principe des majorités), vont se ranger du côté de l'opinion du plus grand nombre; point du tout : ils sont de l'avis du prince; ils soutiennent le despote!...

Tout le monde, en France et en Europe, comprend que dans la situation actuelle la *paix*, c'est la *mort du despotisme!* Il semble que des républicains doivent donc, à tout prix, affirmer la paix. Point du tout : ils prêchent la guerre; on dit même qu'Émile Ollivier s'est montré, dans le Corps législatif, un de ses plus chauds partisans.

Quand donc verrons-nous la fin de ces trahisons

démocratiques? Dans ma brochure, je voulais une bonne fois couler à fond ces fameux dadas de *nationalités, frontières naturelles, traités de* 1815, etc., etc., dont on nous a fait, depuis trente ans, sans y rien comprendre, autant de points d'honneur. Cela nous eût un peu soulagé la conscience; la maladie m'a empêché. Mais, patience, j'espère bien y revenir, et il s'en faut que l'occasion soit perdue. Souvenez-vous de nos conversations sur le système constitutionnel : il faut faire prendre aujourd'hui, tant sur cette question que sur celle de la politique internationale, une bonne position à la démocratie française; il faut montrer aux gouvernements étrangers que les principes de la Révolution, dûment compris, leur offrent mille fois plus de sécurité que le vague des idées conservatrices et monarchiques; il faut apprendre enfin à ces gouvernements eux-mêmes ce qu'ils ignorent, la philosophie de la guerre, le sens des traités et la valeur de ce mot *nationalité*. Tout est obscur aujourd'hui sur ces choses; et ni la presse, ni la diplomatie étrangère n'ont su les éclairer. Il semble que des deux côtés du Rhin et de la Manche on s'entende pour embrouiller les choses.

J'espérais, j'espère encore donner ces opuscules au public avant de commencer mon travail sur Voltaire : je regardais même cela comme un excellent préambule, bien que rien ne dût sans doute pénétrer dans l'Empire français. Mais il entre dans mon plan d'agir sur le dehors, même sans avoir passé par Paris; c'est un exemple bon à donner et qui contribuera à relever notre peuple de son infatuation de lui-même, et notre gouvernement de l'impertinence de ses notes et communications.

Je ne vous dis rien pour E. Ollivier. Bornez-vous à

lui rendre son bonjour; je désire ne pas m'avancer avec lui. Il a de l'intelligence, du talent; je crains qu'il ne manque un peu d'autre chose que je prise plus que cela. C'est un garçon, enfin, qui ne peut faire rien de bon que sur des questions tout élaborées d'avance, et en se tenant sur une voie battue; jusqu'à nouvel ordre, je ne veux pas d'alliance entre son initiative et la mienne. Je tiens, du reste, que rien de vigoureux ne peut se produire au Corps législatif, pas plus que dans la presse autorisée, et ce m'est déjà un mauvais signe qu'un homme se croie, par un tel régime et dans un pareil milieu, capable de parler et d'écrire, à moins qu'il ne soit résolu à se faire empoigner.

Un seul journal, l'*Étoile Belge*, a inséré ma protestation contre l'arrêt confirmatif de la Cour: l'*Indépendance* l'avait refusée. Cette protestation a consisté en une petite lettre adressée au rédacteur, plus la protestation envoyée au président de la Cour. Vous ne sauriez croire combien l'on a peur ici de publier rien qui désoblige le gouvernement de l'empereur.

Bonjour, cher ami, et donnez-moi de vos nouvelles un peu plus souvent. Je vous avais avisé de ma maladie au reçu de votre lettre du 12 février; pourquoi ne m'avez-vous pas envoyé un brin de consolation.

Mille hommages à Mme Chaudey, que je vois d'ici souriante à son mari et à son fils, amitiés à J. Barbier et salutations à toute la famille Renart.

Je vous serre la main.

P.-J. Proudhon.

Bruxelles, 22 mars 1859.

A M. GUSTAVE CHAUDEY

Mon cher ami, j'ai reçu ce matin votre lettre avec le projet de traité et mon ancien engagement avec B***. Celui-ci, arrivé d'hier, m'avait prévenu du tout, sans toutefois avoir voulu entrer en propos au sujet de la retraite de son associé; il disait que je serais informé de tout par vous-même.

Voilà donc qui va bien, puisque, selon vous, je ne dois pas regarder comme un obstacle le dédit d'un entrepreneur sur quatre qui se présentaient.

Parlons maintenant d'autre chose. L'affreux catarrhe qui m'a saisi au cœur de l'hiver, et dont je ne suis pas encore assez guéri pour pouvoir reprendre mon travail, a été cause, comme je crois vous l'avoir dit, que j'ai supprimé une publication de six feuilles in-18, à moitié imprimée et toute composée. Une partie de ce travail avait été faite malgré la maladie; mais quoique brisé par la toux, aveuglé par la fièvre, j'ai pourtant senti que tout cela laissait à désirer, et j'ai mieux aimé faire un sacrifice de 300 à 400 francs que de compromettre, sur une question brûlante, mon nom et mes idées.

Je vais donc reprendre la question au point où je l'ai

laissée, et j'espère, cette fois, en tirer le meilleur parti. Ce sera une préparation au travail sur Voltaire, non que je m'occupe ici de littérature, mais comme fond philosophique et comme enfilade. Si je le puis, si mes forces sont revenues dans huit jours, je vous promets, avant avril, deux brochures successives (qui n'entreront point en France), l'une sur la politique extérieure, l'autre sur l'*économie politique impériale*. Après, j'aurai encore quelque chose de plus intéressant; nous verrons.

Vous devez savoir là-bas, sur les Tuileries, sur le Palais-Royal, le Corps législatif, le Sénat, les ministres, à propos de la question d'Italie, une foule d'anecdotes que nous ignorons ici. En revanche, nous observons le mouvement de l'opinion à l'étranger, dont vous ne savez rien du tout.

L'an passé, on disait que la bombe d'Orsini avait frappé l'Empire et avait déterminé sa décadence en déchirant le voile qui semblait jeté sur tous les yeux.

Aujourd'hui, on peut dire que la question d'Italie a tué l'Empire au dehors dans l'opinion. Vous ne pouvez vous faire une idée de l'ardeur qui anime l'Allemagne, du mépris qui circule en Angleterre, en Belgique, partout, et dont le *Times* est le plus parfait organe, en un mot, de la réprobation qu'a soulevée l'empereur, depuis le 1er janvier, chez les hommes de toute classe et de tout parti. La semaine dernière le *Times*, répété par toute la presse d'Angleterre et du Continent, accusait, en termes fort dignes, l'empereur de *mensonge*. On disait : « Le tsar Nicolas, si dédaigneux de l'opinion, si fier, n'a jamais menti dans ses rapports diplomatiques; le roi de Naples, cette espèce de Tibère doublé de Louis XI, n'a jamais menti, parlant aux Puissances; le gouvernement d'O'Donnel, camarilla, bande d'intrigants, ne s'est jamais permis, dans ses relations internationales, ni mensonge, ni équivoque. Il était réservé au gouvernement de Napoléon III d'essayer cette détestable politique. » Telle était la substance des articles. Et l'on citait en preuve : le discours au Corps législatif, les notes du *Moniteur*, etc., etc.

Aujourd'hui, c'est une autre gamme. On SÉPARE la nation française de son gouvernement ; pour la première, tous les éloges, toutes les marques de sympathie ; pour le second, un souverain mépris.

Cela s'imprime à Londres, à Cologne, à Augsbourg, etc.

En un mot, l'*isolement*, l'excommunication du régime impérial, sinon encore de fait, au moins d'opinion et de sentiment, est un fait accompli. Ne sera-t-il pas bien glorieux quelque jour pour les cabotins du *Siècle* et les chauvins de la vieille République d'avoir partagé avec Napoléon III cette juste réprobation de toute l'Europe prélude, comme en 1813, de sa fin méritée ?

Je ne suis pas là pour apprécier l'état de l'opinion ; mais je reçois la *Presse*, et il me suffit du revirement de ce journal pour conclure d'ici, qu'à cette heure, à Paris, l'immense majorité est contre la guerre. Or, devant ce flot de l'opinion, le pouvoir impérial, avec toutes ses roueries, me paraît impuissant ; il faut bon gré mal gré qu'il reste pacifique, et la paix l'achève. Attendons que le Congrès soit réuni, que la question ait été renvoyée aux délibérations des diplomates. Alors nous pourrons dire tout ce que nous avons sur le cœur et préluder au dénouement.

Certes, on doit commencer à ouvrir les yeux en France ; malheureusement, si on ouvre les yeux, on recommence à avoir peur, et cela peut soutenir quelque temps encore ce système. Il faut donc relever un peu les courages. Que n'ai-je dix plumes à mon service et quelques paquets de billets de banque !... Il y a en ce moment une belle place à prendre pour un républicain, même dans l'hypothèse de plus en plus probable de la restauration des d'Orléans.

Je vous félicite de votre grande lutte dans l'affaire Barbier : malheureusement je ne sais où me procurer la *Gazette des Tribunaux*, et ce n'est pas M. Thomas (de la *Presse*) qui me renseignera.

Bonjour à tous les vôtres.

Je vous serre la main.

P.-J. PROUDHON.

Bruxelles, 22 mars 1859.

A M. GOUVERNET

Mon cher ami, je n'ai pas oublié que vous m'avez demandé dans le temps de vous fournir une occasion de voir le docteur Cretin et le docteur Clavel. Si j'ai tant tardé jusqu'ici de remplir auprès de vous ce devoir, ne l'attribuez qu'à la presse où j'ai été un moment de terminer un travail que je comptais publier, puis à la maladie qui est survenue, et qui, depuis plus de six semaines, m'a laissé trop peu de forces pour suivre ma correspondance. Je n'ai pas encore répondu au plus pressé, et ce n'est que d'aujourd'hui que j'ai commencé pour tout de bon à régler mes comptes épistolaires avant de me remettre au travail.

Voici d'abord une lettre pour le docteur Cretin, et une pour M. Chaudey; incessamment j'écrirai au docteur Clavel.

Je ne suis pas encore guéri, mais en voie de guérison, et j'espère bien sous peu reprendre pour tout de bon le travail. Il en est temps; depuis que je suis en Belgique, je n'ai cessé de *m'enfoncer*. Heureusement, comme vous me disiez un jour, que j'ai là un capital acquis, et que ma plume vaut quelque chose.

Nous voilà tout à l'heure à la paix, au grand déplaisir de la camarilla du 2 Décembre. Mais, comme disait le *Times* et *l'Ost-deutsche*, la campagne ayant été mal engagée, force est aujourd'hui de faire retraite, quitte à chercher l'année prochaine un autre prétexte de guerroyer avec l'Europe. A toutes ces allées et venues la politique de l'Empire s'use ; la considération, le crédit, jusqu'au respect, se retirent; déjà, les journaux étrangers ont commencé vis-à-vis de l'empereur cette terrible manœuvre qui consiste à le séparer de la nation française et à laquelle tôt ou tard il succombera. Au dedans, je me trompe fort, si les notes du *Moniteur* et tous les va et vient du journalisme n'ont pas amené l'immense majorité à se prononcer contre la guerre, autant que contre la politique des Tuileries. Encore un peu, et rien ne fera plus obstacle à la chute de l'Empire que la crainte du lendemain; or, ce lendemain commence déjà à se révéler, c'est la dynastie d'Orléans. Tout cela se voit d'ici merveilleusement; aussi est-ce plaisir que de suivre cette nouvelle débâcle.

Voyez-vous le voyageur? je lui ai écrit il y a à peu près huit jours, au reçu de sa lettre du 12 courant; par conséquent, autant que je me souviens, il a dû recevoir ma réponse le 14 ou 15. — Je lui disais entre autres, que je n'avais pas reçu un envoi de vin qui m'aurait été fait (je suppose de Bordeaux), et qui devait arriver vers la Toussaint; que je n'avais pas même eu avis de cette expédition, et qu'il serait bien de s'informer. A-t-il reçu ma lettre? sinon qu'il la réclame; elle a été adressée à lui-même, rue du Sentier.

J'ai remis à une dame *Delly*, de la connaissance de Duchêne, quatre exemplaires de mon Mémoire, dont un pour le voyageur. S'il ne l'a pas reçu, j'en remets un autre à une personne qui doit quitter demain Bruxelles.

A bientôt, cher ami, c'est-à-dire à ma prochaine, qui ne tardera plus si longtemps.

Tout vôtre.

P.-J. PROUDHON.

P.-S. Voyez-vous quelquefois Dessirier? Il loge toujours rue Lepelletier, 27. Je ne comprends rien à sa dernière; il m'annonce qu'il devient fondateur d'une ville, en compte à demi avec trois ou quatre entrepreneurs.

J'ai remis à M. B***, libraire, un exemplaire de mon Mémoire, que je vous serais obligé de réclamer, et de tenir à ma disposition. Désormais je vais prendre le parti d'envoyer par occasion, et par un ou deux, autant d'exemplaires que je pourrai. Ce sera toujours autant de fait. Celui-ci vous sera réclamé de la part de M. Joseph d'Aventure, à Plombières-lès-Dijon, le même qui m'avait envoyé un petit tonneau de vin.

Bruxelles, 22 mars 1859.

A M. LE DOCTEUR CRETIN

Mon cher ami, j'ai reçu deux lettres de vous, l'une du 27 janvier, l'autre postérieure, mais que je ne retrouve pas.

Le paragraphe de la première de ces lettres, où vous nous faites part de vos tribulations et de vos embarras nous a bien peinés ma femme et moi. L'énormité de vos charges nous avait toujours effrayés; mais le résultat de vos premières années ayant été pour vous satisfaisant, nous nous étions peu à peu accoutumés à l'idée de vous voir de plus en plus au-dessus de vos affaires. Ce que vous nous avez dit nous alarme, et nous serions vraiment heureux de savoir que les débuts de cette année promettent de réparer le déficit de la dernière.

Vous avez su ma maladie : je manquerais à l'amitié si je ne vous donnais à ce sujet quelques explications. Je ne suis pas encore à cette heure, après plus de six semaines d'arrêt, remis; je lis des ouvrages légers, mais je ne travaille pas encore, et c'est à peine si j'ai le courage de suivre de loin en loin ma correspondance. Ma maladie a été un affreux catarrhe, préparé de longue main, porté au dernier degré d'exaspération, et qui m'a tenu plus de quinze jours sans sommeil, sans repos ni relâche, et plus d'un mois dans l'incapacité de me coucher. J'en ai presque pris l'habitude de dormir sur mon séant, le menton dans la poitrine, courbé comme un bossu. J'ai craché peut-être aussi gros que moi de mucosités; dans les premiers jours, je ne pouvais plus respirer, la toux avait des quintes de plusieurs heures, et je ne trouvais d'adoucissement qu'en me jetant à moitié nu hors du lit, comme si j'eusse respiré par la peau, ce qui ne faisait que redoubler ensuite l'oppression et la toux.

Je n'ai pas appelé le docteur Mourmans, pour raison d'éloignement excessif et de trop grande occupation de cet excellent homme. D'autres considérations, inutiles à vous dire, m'ont aussi retenu. M. Mourmans écarté, je me suis trouvé dans le cas de renoncer à la médicamentation homéopathique, parce que j'eusse dû appeler, entre tous autres, un homme avec lequel mon intention est de ne lier aucune relation. Permettez-moi de n'en pas dire davantage, et vous-même, obligez-moi de ne pas parler de ceci. Je vous le répète, après M. Mourmans, je n'avais pas le choix. Je me suis donc adressé à un médecin allopathe français, marié à une bourguignonne, et que je savais d'ailleurs aussi peu charlatan dans sa profession que sympathique pour ma personne. Ce médecin est M. N***, un homme à peu près de l'âge du docteur Maguet, et qui a fait ses études à Paris sous les grands maîtres.

M. N*** m'a traité d'une façon assez simple, par le kermès. Je le prends encore aujourd'hui en pilules, après l'avoir pris en sirop; selon M. N***, le sirop fait expectorer, etc. — Il est entendu que la préparation ne contient pas rien que du kermès. — Voilà tout. Tisane de lichen, ou d'orge, etc. ; repos, chaleur, régime sévère, tout ce qu'un médecin recommande en pareil cas. Je vais mieux, je ne me suis pas encore trouvé aussi bien qu'aujourd'hui ; je compte reprendre le travail sous quelques jours. Le docteur me promet qu'après cette maladie, je serai refait à neuf ; Dieu veuille seulement qu'il en soit pour moi du catarrhe comme de la petite vérole, qu'il ne revienne plus.

Pendant que je prenais mon sirop kermétisé, je réfléchissais sur l'allopathie et l'homéopathie. Supposons, me disais-je, que le kermès ait réellement la vertu de me faire *expectorer*, peut-on dire que ce soit un médicament allopathique ? N'est-ce pas simplement un auxiliaire, tout simplement mécanique ?...

De là, je passais à une autre idée : la médecine ne *guérit* pas, dans le sens que nous prêtons vulgairement à ce mot ; il n'y a que les thaumaturges comme le Christ qui *guérissent*. La maladie est un mouvement physiologique anormal, que la médecine reconnaît, définit, et avec lequel elle nous enseigne la meilleure manière de nous comporter, en attendant que la nature le fasse finir.

Le kermès, d'après le docteur N***, provoque au vomissement ; puis, pris de nouveau, il arrête le vomissement : N'y a-t-il pas là quelque chose d'homéopathique ?

Enfin, quant aux doses, cuillerées, pilules, globules ou atomes, je me disais encore : tout ce que fait la nature dans le corps humain, elle le fait par doses infinitésimales ; toute absorbtion, excrétion, sécrétion, a lieu par quantités atomiques plus ou moins répétées. Toute invasion de virus, de même. S'ensuit-il que les quantités absorbées soient aussi faibles qu'on le suppose, et que la nature s'effraye d'employer une masse là où elle n'a besoin que d'un atome ? Je ne vois pas la légitimité d'une pareille conséquence. Pour reproduire un animal, il ne faut qu'un germe, un animalcule spermatique, un infiniment petit. Or, pour un animalcule fécondé, il y a des milliards rendus inutiles. Dans nos aliments, la proportion des éléments constitutifs du sang, des os, de la bile, des poils, etc., est fort inégale ; la nature se charge du triage ; elle rejette en chaque espèce ce qu'elle rencontre de trop, sans craindre les surcharges. Pourquoi n'en serait-t-il pas de même des médicaments? Qu'on les *dynamise* tant qu'on voudra, rien de mieux ; mais pourquoi ces doses si effrayamment réduites, en présence de la nature qui sait si bien se doser elle-même ?...

Je vous couche ceci par écrit, mon cher ami, pour vous montrer que mon esprit n'a pas cessé de se préoccuper de votre médicamentation et de vous. J'ai suivi attentivement l'effet des médicaments sur moi : j'ai bien éprouvé, parfois, des nausées, quelque dérangement ; puis-je dire que le kermès, qui m'a fait éprouver ces symptômes, a agi de même sur ma poitrine et a contribué à ma guérison? Franchement, si je ne le nie pas, je n'en sais rien. Je vais mieux, sans doute ; mais ce n'est pas moi qui peut dire, *post hoc, ergo propter hoc.* Le docteur N*** est un galant homme, qui a une grande pratique et la faiblesse de penser beaucoup de mal des homéopathes, en quoi je le blâme. Sa conversation m'a été par moments agréable ; j'eusse préféré cent fois notre vieille et bonne amitié ; mais enfin, il me laisse vis-à-vis de vous tous, je ne dis pas sceptique, mais plus indécis que je n'étais auparavant. — A mon retour à Paris, vous êtes sûr de traiter la première maladie qui m'arrivera, parce que ce sera vous ; je ne serai ni moins docile, ni moins incertain ; si j'ai tort, cher ami, eh bien ! je vous dis comme l'infidèle à J.-C. : *Domine, adjuva incredulitatem meam.*

J'ai été scandalisé de la conduite des allopathes à votre égard ; je l'ai été surtout de la reculade de M. Bouillaud devant la proposition de notre brave père Gastier ; tout positif que je sois, je ne saurais admettre qu'on traite avec ce ton dégagé ni l'homéopathie, ni le magnétisme animal, ni même les esprits frappeurs. Je veux qu'on aille au fond de toutes les illusions, de toutes les questions, de toutes les utopies, de tous les mystères ; et vraiment, les Bouillaud, de même que les Babinet, ne m'inspirent pas la moindre confiance.

Pourquoi avez-vous choisi E. Ollivier pour avocat ?...

Mille amitiés à votre père et à votre sœur. Ma femme, qui depuis plusieurs jours me presse de vous écrire, vous fait, ainsi qu'aux vôtres, des amitiés ; mes filles vous embrassent.

Gouvernet vous remettra celle-ci ; vous pouvez, à l'occasion, lui remettre les vôtres. C'est un homme bien sûr, bien solide, et à qui vous trouverez tout avantage, comme vous me ferez grand plaisir, de rendre une partie de l'amitié que vous avez pour nous. Nefftzer continue-t-il la *Revue Germanique?* Rentre-t-il à la *Presse?*

Bonjour, cher ami ; j'aurai tant à vous dire que je désespère d'en venir à bout ; permettez-moi de finir avec mon papier.

Tout vôtre.

P.-J. PROUDHON.

23 mars 1859.

A MONSIEUR DELARAGEAZ

Monsieur Delarageaz, vous ne dites rien dans toute votre lettre sur la situation faite à l'Europe par les fantaisies de Sa Majesté Impériale, que je ne pense comme vous. Oui, tout cela est absurde autant qu'odieux. Ces façons d'un souverain avec un ambassadeur sont grossières et lâches. Ce discours d'un empereur aux députés du pays est impertinent et hypocrite; ces notes du *Moniteur*, ces reculades diplomatiques, ces circulaires Delangle, pour pallier une retraite forcée, sont misérables. Dieu merci, on comprend en Angleterre et en Allemagne que la nation n'y est pour rien. Le *Times*, *l'Ost Deutsche*, etc., tout en fustigeant la bande impérialiste et son stupide chef, ont grand soin d'en séparer la nation. Mais ce n'en est pas moins une honte que le repos du monde, le progrès de la civilisation, l'honneur d'un grand peuple, soient à la merci d'une poignée de chenapans, de filous et de prostituées auxquels le monde moderne, depuis soixante ans, n'a rien à comparer.

Vous me demandez comment je juge l'avenir et ce

que je pense de tout cela. Depuis que vous m'avez écrit, le *Moniteur* a dû vous éclairer, et pour vous comme pour moi il n'y a plus de doute. L'Empire est usé jusqu'à la corde, méprisé, conspué au dehors, déconsidéré au dedans; il lui faut du tapage pour distraire les esprits, des aventures, la guerre enfin.

L'Italie, qu'il travaille depuis six ans de ses intrigues, lui offrait un prétexte : la nationalité, etc., etc., toutes les fadaises, enfin, propagées par notre démocratie ignorante lui avaient préparé de longue main un thème facile. Le Piémont offrait son initiative, cela paraissait devoir aller tout seul. Par malheur, le mensonge ne tient pas longtemps devant l'examen. A peine le ballon d'essai du 1er janvier fut lancé qu'on s'aperçut que l'affaire était *mal engagée* et qu'il fallait faire retraite. On se retire donc en continuant de lancer des menaces; on se fait siffler par le monde entier, insulter par la presse, défier par l'Allemagne; bref, on se réfugie dans un congrès. Le congrès est comme dans une assemblée de représentants, le comité où l'on enterre les pétitions. Le coup est manqué pour cette fois, du moins c'est mon avis. L'opinion aura le temps de se fixer; elle est à peu près unanime en France et en Europe contre la guerre, et il serait par trop dangereux aujourd'hui de la braver. Mais ce n'est et ne peut être qu'un retard.

L'Empire ne peut subsister dans le *statu quo ;* il faut s'attendre à tout de sa part, seulement il devient de moins en moins à craindre. A la première énormité du même genre qu'il se permettra, gare qu'il ne soit étranglé.

Bien des paroles inutiles ont été dites, et sur l'Italie, et sur les nationalités, et sur les *traités de* 1815. Depuis le 1er janvier, à la honte du parti républicain, bien des apostasies ont eu lieu dans ses rangs, provoquées par cette sotte manifestation de l'absolutisme impérial.

En fait il n'y avait pas d'autre jugement à exprimer que le vôtre, mon cher monsieur Delarageaz. Un jury ne raisonne pas avec un voleur, un escroc, un brigand; il dit simplement : c'est un voleur, c'est un escroc, c'est un assassin.

De même avec la politique du 2 Décembre; les prétendus libérateurs de l'Italie sont une bande d'aventuriers, des escrocs, des sbires, des mouchards, de la canaille, et leur entreprise sur l'Italie un guet-apens.

Aussi, rassurez-vous, l'œil du public est ouvert et il n'y a désormais ni force ni intrigue qui puisse rendre le monde dupe.

Si Bonaparte fait la guerre, il n'ira pas longtemps. Pour le quart d'heure il bat en retraite ; mais que cette alerte qu'il vient de nous donner soit la dernière. Que les gens de bien, que les hommes de bon sens, que ceux qui ont des intérêts engagés dans tous les pays, s'unissent donc et que la réprobation devienne éclatante et universelle. Il y a trop longtemps que cette honteuse comédie dure, il faut qu'elle finisse.

Je suis malade depuis deux mois; ce n'est que d'hier qui j'ai repris ma correspondance. Un affeux catarrhe m'a saisi et m'a fait payer cruellement le tribut du climat humide de la Belgique. J'avais espéré publier une petite brochure de circonstance, la maladie m'a forcé de la supprimer.

Ce sera pour une autre occasion.

A vous de cœur, mon cher monsieur Delarageaz.

P.-J. PROUDHON.

28 mars 1859.

A M. GOUVERNET.

Mon cher ami, voici une lettre pour le docteur Clavel, qui demeure rue d'Enghien, 17.

En la lui remettant, vous aurez soin de lui donner mon adresse, pour le cas où il voudrait m'écrire directement; comme aussi de lui offrir votre entremise, s'il désire, ce que je suppose, ne pas exposer ses communications avec moi à l'inquisition de la police. Ce sera le motif de votre visite, et partant d'un renouvellement de connaissance.

Avez-vous reçu ma dernière, contenant une lettre au docteur Cretin, et une autre pour Chaudey ? Dans cette lettre je vous demandais si vous aviez vu le voyageur et si celui-ci avait reçu la lettre que je lui ai adressée directement, et dans laquelle je l'avisais que je n'avais rien reçu du vin dont il me parlait ? Il me tarde d'être renseigné sur tout cela. Mon dernier paquet pour vous est du 22, 23 ou 24 au plus tard.

Ma convalescence se soutient, mais elle est très-lente. — Je suis toujours au kermès : dans quelques jours le docteur se propose de donner le coup décisif à la maladie en me faisant prendre du baume de Tolu.

Rien à vous apprendre de la politique. De la guerre, nous voilà revenus à la paix : il faut voir dans les feuilles étrangères les dérisions qu'on en fait. La cacade est énorme; on aura beau la déguiser aux yeux du public français, il verra le résultat et il en aura honte. L'empereur s'est trompé dans tous ses calculs; il se vantait d'avoir une armée de 200,000 hommes; ses généraux lui ont fait voir qu'il ne pouvait compter que sur 120,000 hommes; il croyait l'Autriche faible et molle, et l'Autriche a fait preuve d'une énergie extraordinaire et nous attend avec 180,000 hommes. — Il se flattait de la neutralité de l'Angleterre, de la Prusse, de la Confédération germanique, de la Russie, et tout le monde s'est prononcé contre lui. Il croyait enflammer les populations avec les mots de *Nationalité* et d'indépendance; et à part, les *Carbonari* et les réfugiés italiens, tout le monde s'est tu; — il s'attendait aux acclamations de la France, et la France dit *Non !*

Maintenant, on commence à comprendre ce qu'est, ce que veut l'Empire, et quel homme est Napoléon III. Sans l'entêtement de Nicolas, ce serait déjà fini; on peut dire que la guerre de Crimée a été une bonne fortune qui a fait vivre cinq ans cet absurde système. Maintenant, l'homme et l'idée sont moralement morts : à quand les funérailles ?

Tout à vous.

P.-J. PROUDHON

Bruxelles, 1er avril 1859.

A M. MAURICE

Mon cher Maurice, je m'empresse de répondre à la vôtre du 27 mars dernier, dont la lecture nous a vraiment affligés, ma femme et moi. — Les pertes d'argent peuvent se réparer, les maladies se combattre ; il n'y a rien de plus difficile à guérir que la mélancolie quand elle s'empare d'un homme.

Après votre femme, si justement regrettée, vous êtes menacé de perdre votre mère, la personne qui, sans nul doute, représentait le mieux pour vous vos trente premières années. Vous n'avez ni frère, ni sœur, au moins que je connaisse ; je ne sais pas davantage quels sont aujourd'hui vos amis intimes; votre femme et votre belle-sœur mortes, votre mère les suivant, c'est toute une moitié de votre existence qui s'en va !...

Que vous dirai-je là-dessus pour vous encourager, mon cher ami ? Si du moins, comme moi, la destinée vous avait obligé de bonne heure à quitter votre pays, si vous aviez dû vous créer une famille, un domicile, des amis, tantôt à cent, tantôt à deux cents lieues de votre ville natale, ces variations vous rendraient moins sensible à toutes vos pertes, et ce qui vous resterait, redoublant de prix à vos yeux, votre âme ne fléchirait pas. Croiriez-vous que le moment le plus triste de ma vie a été celui où, en 1856, j'ai visité Besançon pour la dernière fois, et où je me suis revu dans cette ville avec une demi douzaine, pas davantage, d'amis? SIX PERSONNES environ, voilà tout ce que j'ai retrouvé des lieux où j'ai vécu plus de trente ans; où j'ai eu père, mère, frères, un domicile, un état, des camarades; où j'ai passé mon enfance, ma jeunesse et commencé mon âge mûr!... Certes, j'aime mes amis, et je l'éprouve mieux que jamais en vous écrivant; mais enfin, à Besançon comme à Bruxelles, je me sens loin du sol natal, et ceux que j'ai conservés près de vous, quand je suis là-bas, ne m'en semblent pas moins venus de l'autre monde.

Ceci, cher ami, vous explique une partie de ma philosophie; aussi ne douté-je guère que si j'étais demeuré citoyen de Besançon, ma vie et ma mauvaise fortune demeurant pour le reste les mêmes, je ne fusse aujourd'hui beaucoup plus triste et plus vieux que vous......

Tout cela, me direz-vous, ne vous soulage guère et ne peut que rendre vos chagrins plus cuisants.....

Telle n'est cependant pas mon intention. Puisque nous savons la cause qui aggrave nos pertes et les fait paraître irréparables, il faut tâcher d'en neutraliser l'effet. Il y a dans votre lettre un mot qui dit tout, selon moi : *Si je n'avais pas ma fille!*

Eh bien! oui, il faut que votre fille vous rende tout ce que vous avez perdu; l'ordre de la nature le veut; il s'y prête d'ailleurs. — Permettez-ici, un instant, que je me mêle de ce qui ne me regarde point.

Je n'ai pas eu besoin de voir bien des fois Mlle Laure,

depuis qu'elle a atteint l'âge adulte, pour découvrir en elle une personne d'une rare vertu et d'un admirable caractère. Tandis que d'autres ne rêvent que toilette, adorateurs et mariage, elle s'est donnée de tout cœur à sa mère et à vous. Les affections, les joies de sa propre famille ont suffi à sa félicité. Il y a là, certes, pour vous, une source immense de consolation et de légitime orgueil; mais tout n'est pas fait, souffrez que je continue.

Mlle Maurice ne doit point passer sa vie dans le célibat, d'autant moins que, comme vous, son père, elle n'a plus de famille qui puisse remplacer un jour la sienne. — A vingt-quatre ans, si je ne me trompe, elle doit songer, ou plutôt vous devez songer pour elle à un établissement. Peut-être y pensez-vous ; j'en serais heureux et je continue.

A un cœur aussi haut placé que celui de Mlle Laure, j'ose dire que le mariage le plus désirable est un mariage de *raison* et de *vertu*. Êtes-vous donc si mal loti, si peu connu que vous soyez en peine de trouver un sujet d'élite, je ne dis pas riche, mais offrant toutes les garanties et largement doué du côté du cœur, à une femme pareille ?...

Je n'en dis pas davantage ; mariez votre fille à un homme digne d'être votre fils, et qui le soit ; que vos petits enfants viennent ensuite prendre leur place entre vous et votre gendre, et croyez-moi, tout en cultivant vos souvenirs de fils et d'époux, votre vie se refera, et la seconde moitié sera belle.

Songez à cela, cher ami, c'est pour vous plus qu'un besoin, c'est un devoir. Soyez père jusqu'à la fin ; c'est l'unique moyen de vieillir en paix. Cela redonnera à votre esprit du ressort, cela vous élargira le cœur ; le dégoût s'en ira et vous vous reprendrez d'amour pour la vie et pour les hommes.

Quant à moi, cher ami, j'ai aussi ma part de tribulations; mais elles sont d'une autre nature. L'année a mal commencé pour moi. J'ai été pris d'un catarrhe aigu, qui m'a tenu près de deux mois dans une incapacité absolue de travail, sans nourriture, sans sommeil et presque sans repos. Ce n'est que de cette semaine que j'ai commencé à reprendre tout doucement le travail. Je comptais publier quelque chose sur les affaires du temps, environ 200 pages. La maladie m'a saisi au milieu de l'impression; la fièvre ayant troublé mes idées, je n'ai plus rien fait qui vaille, et j'ai dû, par un reste de clairvoyance, supprimer tout mon travail. Il m'en coûtera bien 500 francs; mais mieux vaut perdre 500 francs en ce moment, que de donner au public une œuvre que je regretterais, et tout peut se retrouver encore.

Ma signature sur la couverture d'un livre vaut aujourd'hui quelque chose et je dois la ménager et y faire honneur. Je suis en marché avec des libraires parisiens pour une publication purement littéraire qui m'assure du pain à moi et à ma famille pour environ dix-huit mois, et, si l'ouvrage a du succès, qui pourra me rapporter quelque billets de mille francs. Si cette affaire ne réussit pas, les frères Garnier sont là pour m'offrir toujours des conditions équivalentes; vous les connaissez.

Puis, il faut espérer que le régime actuel se modifiera, et le jour où il se modifiera, je puis, en rentrant en France et à l'aide de quelques modifications à mes anciens travaux, en y ajoutant des parties nouvelles, saisir de nouveau le public des grandes questions du siècle et tirer bon parti de la masse de mes publications. Songez que je ne m'arrête point dans mes études, et que je suis toujours au premier rang des idées modernes. Si ma carrière d'écrivain a été orageuse et pénible dans les débuts, j'ai de plus en plus lieu de croire qu'elle sera honorable et calme sur le retour et que je recueillerai quelques compensations.

Voilà, cher ami, quelles sont aujourd'hui mes espérances. Mes relations suivies avec Paris me font croire qu'elles sont fondées, et je ne songe plus aujourd'hui qu'à recueillir le fruit.

Mes compliments et ceux de ma femme à Mlle Laure.

Tout vôtre.

P.-J. PROUDHON.

Bruxelles, 11 avril 1859.

A M. MATHEY

Mon cher Mathey, j'ai plus d'une raison de croire qu'une ou deux lettres de mon frère ont été interceptées, de même qu'une ou deux que je lui adressais; c'est ce qui m'oblige à recourir à vous pour lui faire parvenir l'incluse.

Pardon de cet ennui, et surtout de manquer aux convenances en ne joignant pas à ma lettre le timbre qu'elle vous coûtera; mais je n'ai que des timbres belges.

Guillemin a dû recevoir, il y a quelques jours, par l'intermédiaire de M, Maurice, une lettre de moi. Vous aurez vu par cette lettre quelles contrariétés depuis trois mois m'assiégent. Je me croyais rétabli et déjà je reprenais le travail, quand hier j'ai été assailli de nouveau par le rhume et la fièvre, si bien qu'aujourd'hui j'ai dû me remettre à la diète et à la tisane.

Après un mois d'espérances pacifiques, nous voici de nouveau menacés de la guerre. D'après ce que j'apprends de Paris, par toutes sortes de voies, le public en masse est opposé à la guerre; mais il paraît que le gouvernement y tient et que seulement il retarde les hostilités jusqu'à ce qu'il y ait en sa faveur un revirement d'opinion.

Une fois cette guerre commencée, il est inévitable que tout le monde s'en mêle, et comme il n'y a dans les esprits ombre de principe, d'idée, de philosophie, il est impossible de prévoir comment ce chaos finira. Au dix-septième siècle, on se battait pour cause de religion (la guerre de trente ans); au dix-huitième, pour cause de succession ou d'équilibre (succession d'Espagne, succession d'Autriche, succession de Pologne); en 93, pour cause de principes et de révolution; en 1813, l'Europe se coalisait au nord et au midi pour repousser la domination napoléonienne. Tout cela se comprend, et comme les forces morales finissent par dominer les forces matérielles, on peut dire qu'au total, le résultat des guerres a été tel à peu près qu'il devait être.

Mais aujourd'hui, qu'y a-t-il? quelle question définie? quel fait nouveau? quel principe, hormis ce qu'on a appelé en 1848 *Socialisme?...* — On parle de l'Italie, mais c'est un partage sur d'autres éléments qu'on veut faire; — on parle des *Nationalités*, mais l'histoire du monde n'est que le tableau des nationalités qui s'entre-détruisent et s'absorbent; on parle de *frontières naturelles*, mais quand on regarde de près on n'en trouve pas; — on parle, enfin, des *traités de* 1815, mais ces traités ne sont que la conclusion légitime de la lutte des nations contre le despotisme impérial.

Qu'y a-t-il donc sous tout cela, encore une fois? Rien, que la corruption générale, le malaise, l'ennui, l'action secrète des plus sots préjugés et des plus abominables passions; la mauvaise conscience et le cri de liberté, auxquelles le despotisme s'apprête à répondre par des opérations militaires.

Inutile de vous dire qu'à l'étranger on est aussi ignorant qu'en France, sinon plus.

Écrivez-moi quelques mots de temps en temps, par le canal de Cretin, qui a une voie sûre, cela me fera du bien, me réconfortera, me ranimera ; car j'en ai besoin.

P.-J. Proudhon.

Bruxelles, 11 avril 1859.

A M. GUSTAVE CHAUDEY

Mon cher ami, j'ai reçu, il y a quelques jours, un numéro du *Droit*, contenant votre plaidoyer pour J. Barbier. Cette lecture m'a fait grand plaisir; je vous ai trouvé, comme toujours, vrai logicien et bon jurisconsulte; votre défense m'a paru irréprochable, et beaucoup plus encore après la prétendue réponse de votre adversaire. Quoi! voilà donc à quoi peuvent s'abaisser des gens d'esprit, des avocats qui ont prêté serment!... On plaide pour plaider, pour jeter de la poudre aux yeux; on fait appel à des entraînements illégitimes, des sentiments faux, destructifs de toute vérité et de toute morale; pourvu qu'on fasse briller son esprit par de petites pointes, des ironies fines, des antithèses, des tirades pathétiques, on dit qu'on a bien plaidé; la magistrature s'y prête, et souvent elle juge en conséquence. Ah! cher ami, que je vous plains dans votre carrière d'avocat! Vous êtes, vous, sincère, modeste, allant au fait et au droit, et vous avez affaire à des *blagueurs!* Je voudrais que le gouvernement impérial, tirant la dernière conséquence de son système de silence, ordonnât qu'à l'avenir on ne plaidera plus que sur Mémoire : on verrait bientôt ce que deviendrait cette peste de beaux parleurs.

Quel est donc ce jeune Gustave Chaix d'Est-Ange fils ? est-il véritablement aussi habile qu'on le dit, aussi habile que son père ?...

Votre dernière lettre est du 20 mars. Trois semaines se sont aujourd'hui écoulées depuis ; avez-vous revu B*** et son associé ?

Je ne viens pas, cher ami, vous mettre l'épée dans les reins pour vous presser de terminer ; je sais quel est votre zèle pour mes intérêts. Mais je crois devoir vous prier de rappeler à ces messieurs une chose, quand vous les rencontrerez; c'est que j'ai grand intérêt à en finir. Voici pourquoi :

Après une courte période d'espérances pacifiques, voici que les apparences sont de nouveau et plus que jamais à la guerre, à tel point qu'on craint partout de voir éclater la bombe à chaque instant.

Dans un temps pareil, il est possible que B*** et Cie, ne considérant pas qu'il ne s'agit point de mettre *sous presse*, mais de travailler à la *composition d'un livre*, ne se soucient plus de faire avance de leurs capitaux. C'est le mouvement de recul de la confiance, en un mot, qui, je dois le prévoir, pourra les entraîner comme tant d'autres. Il est clair que cette considération serait mal calculée, puisque, comme je le dis, il ne s'agit pas en ce moment d'*éditer*, mais de préparer une édition qui ne peut paraître que dans dix-huit mois, et que dans dix-huit mois il y aura du changement dans les affaires. Dans dix-huit mois, dis-je, ces messieurs voudront peut-être avoir tout de suite leur manuscrit ; et alors, s'ils ne veulent pas que j'y travaille, je les prierai d'attendre.

En deux mots, le temps, s'il n'est pas bon pour publier, est excellent pour écrire. C'est ce que je vous charge de leur faire comprendre.

En cas d'ajournement prolongé de leur part, je serais dans la nécessité de porter mes offres de service soit à Garnier frères, qui ne me repousseront pas, soit à d'autres; telle est la résolution fâcheuse que vous devrez laisser entrevoir. Je suis disposé à bien faire, et comme j'ai atteint la cinquantaine, je crois qu'il y a avantage pour tout éditeur à me prendre dans mon automne et à ne pas attendre les glaces de l'âge.

Ceci dit, me demanderez-vous si je suppose les hostilités aussi prochaines que chacun croit les voir?...

A cela je ne sais trop que répondre.

Je crois que de la part des Tuileries le coup est monté, qu'on ne veut pas s'en dédire, et que, n'était la nécessité de compter avec l'opinion, ce serait déjà commencé.

Je sais que la guerre est impopulaire en France dans toutes les classes de la société, et que l'opposition à la politique impériale grandit et s'étend tous les jours. Malheureusement, on nous a repus, depuis quarante ans, de tant de fagots, et sur les *nationalités*, et sur les *frontières naturelles*, et sur les *traités de* 1815, et sur la malheureuse *Italie*, et sur l'abominable *Autriche*, que le gouvernement peut dire qu'il est le véritable interprète de la conscience publique, et que si on lui fait opposition, c'est par esprit de contradiction. Le gouvernement espère donc amener le pays à dire, à convenir que la guerre qu'il entreprend est juste, qu'elle répond aux vœux intimes du pays, que l'Autriche a tort, dix fois tort, cent fois tort, et qu'à moins d'apostasie, la France ne peut faire autrement que d'adhérer aux résolutions de l'empereur. Est-ce que la société de M. J. Simon, par exemple, oserait protester contre *l'émancipation* de l'Italie? Mais tout leur regret est de voir l'empereur s'emparer de cette entreprise, qui, disent-ils, le rendra *populaire!*...

La même contradiction entre les intérêts et les sentiments règne partout, en Angleterre et en Belgique comme en France. Car, chose singulière, tous les dadas chauviniques qui ont cours chez nous règnent chez nos voisins. On maudit l'empereur et sa guerre; mais on ne sait que dire sur la question même, à savoir : si on fera respecter les traités de Vienne et si on maintiendra l'Italie et l'Autriche dans le *statu quo*. Tout cela, je vous le répète, parce qu'il n'a jamais été publié un mot de saine philosophie sur la paix et la guerre, sur l'équilibre européen, etc. En attendant, le feu est à la veille d'être mis aux étoupes, et Dieu sait où l'incendie s'arrêtera!

Pour comble d'anxiété, l'Angleterre est en pleine crise. Je ne sais si je me fais illusion, mais voici à quoi je m'attends de la part de nos voisins les Anglais :

En ce moment, il y a trois partis : les conservateurs (c'est le ministère); les radicaux (MM. Bright et Rœbuck) et les compétiteurs du pouvoir, espèce de juste-milieu, ayant à leur tête Palmerston et John Russell.

Cette tripartition est une anomalie dans les habitudes constitutionnelles de l'Angleterre : il faut que l'un des trois groupes s'efface. Je pense donc que la dissolution du Parlement pourrait bien avoir pour résultat, attendu la gravité de la question extérieure, de rallier les radicaux et les conservateurs contre les palmerstoniens; je fais cette conjecture d'après une déclaration déjà faite en plein Parlement par M. Rœbuek, qu'il se rallierait au ministère afin de neutraliser la faction de l'ancien ministre, et je considère en outre, d'après l'histoire, que, dès qu'il s'agit en Angleterre de maintenir la prépotence *nationale* contre les prétentions de l'étranger, c'est le parti tory, l'aristocratie, à qui échoit cette tâche.

Selon moi, le parti conservateur anglais qui se déclare si hautement pour la PAIX est justement le parti le plus hostile à la politique de l'empereur ; on l'a vu en 1854, lorsqu'il s'est agi de déclarer la guerre à la Russie et d'empêcher cette grande et déplorable faute de lord Palmerston, qui a voulu la guerre d'Orient; on l'a vu encore lors de l'affaire Orsini. Palmerston est, pour ainsi dire, un bonapartiste; c'est pour décliner cette accusation qu'il s'est empressé, lors de l'ouverture du Parlement, de se prononcer avec le ministère pour le *maintien des traités*.

Si les choses se passent comme je le prévois, la politique de l'Empire est définitivement condamnée en Angleterre, et nos guerriers forcés d'ajourner de nouveau leur descente ; car, comment entreprendre une guerre dans laquelle nous aurions contre nous l'Autriche, l'Angleterre et l'Allemagne ?

Maintenant, il y a la partie des défections, des trahisons, des scissions. Il circule un projet de partage de l'Italie, dans lequel la Lombardie serait donnée au Piémont ; Naples à Murat ; la Sicile réservée (peut-être comme un appât pour obtenir la neutralité anglaise) ; un royaume serait formé de la Toscane et d'une partie des légations pour l'époux de la princesse Clotilde ; la France aurait la Savoie et Nice ; la Russie prendrait la Galicie et Posen ; la Prusse serait dédommagée par le Hanovre. Voilà les rêves qui courent. Comme je vous dis, il s'agit de savoir si on parviendra à rompre le faisceau européen, condition *sine qua non* de possibilité de succès contre l'Autriche. Si cette scission a lieu, l'Europe se livre à la prépotence française *ipso facto;* car il est bien sous-entendu que nous prenons la ligne du Rhin. Or, je ne pense pas qu'il y ait personne d'assez insensé parmi les diplomates étrangers pour nous faire un si grand plaisir. En attendant, notre pauvre nation se consume dans son ignorance, sa corruption, ses vieux préjugés jacobiniques et chauviniques ; le bourgeois ne sait que dire, et la plèbe, désaffectionnée, n'a plus d'autre raison que son caprice.

Le bruit a couru ici que j'allais publier une brochure sur la situation ; il y a eu une foule de demandes. Vous savez ce qui est advenu ; j'ai supprimé mon travail, et je n'ose plus promettre de le refaire. J'ai en ce moment la fièvre, une reprise de rhume, et je crains ou une rechute ou un accès de fièvre typhoïde.

Qu'est-ce donc que j'ai appris d'une partie de débauche que vous avez faite avec notre ami Beslay, et à la suite de laquelle il a été comme empoisonné par du jus de cigare ? Quel est le plus fou de vous deux ? A qui dois-je adresser mes réprimandes ? Je supplie Mme Chaudey de prendre ici ma place et de vous infliger pour ce péché quinze jours d'abstention de tabac.

Mes amitiés à tous les vôtres.

P.-J. PROUDHON.

Bruxelles, 26 avril 1859.

A M. GUSTAVE CHAUDEY

Mon cher ami, j'ai reçu votre lettre du 20 courant. Qu'avez-vous donc qui vous oblige à m'écrire cette phrase singulière : « Renseignez-moi sur votre santé, « ne fût-ce que par quelques lignes, et *sans me parler* « *d'autre chose?* »

Est-ce qu'*autre chose* pourrait vous déplaire ou vous compromettre?

La perte de votre procès m'a *défrisé*, comme nous disons de l'autre côté de la Saône. A ce propos, je viens vous prier de me procurer encore le discours de Me Pinard, afin que je l'aie dans mon dossier pour le jour où je reprendrai la question, ce qui arrivera probablement dans le courant de cette année. Il se passe ici quelque chose de drôlatique : on a préparé au ministère belge, probablement à la sollicitation du gouvernement français, un projet de loi sur la propriété littéraire. Ce projet est imprimé et distribué, avec recommandation expresse aux députés de ne le communiquer à *personne*. On serait contrarié que *quelqu'un* en eût connaissance. On veut revenir, ici et là-bas, sur le vote du Congrès. On garde ainsi un moyen de corruption des gens de lettres dont on voudrait profiter. Ces imbéciles se croiront riches quand leur propriété sera *perpétuelle*. Mais tout n'est pas dit encore sur la question ; je suis décidé à la reprendre, à en faire une brochure, une *étude*, de cent à cent cinquante pages, qui soit décisive et ne laisse rien à dire. J'y parlerai de votre procès, pour sûr ; ainsi, envoyez-moi ce que je vous demande, et, au cas où je me mettrais bientôt à l'œuvre, ne vous pressez pas d'interjeter appel.

Félicitez pour moi votre beau-frère de son heureuse chance, et dites-lui bien de ne pas s'aviser de mourir. La canaille abonde et surabonde ; les honnêtes gens sont de plus en plus rares ; il faut nous soutenir.

Donnez-moi des nouvelles de Franche-Comté et de votre frère.

J'attends avec impatience le retour de B*** et une entrevue de vous avec lui. Je vous répète que je désire que l'affaire se termine très-promptement ; je ne puis me laisser ainsi lanterner ; j'en souffre et j'y perds de toute façon. J'ai besoin, par le temps qui court, d'assurer ma subsistance ; d'autant plus que je ne puis gagner ma vie au jour le jour, bien que je travaille quotidiennement ; je veux dire que je suis incapable de faire rien qui vaille en manière de feuilletons, d'articles, etc. Il me faut du large, de l'espace, de la réflexion et du temps.

On vient de m'apprendre que les Autrichiens étaient entrés en Piémont d'un côté, les Français de l'autre.

On ajoute que l'Autriche, qui n'a pas daigné répondre aux dernières propositions, va expliquer ses motifs en publiant le traité secret par lequel la France s'obligeait à secourir la Sardaigne en tout événement. Ce traité avait été désavoué.

Ah ça! la main sur la conscience, croyez-vous que les gouvernants de l'Europe aient fait tout ce qui dépendait d'eux et qu'il était de leur devoir de faire pour empêcher ces nouveaux massacres? Pour moi, j'ai étudié attentivement la question, je crois avoir aperçu sur la matière des choses vraiment neuves et intéressantes que je m'occupe à mettre en ordre et qui nous serviront toujours de leçon.

Mais, je vous le dis : le découragement me gagne peu à peu en voyant la bêtise et la mauvaise foi des humains. Mon indignation juvénile d'autrefois s'use; avec une plus grande lucidité d'esprit, l'inertie s'empare de moi, et je deviens triste. Pour vaincre cette disposition fâcheuse, je ne vois que les travaux sérieux, de longue haleine, en vue de l'avenir et d'une autre génération. De mes contemporains je désespère.

Mirecourt annonce dans sa *Vérité* que je suis devenu FOU. E. de Girardin a été assez naïf pour en prendre de l'inquiétude et aller aux informations. J'ai reçu sa lettre à M. Disraéli sur le *suffrage universel*. Je ne puis regarder cela, je l'avoue, que comme une flatterie indirecte à S. M. I. Napoléon III et une profession de foi en sa légitimité.

A vous de cœur.

P.-J. PROUDHON.

P.-S. Les *choses* vont en sens contraire des *idées* depuis soixante ans. C'est pourquoi nous nous enfonçons de plus en plus dans le gâchis. A quoi cela tient-il? A ce que ceux qui ont la *maniance* des choses sont, par position, par tradition, par intérêt, hostiles aux idées. Pour comble, ils mettent un bandeau sur les yeux des nations, ils leur bouchent les oreilles, ils les bâillonnent, et marche! Quand, parfois, la multitude ainsi faite peut se faire entendre sous forme de suffrage universel ou autrement, elle parle comme ses maîtres. Les avisés de mon espèce, on les élimine. Maintenant, *quid?*

Bruxelles, 27 avril 1859.

A M. CHARLES BESLAY

Mon cher ami, j'ai bien reçu toutes vos lettres, et je croyais avoir répondu aux deux dont vous me parlez dans votre dernière du 19 courant; puisqu'il n'en est rien, je vous prie de me pardonner ma faute, dans laquelle je tâcherai de ne retomber plus.

Ma maladie a été longue, depuis fin janvier jusque fin mars; j'ai même fait une petite rechute, et bien que je travaille, je suis loin d'avoir retrouvé toute ma santé et ma vigueur. Le pis, je crois vous l'avoir déjà écrit, est que j'avais une brochure sous presse, que cette brochure, toute composée et à moitié tirée, je l'ai supprimée, ce qui m'a chargé d'un déficit nouveau de 4 à 500 francs, en sorte que, depuis la publication de mes trois volumes, il y a juste un an, je n'ai en réalité pas gagné un sou.

Vous êtes bien bon de me dire, *si mes rentrées sont en retard*, je supprime le reste de la phrase. Mon cher ami, je n'ai point de RENTRÉES à faire; je n'ai rien produit depuis un an que mon Mémoire, qui ne m'a pas produit un centime; j'ai fait des dettes, et, selon mon habitude, j'ai vécu, je vis encore sur l'avenir. Notre ami Chaudey s'est chargé pour moi d'une négociation avec un libraire; s'il réussit, j'aurai du pain assuré pour un an ou dix-huit mois; dans le cas contraire, je reviendrai à mes éditeurs Garnier. Et si la guerre effraie ceux-ci; s'ils craignent de m'ouvrir un compte, comme ils l'ont fait jusqu'à présent, je vous prierai alors de me servir de caution auprès d'eux; ce sera la meilleure manière de me tirer d'affaire.

Je connais l'histoire de votre prétendu rhume; j'en ai fait des reproches à votre compagnon de débauche. Comment, à votre âge, pouvez-vous faire des excès de cigare, vous empoisonner de nicotine; un homme de soixante ans, qui a bon vin et bonne eau-de-vie! A force de faire le brave et de vanter la force de votre estomac, vous finirez par vous faire crever, et je dirais : c'est bien fait! si vous n'y laissiez pas vos os. Cette conduite est dégoûtante.

Vous me dites toujours que vos affaires vont bien. Et moi j'en suis toujours en peine ; vous avez là cent mille francs qui vous font besoin et qui ne rentrent pas. Vos spéculations nouvelles n'ont encore rien donné qui mérite qu'on en parle, et je me prends à craindre parfois que vous ne soyez aussi embarrassé que moi.

Voici la guerre; plus que jamais les bourses vont se serrer et les entrepreneurs se tenir l'arme au bras. Que pouvez-vous espérer dans une situation pareille? Finissez-en vite, prenez votre retraite, et que nous n'ayons plus qu'à vous faire la conduite en chantant *alleluia*.

Mirecourt a fait courir le bruit que j'étais devenu fou. E. Girardin a fait prendre à ce sujet des informations à Bruxelles, auprès d'une personne qui me l'a rapporté. Je n'ai pas eu besoin de m'enquérir auprès de qui que ce soit pour savoir que Girardin est un gobe-mouche; il m'a suffi de lire sa dernière lettre à M. Disraéli sur le suffrage universel.

Je fais mon compliment à vos messieurs du Cercle sur leur clairvoyance politique et diplomatique. N'est-ce pas le cercle des *Ganaches?*... Vous pouvez leur dire qu'ils justifient leur nom. Ils ont applaudi à la guerre d'Orient; ils applaudissent à la guerre d'Italie, quitte à avouer ensuite que ces belles entreprises sont inutiles, infructueuses, en pure perte et qu'elles empirent les situations qu'elles prétendent corriger. Quand on est doué d'une intelligence de cette force, eût-on cent mille livres de rente, on devrait commencer par baisser les yeux et garder le silence.

Je vous serre les mains, cher ami, et vous prie de faire comme moi en toute occurence : de ménager votre santé et de réserver votre opinion.

Bonjour et amitié.

Tout vôtre,

P.-J. Proudhon.

Bruxelles, 8 mai 1859.

A M. ET Mme ***

Monsieur et madame, nous avons bien reçu votre lettre du 30 décembre, et je me préparais à y répondre quand est survenue ma maladie, qui m'a retenu dans l'incapacité de travail jusqu'à fin de mars et premiers jours d'avril. Alors est survenue votre seconde lettre du 12 avril, etc...

Votre lettre du 12 mars nous est également parvenue. Toutes ces lettres, en faisant voyager mon esprit à votre suite, m'ont fait penser bien des fois, comme à vous, que la Savoie, le Piémont ou Nice serait pour moi un séjour bien préférable à l'humide Brabant. Mais les affaires, c'est-à-dire les études, commandent, et je ne crois pas que j'eusse rencontré les mêmes facilités à Nice qu'à Bruxelles. Au surplus, l'hypothèse n'est plus de mise; nous voilà en guerre, et bien que les Autrichiens viennent de se replier derrière le Pô, je ne crois pas qu'il fasse bon vivre de longtemps dans les États de S. M. sarde.

J'ai trouvé la Belgique hospitalière; j'ai formé quelques liaisons avec d'excellentes gens, et si je n'avais laissé autant d'affections en France, je crois que je finirais par m'endormir volontiers au milieu des Belges. La race, à mon avis, ne vaut pas tout à fait la nôtre, mais cela la rend plus modeste, plus attentive, plus pratique. Les plus grands défauts que je reproche à mes hôtes, ils les tiennent de nous.

La guerre est ici fort impopulaire, et peu s'en faut que l'irritation qu'elle soulève contre l'empereur ne s'étende à la nation. Déjà les objets de consommation usuelle ont subi une augmentation de prix, les affaires sont annulées, la banque se resserre, les escomptes ne se font pas; en un mot, tout ce que vous souffrez à Paris nous l'endurons à Bruxelles.

Un autre souci préoccupe la Belgique, c'est que, la guerre se généralisant, elle ne soit envahie et ne serve de théâtre à quelque Waterloo, ou de but à quelque conquête.

Je crois que les choses n'en viendront pas là; je vois dès à présent tant de difficultés à soutenir la lutte, que je me figure que tout cela finira comme un duel de conscrits, *au premier sang*! — Tout ce que je déplore, c'est de voir la France tellement endoctrinée de vieilles hâbleries jacobiniques et impérialistes, qu'il a presque suffi des mots de *nationalité* et autres pour la faire consentir à cette expédition absurde, de laquelle nous ne pouvons sortir que les mains vides, comme nous avons fait en Crimée, ou ruinés de fond en comble si la guerre se généralise comme en 1814 et 1815.

Tout vôtre.

P.-J. PROUDHON.

Bruxelles, 8 mai 1859.

A M. GOUVERNET

Mon cher ami, j'ai reçu vos deux lettres des 31 mars et 27 avril. Je croyais avoir répondu à la première, mais je vois qu'il n'en est rien. Je ne crois pas, du reste, que ma lettre ait été supprimée; ce serait jusqu'à présent la première.

J'ai repris pour tout de bon le travail et j'ai écrit déjà la moitié d'une brochure qui fera près de deux cents pages. Ce sera le numéro 1 d'une série de publications de cent cinquante à deux cent cinquante pages d'étendue, et que je me propose de publier sous le titre de *Philosophie populaire*, à bâtons rompus, sur toutes sortes de sujets. Les principes seuls que je rappellerai de temps en temps serviront de lien et formeront l'unité de l'ensemble. Je n'ai fait part à personne de mon idée. Ainsi, cher ami, jusqu'à ma prochaine publication, gardez pour vous la confidence. Entre nous deux, vous le savez, c'est toujours comme si j'étais rue d'Enfer.

J'ai de la besogne taillée, des notes accumulées, des matériaux emmagasinés pour plus de *trente numéros*. Peut-être réussirai-je à couvrir la perte que m'a fait éprouver la saisie de mon dernier livre.

Quant à la guerre présente, je ne vous dirai rien pour cette fois des causes ou prétextes qui l'ont amenée, ni de l'Italie, ni de Rome, ni de l'Autriche, ni des traités de 1815, ni de bien d'autres choses qu'on ne peut guère traiter par correspondance et sur lesquelles notre brave public est profondément aveugle.

Je m'en tiens à la manière dont l'affaire est entreprise. Vous savez que l'Angleterre est en opération électorale et que les élections viennent d'assurer la majorité au ministère anglais.

Ce ministère, hostile à Bonaparte surtout depuis le 1er janvier, c'est une neutralité ennemie, et au premier moment une déclaration de guerre.

Vous savez que toute la Confédération germanique, Prusse en tête, a pris les armes, et que le jour où la Confédération sera touchée, toute l'Allemagne se jettera sur nous. Or, voyez à quoi cela tient. La Lombardie, partie de l'empire autrichien, n'est pas considérée comme terre fédérale. Mais le pays limitrophe, le Tyrol, etc., depuis la rive gauche du Tagliamento, est terre confédérée. En sorte que si après avoir débusqué les Autrichiens de la Lombardie, ce qui ne sera pas facile, ceux-ci se replient derrière ce Tagliamento, il nous est défendu de passer outre, à peine d'avoir toute l'Allemagne sur les bras. Est-ce que jamais on peut regarder une bataille comme gagnée et une guerre comme finie tant que l'ennemi est là, à portée de canon, dans un retranchement inaccessible? Si après avoir expulsé les Autrichiens nous nous avisons, pour nous couvrir de nos frais, de nous en attribuer une part, l'Angleterre est là avec la Confédération pour nous en empêcher. Nous faisons la guerre pour l'honneur des principes et les beaux yeux de l'Italie, et on nous lie les bras!...

Le Pape, Naples, Modène, la Toscane sont des États garantis par les traités, et chez lesquels il n'est rien moins que certain que l'armée franco-piémontaise trouve de la sympathie. La preuve, c'est que la duchesse de Parme, expulsée il y a huit jours par la Révolution, vient d'être réintégrée par la contre-révolution.

N'est-ce pas faire la guerre dans un cul-de-sac?

En ce moment, les Autrichiens se replient; à nous d'aller les trouver et de marcher en avant.

Comment le pouvons-nous si, tandis que nous les pourchasserons à Milan, Mantoue, Vérone, Trévise, Bellune, Udine, terre lombarde, ils ont la faculté de nous attaquer sur nos derrières par Trente, les Alpes Carniques, terre germanisée? (Voyez la carte.)

Mon cher, cette expédition est un vrai traquenard, un coupe-gorge. Encore, s'il nous suffisait d'envoyer comme à Rome un corps de 25,000 hommes, on pourrait se servir de la Lombardie comme d'un prétexte, accumuler 200,000 hommes sur le Rhin, et, le jour où la Confédération se plaindrait, envahir la Belgique. Mais non, il faut au moins 150,000 Français en Italie, et nous n'avons pas une seconde armée à dépenser après celle-là.

Tout souffre en Belgique, en Allemagne, en Angleterre depuis cette déclaration de guerre stupide. Les faillites tombent à Londres dru comme grêle. Ici, le pain, la viande, toutes les substances alimentaires, le lait, le beurre, etc., ont augmenté de prix.

La France débute par un EMPRUNT de 500 millions à 58 1/2 %; la guerre ne sera pas finie que les combattants seront à bout de ressources.

Qui donc a conseillé ce pauvre homme?...

La Révolution, disent les chauvins, lui offre son alliance. Oui, mais la bourgeoisie, la finance, l'Église, tous les intérêts privés, les seuls amis de l'Empire déclarent qu'ils ne veulent pas de guerre révolutionnaire, et l'empereur répond en soupirant : *Amen!* Cela vous semble-t-il assez fou, et trouvez-vous que le 2 Décembre soit cette fois bien enlacé?...

Non, cette guerre est impossible, et je m'imagine encore qu'elle finira comme un duel entre conscrits, *au premier sang*. Il est vrai que l'empereur n'aura plus qu'à déposer son abdication, mais il n'a pas le choix.

Avez-vous des nouvelles de Perron? — Voyez-vous quelquefois Samyon, et Chaudey, et M. Beslay?

Adieu, cher ami, je vous serre la main, et à bientôt. On fait déjà courir ici le bruit d'une prochaine amnistie dont j'aurais ma part, sans doute. Amnistie ou débâcle, tout m'est égal, et je vous avoue que je commence à y croire.

Votre ami.

P.-J. PROUDHON.

P.-S. Voici que M. de Persigny va à Londres pour entretenir la NEUTRALITÉ de l'Angleterre, de la France et de la Russie.

Mais cette neutralité a pour condition précisément de *localiser* la guerre, c'est-à-dire de ne pas franchir la limite lombarde; ce qui vous annonce déjà clairement qu'on traitera la guerre d'Italie comme on a traité celle d'Orient, en dehors de l'action révolutionnaire et courtoisement. Encore un milliard à inscrire sur le grand livre, et 50,000 ou 100,000 hommes pour *rien, rien, rien!*

Il règne contre l'empereur Napoléon III une grande fureur en Allemagne.

Il faut croire aussi que l'Italie n'est pas si irritée qu'on le dit contre ses princes; une contre-révolution vient de faire rentrer la duchesse de Parme, et on craint la même chose pour Florence.

Bruxelles, mai 1859.

A M. GUSTAVE CHAUDEY

Mon cher ami, j'ai reçu en son temps votre lettre du 12 courant. Je n'y ai pas répondu plus tôt, parce que j'ai eu la visite de Garnier jeune, avec qui j'ai pu causer de la chose. Dans quinze jours, il sera de retour à Paris, j'écrirai alors à ces messieurs par votre entremise, et cette fois, je l'espère, tout sera dit.

Je suis bien au regret, cher ami, de vous avoir engagé dans cette triste négocation. Il ne faut jamais s'approcher des malheureux. Le mal-être, le désagrément qui en est la suite, sont contagieux. Si c'était à refaire, je me garderais de vous causer pareil ennui. Mais, puisque vous tenez à honneur de finir ce que vous avez commencé, je vous le répète, dans huit jours je vous écrirai; vous tâcherez de vous aboucher surtout avec Garnier jeune, qui est l'homme entreprenant de la maison, et si la chose se traite, vous devrez partir de ce principe qu'elle fait exception aux affaires ordinaires que j'ai faites avec MM. Garnier frères, et que nous tablons sur des bases tout à fait particulières, en raison de ce que vous savez et qu'ils connaissent aussi.

Mes forces reviennent peu à peu, et comme je travaille assidûment, je finis par arracher un peu de besogne. Je termine un manuscrit qui pourra donner deux cents pages d'impression, format Charpentier, peu plus, peu moins. Le sujet est : *la Guerre et la Paix*. C'est une espèce d'étude historique sur la manière dont la civilisation, débutant par la guerre, tend à une pacification universelle. Il y a là des choses fort curieuses, quoique toutes du plus simple bon sens. Je compte mettre sous presse avant la fin de la quinzaine pour paraître courant juillet.

Aussitôt mon manuscrit relu et corrigé, je passe à la question de la *Propriété littéraire*, que je réserve aux frères Garnier et que je traiterai de manière à ce qu'elle puisse être publiée à Paris. A cette fin, Garnier jeune est convenu de me faire parvenir le récent ouvrage de *M. Laboulaye*, ce qui vous sera une occasion de passer à leur librairie et de me le demander. Je le recevrais par une de leurs plus prochaines expéditions. Je veux traiter la question avec hauteur, philosophie et dignité. Je veux que la Société des gens de lettres, M. Pinard et le gouvernement en soient bouleversés. J'ai trouvé moyen de mettre de mon côté jusqu'au parti prêtre; il n'y aura d'opposition que de la part de mes vieux amis les *Malthusiens*.

Que dites-vous de la guerre et de la politique?

A mon avis, si l'Europe, présentement *neutre*, laisse Napoléon III tranquille, c'est qu'on prend son expédition en pitié. Possible qu'il rosse les Autrichiens d'importance, ce dont assez peu de gens seront fâchés, mais qu'en sortira-t-il? Du vent. Comment voulez-vous qu'on s'inquiète d'un gouvernement de badauds qui, au dix-neuvième siècle, allant délivrer l'Italie, déclare qu'il ne veut pas de révolution, qu'il maintiendra le Pape dans son pouvoir, qu'il ne touchera pas à la terre fédérale, ni dans le Tyrol, ni dans l'Istrie, qu'il ne veut rien pour lui, qu'il se propose seulement d'appuyer l'émancipation italienne? Ce qu'il y a de plus clair dans tout cela, c'est que l'empereur tient à gagner avant de mourir sa bataille, qu'il veut faire sa campagne et montrer sur ce terrain comme sur celui de la politique son génie. Le voilà qui visite les blessés autrichiens en même temps que les nôtres, en compagnie de deux *aumôniers!*... Viendrons-nous à bout de faire une Italie indépendante, comme nous avons fait en 1831 une Belgique? Je le veux. Après? C'est l'ère des mystifications constitutionnelles que nous allons continuer en Italie, nous qui ne croyons plus à ce régime, qui l'avons en partie aboli en 1848, et tout à fait en 1851!... Des hommes d'État qui s'imaginent qu'une *nationalité* existe quand la nation a l'honneur de fournir seule le personnel de son gouvernement!...

J'aurais honte de la bêtise française si je ne la voyais égalée partout. Qu'est-ce donc qu'une civilisation ainsi menée! O Fourier, mon digne compatriote, que tu avais raison de la maudire, et combien ton petit doigt en savait plus que ces gens-là de tout leur corps!...

En attendant, pour peu que la campagne se continue, nous aurons sous trois mois 100,000 hommes hors de combat, 500 millions de dépensés; les Autrichiens autant; l'Italie de même, et très-probablement ce ne sera pas fini. Il faut passer le Pô, le Tessin, l'Adda, l'Adige, prendre Brescia, Crémone, Mantoue, Bergame, Lodi; enlever le camp retranché de Vérone, chasser les Autrichiens, contenir la Révolution, gagner des batailles et puis traiter. Nous sommes heureux si nous en sommes quittes pour une deuxième conscription et un second crédit. Et s'il survenait un revers?...

Je viens de lire le rapport du général Forey ; je ne trouve pas qu'il y ait là de quoi nous tant enorgueillir. Le premier jour, on disait 5 à 600 hommes hors de combat, ensuite on accusait 600, puis voilà Forey qui avoue 6 à 700 ; mettons 1,000. Comment peut-on *estimer* avec tant de précision la perte des Autrichiens, quand nous ne connaissons pas la nôtre ? Sur les 200 prisonniers, il y a 150 blessés, dit une nouvelle ; ne voilà-t-il pas une belle capture?...

Continuons sur ce pied et, je vous le répète, dans trois mois, il nous manquera, par le feu, les maladies, la débandade, la captivité, 100,000 hommes. — Que les Autrichiens aient soin d'avoir une armée double de la nôtre, et nous sommes perdus.

Des entreprises ainsi commencées, ainsi conduites, en l'absence de tout principe, de toute idée, de tout but sérieux, peuvent difficilement échapper à un désastre. Dieu veuille se contenter de nous envoyer la moins mauvaise des chances, nous serons toujours assez châtiés, eu égard au résultat. — « Souvenez-vous, di-« sait Napoléon Ier, qu'en toute bataille le *vainqueur* « *a son compte.* »

L'Allemagne, vous le savez, fulmine contre l'empereur et ne demande qu'à marcher. Le régent de Prusse fait tout ce qu'il peut pour retenir les esprits. Les Anglais sont fort mal disposés, et vous avez vu que les élections, sans donner une majorité *ministérielle*, sont cependant prononcées énergiquement contre Palmerston, réputé bonapartiste et dont on ne veut à aucun prix. Ce sont ces dispositions du dehors qui obligent l'Empire à se montrer bénin, bénin!...

Je connais ici un Romain de première qualité, riche, lettré, et qui quitte Genève. Il prétend que l'expédition de Lombardie ne *regarde pas les Italiens*. Beaucoup maudissent Cavour, beaucoup s'indignent de voir les mesures de sûreté prises contre les réfugiés qui n'ont pas rejoint Garibaldi. Déjà l'on se récrie contre l'impertinence des Français qu'on accuse de tous les délits imputés par le *Siècle* aux Autrichiens...

J'ai lu le discours de J. Favre, hélas ! et celui d'Ollivier, holà !...

J'ai lu le pamphlet d'About contre la papauté. — Excellent pour montrer, à côté de Candide, comment il faut avoir de l'esprit et comment il ne faut pas en avoir.

Quelle pétaudière ! Quel pot-bouille que cette politique de l'Empire français ! Et comme les *vivats* de la canaille faubourienne font bien par-dessus !... Serait-ce la descente de la Courtille, par hasard ? Dieu m'entende !.....

Et le comte de Paris, mêlé dans cette cohue, afin qu'on ne puisse pas lui reprocher un jour, comme aux Bourbons de 1814, qu'il est venu avec l'étranger !..... Que dites-vous encore de cela ? En voilà de l'habileté ! en voilà de la politique !

On dit pourtant qu'il s'agit de quelque chose de sérieux cette fois. Tout est préparé pour une *substitution*. Le gouvernement anglais, le roi Léopold, seraient du complot. Au premier revers, on escamote l'Empire, on proclame le comte de Paris, et le tour est fait... Mais, ajoute-t-on, les républicains sont là, et si les d'Orléans tirent les marrons du feu, ils ne les mangeront pas !...

Voilà ce que j'entends ; c'est digne de figurer à côté de ce que je lis. Quel fumier que cette génération au sein de laquelle nous avons l'honneur de vivre! Mais quelles belles fleurs il doit en sortir, si peu qu'il y tombe de bonne graine!...

Adieu, cher ami, et bonne espérance. Si les événements sont dirigés dès cette année suivant les lois de la raison, je puis espérer de vous embrasser bientôt. Mais, franchement, je n'y compte pas. Il y a un tel entrain d'ineptie partout que je ne crois pas que la veine soit épuisée de sitôt.

Bonjour et amitié à tous.

Mes respects à Mme Chaudey.

Tout vôtre.

P.-J. PROUDHON.

Bruxelles, 26 mai 1859.

A M. GOUVERNET

Mon cher ami, j'ai reçu votre lettre du 10 courant, plus les deux de M. Clavel et du voyageur. Elles m'ont fait grand plaisir, malgré le retard.

M. Clavel est toujours un peu fils de général. Il croit qu'au total la guerre fera du bien, que les Italiens doivent être affranchis, que les Autrichiens méritent d'être battus, etc. Hors de là, il dit pis que pendre de la société et des hommes. Il n'attend plus rien de rien.

Je ne pense pas tout à fait de même, et je crois que d'une guerre comme celle-là, il ne peut sortir, même avec des triomphes, qu'une nouvelle et forte baisse pour la fortune de l'Empire ; ce qui n'est pas sans intérêt pour moi puisque j'y entrevois l'espérance de rentrer dans mes foyers.

Comment voulez-vous que je pense autrement ?

Il n'y a ni raison, ni politique, ni à propos, ni but dans cette entreprise, c'est un effet de vieilles BLAGUES en circulation sur les nationalités, les FRONTIÈRES *naturelles*, les *traités de* 1815, auxquelles il faut joindre la fantaisie de Napoléon III de faire campagne et de gagner sa bataille ; plus encore, le besoin qu'éprouve le gouvernement de distraire les esprits et d'allonger la courroie.

Mais tout cela est usé, et loin de prolonger l'existence du système, ne peut qu'en accélérer la chute.

Quoi qu'il arrive sur le champ de bataille, où nous avons à passer le Pô, le Tessin, l'Oglio, l'Adige; à prendre les places fortes de Brescia, Lodi, Cremone, Bergame, Mantoue; à enlever le camp retranché de Vérone, à gagner des batailles; quoi qu'il arrive, dis-je, des chances du combat, il est clair que, même en étant victorieux, nous aurons dans trois mois cent mille hommes hors de combat, 500 millions de dévorés, autant à emprunter; et pour quel résultat?

Tout au plus, pour qu'en Lombardie, deux ou trois centaines d'Italiens deviennent fonctionnaires à la place de pareil nombre d'Allemands qui seront évincés; car, vous n'êtes pas de ceux qui croient qu'en matière *de gouvernement* le bénéfice de la nationalité mérite qu'on l'achète si cher. Je dirais presque le contraire.

Eh bien! voilà ce que nous allons faire en Italie.

Ce sera une mystification pire que celle de Crimée.

Les traités de 1815 seront *rectifiés*, mais pas déchirés! Nous n'avons toujours pas le Rhin; le lion de Waterloo restera debout, et notre nationalité, à nous Français, n'en sera que plus malade, grâce au despotisme, à la corruption, à l'agiotage, à l'imbécillité publique.

Tout cela doit donc amener un surcroît de difficultés qui servira de châtiment au pays et à l'Empire, et pas d'autre espérance; je souhaite que l'événement s'accomplisse le plus tôt possible.

Que dites-vous du laurier cueilli par le général Forey? On n'a pas encore la relation des Autrichiens. Mais déjà on accuse de notre côté 700 *hommes* hors de combat, ce qui n'est pas rien; nous avons un général, deux colonels, autant de commandants tués, je ne sais combien de blessés. Supposez que d'ici à trois mois nous gagnions une série de batailles aux mêmes conditions ; où en serons-nous ? Les Autrichiens, à ce qu'on assure, ont été encore plus maltraités; c'est possible. Mais leurs morts ne font pas revivre les nôtres; leur argent perdu n'entre pas dans notre caisse, et c'est ce qu'il y a de désastreux dans cette guerre qui laisse le vainqueur sans nulle compensation...

Voici inclus l'occasion pour vous de faire une visite à Chaudey. Il a changé de domicile. Serrez-lui la main pour moi. Répétez-lui que je travaille *assidûment*, mais lentement; — que les idées abondent, mais que le feu se calme; ce qui fait que j'écris moins souvent aux amis, parce que je dois être de plus en plus avare de mon temps. Influence de climat. Si Chaudey termine l'affaire dont il s'est chargé, je m'en irai à Genève.

Bonjour à Samyon que je félicite d'être arrivé à la retraite. Il n'y en a pas pour moi.

Adieu, cher ami, ne soyez plus surpris si mes lettres deviennent plus rares; j'en ai trop à écrire, j'ai trop à faire, et je ne suis pas assez diligent.

Je vous serre la main.

P.-J. PROUDHON.

P.-S. D'après les nouvelles récentes, il y avait des tiraillements dans le commandement de l'armée. On se plaint qu'à Casteggio tout le monde n'a pas fait son devoir. D'autre part, les Autrichiens paraissent se *concentrer*, ce qui fait crier partout qu'ils battent en retraite.

Je crains, moi, qu'ils n'aient adopté la tactique d'user l'armée française par une guerre de chicanes, au lieu de lui donner la satisfaction d'une grande bataille. Ce plan se lierait avec d'autres plans politiques ourdis à Paris, Londres, Bruxelles, pour *en finir*.

Bruxelles, 5 juin 1859.

A M. GUSTAVE CHAUDEY

Mon cher ami, voici inclus la lettre que je vous ai annoncé pour MM. Garnier. Pourquoi B*** est-il si impatient et moi si pauvre?... Si j'avais de quoi manger, j'aurais pris mon temps ; je n'aurais pas demandé un centime de subvention, et j'aurais un beau jour dit à B*** : Tenez, publiez-moi cela! c'était simple comme bonjour ! Mais, au pauvre la besace ; au pauvre, à celui qui n'a pas d'*avances*, l'usure, l'escompte, et tout ce qui s'ensuit. Sans doute, il n'est pas possible de commanditer gratis celui qui n'a qu'une *idée;* ce n'est pas sur cette chimère de communautaire que portent ma critique, aussi bien que mes idées de réforme. Je dis qu'il est possible d'arranger les choses de telle sorte que tout homme de valeur obtienne sa part de capital et se fasse une somme d'avances qui lui permettrait de suivre ensuite, par ses propres forces, ses propres desseins. Aujourd'hui, les *avances* sont entre les mains d'un petit nombre; elles sont à la Bourse, aux emprunts nationaux, au gaspillage.

Ma santé se soutient et s'améliore doucement. Il faut croire que j'ai été rudement atteint; ma corpulence a beaucoup diminué, et ma tête s'est trouvée aussi, comme à la suite de mon attaque de choléra, fort affaiblie. J'ai eu une peine extrême à penser et à écrire. Je me sentais bête, froid, lieu commun, l'imagination nue, l'esprit en dégoût. Il n'y a pas quinze jours encore, ma désolation était au comble. Je me croyais décrépit, impuissant. Je songeais à me dérober, à mourir. Enfin, les forces ont commencé de revenir, et avec les forces, les idées. — Je mets la dernière main à une publication de 250 pages, sur la *Guerre et la Paix*, qui sera, je crois, du plus grand intérêt. Cela paraîtra dans la première quinzaine de juillet et ouvrira aux esprits une nouvelle porte sur l'avenir.

Ce qui se passe appelant mon attention sur la politique internationale, je me suis demandé tout d'abord ce qu'était cette politique, sur quoi elle était basée, quels en étaient les principes, et j'ai trouvé que ni en France, ni ailleurs, il n'y avait de *principes*. J'ai consulté les auteurs, Grotius, par exemple : beaucoup d'érudition, des traditions, de la coutume; mais de principes, néant. Grotius a secoué l'arbre de la science (*De Jure belli ac pacis*), il n'en a fait tomber ni fleur ni fruit. Il n'est pas encore à l'*a b c* de la matière. J'ai demandé à notre tradition révolutionnaire ce qu'elle savait? Rien! Alors, je me suis recueilli; j'ai lu des journaux, des brochures, de l'histoire, etc. J'ai repris mes formules, mes séries, mes antinomies, et je suis arrivé à comprendre quelque chose.

C'est de l'archi sens commun; et pourtant cela ne se trouve nulle part. Vous en aurez la primeur.

Aurons-nous bientôt une grande bataille? On doit être à Paris comme à Bruxelles, dans l'attente; on en est bête. Croit-on que la bataille décidera rien? Croit-on que les choses humaines tiennent à la question de savoir si la Lombardie sera ou ne sera pas enlevée à l'Autriche? Que de fois, depuis cent cinquante ans, l'Italie a été déchirée, convulsionnée, faite, défaite, refaite; royaume, empire, république; libre, soumise, révolutionnée et contre-révolutionnée !...

Ce qui est sûr, c'est que le gâchis est en Europe et que la guerre d'Italie y met le comble. Mais je crois la France, malgré ses corruptions, ses servitudes et ses blagues, très-près d'un retour à la vérité; la guerre d'Italie, de quelque manière qu'elle finisse, suivie d'un désillusionnement complet, sera le moment d'une renaissance de l'opinion, Je ne vois plus quel dada l'Empire et les vieux jacobins pourront enfourcher; je ne devine même pas, après cette ruine de toutes nos croyances politiques, quel programme pourrait faire le parti d'Orléans. Qu'il vienne des hommes jeunes, vous et vos pareils, et la République est dans la force des choses.

A propos de République, est-ce que vous approuvez l'attitude d'E. Ollivier au Corps législatif? Un homme du droit, de la Révolution, qui dit à un empereur : *Déchirez le droit public* de l'Europe, et je suis avec vous!... Eh! que fait-il donc?... Je vous ai dit que ce jeune avocat me tenait en défiance; je vous le redis.

Bonjour.

P.-J. PROUDHON.

6 juin 1859.

A M. NEVEU

Merci, cher ami, de votre lettre. Écrivez-m'en de temps en temps de pareilles, sans signer ni nommer personne. Je saurai deviner; et cela vous donnera moins de gêne dans l'expression de vos sentiments.

Mes filles et ma femme ont été on ne peut plus sensibles aux salutations de votre famille. Elles voudraient bien toutes trois être à Paris, et si j'étais en mesure de le faire, je crois que je les y renverrais, quitte à recevoir de temps en temps leur visite. Le travail et l'étude me font supporter l'exil; quant à ma femme, ce n'est pas tout à fait la même chose, et si les événements m'obligeaient à changer de résidence, je vous avoue que je préférerais pour tous quatre une séparation au chagrin de traîner nos existences de pays en pays.

Bonjour, et bonne poignée de main aux amis.

A vous de cœur.

P.-J. Proudhon.

6 juin 1859.

A. M. GOUVERNET

Mon cher ami, hier soir nous avons appris la grande victoire de Novare. Nous attendons les détails. Voilà la guerre bien engagée : ce qui ne me promet pas un prompt retour. Il paraît que l'empereur de Russie a déclaré à l'Allemagne que si elle se mêlait de l'affaire d'Italie, lui s'en mêlerait aussi, mais en qualité d'auxiliaire de Napoléon. Ainsi le despote de France est allié à celui de Russie contre l'Autriche, l'Allemagne et l'Angleterre. Qu'est-ce que cela nous promet? pas de liberté, à coup sûr? En attendant, l'Angleterre, l'Autriche, la Prusse et l'Allemagne ont le temps de réfléchir sur la faute qu'elles ont commise en tendant la main à ce monsieur, en applaudissant au coup d'État, et se félicitant d'avoir retrouvé un dompteur de la Révolution. Je me réjouirai vraiment de tout ce grabuge si je n'avais pitié de tant d'innocents qui en souffrent.

Bonjour.

P.-J. Proudhon.

Bruxelles, 18 juin 1859.

A M. GOUVERNET

Cher ami, à la première occasion que j'aurai, je prierai quelque voyageur allant en France de me rapporter un paquet de timbres-poste : cela me permettra, tout en vous chargeant de mes commissions, de diminuer beaucoup le nombre de pas que vous faites pour moi. Au lieu de porter une lettre chez les destinataires, vous n'aurez plus qu'à la jeter à la boîte.

Merci de votre dernière et de tous vos renseignements. Votre semonce à D*** a porté fruit ; dès le lendemain, il m'écrivait pour me dire que vous lui aviez rebouté le jugement, et me faire part de je ne sais quelle entreprise, pour laquelle il se propose de me venir consulter à Bruxelles.

Vous aviez, du reste, parfaitement conjecturé. A une de ses lettres, la plus incongrue que j'ai reçue de ma vie, j'avais répondu par une litanie de drôles épithètes, comme j'eusse fait s'il avait été présent. Mais le papier n'a pas le ton ni le geste, et ce qui l'aurait fait pouffer de rire, il l'avais pris au tragique, comme un homme qui ne sent son ridicule qu'en se regardant dans les yeux de son interlocuteur. N'en parlons plus ; c'est un cerveau fêlé ; il n'y a plus à en revenir.

J'ai reçu une lettre de Ch*** ; tout va bien. J'attends la communication de ma belle-sœur, présumant bien que ce doit être quelque chose de fort insignifiant.

La guerre va son train ; comptez déjà 30,000 hommes au moins hors de combat ; la moitié des 500 millions engloutis ; l'Angleterre, malgré le changement de ministère, aliénée ; l'Allemagne sur pied de guerre ; la Russie mettant à son alliance des conditions impossibles ; la contradiction partout, et pas d'issue possible. Aussi parle-t-on beaucoup de *négociations*, dont le seul résultat serait de faire sortir, avec toute l'honorabilité possible, Napoléon de l'impasse où il s'est fourré, ce qui aurait pour effet de le replacer dans cette autre impasse de la politique intérieure.

Si vous voyez le docteur Cretin, serrez-lui la main pour moi et dites-lui que je le prie instamment de vous guérir. J'ai reçu les numéros de la *Revue germanique* qu'il s'était chargé de me faire parvenir. Je l'en remercie fort, ainsi que Nefftzer.

Un seul numéro de la collection me manque : c'est la livraison de *juillet*, *cotée numéro* 7. Je crois que cette livraison est entre les mains de Duchêne ; auriez-vous l'obligeance, à première occasion, de la lui demander? S'il ne l'a pas, je la ferai chercher.

Bonjour.

P.-J. PROUDHON.

Bruxelles, 18 juin 1859.

A M. GUSTAVE CHAUDEY

Cher ami, j'ai reçu votre lettre du 15, précédée de celle de MM. Garnier frères. Au total, je suis satisfait de la tournure qu'a prise l'affaire, et je vous remercie de la conclusion, comme si les choses fussent allées selon votre désir.

Je continue le travail; mais, selon mon habitude, mon manuscrit a pris un développement beaucoup trop vaste, et je songe à diviser ma publication. Comme je vous l'ai dit, j'ordonne mes études pour le reste de ma vie. Je veux que désormais chaque opuscule que je publierai soit la démonstration d'une *idée positive* et non plus critique, souvent négative, de principes hypothétiques et de traditions plus ou moins rationnelles. J'aborde la question de *paix*, de *guerre*, de *droit international ;* sur tout cela, je vous donnerai quelque chose de précis, de net, de fondé en fait et en droit. Mais, au lieu d'un volume de trois cents pages, je compte faire trois livraisons de cent pages environ chacune, sous une rubrique générale qui me servira à l'avenir pour tout ce que je publierai. Lamartine a essayé un cours de littérature populaire; moi, je ferai de la *philosophie populaire*, et chacune de mes publications sera une leçon. D'ici fin d'année, j'aurai de quoi en publier *six* au moins. Le *Voltaire*, si jamais j'y mets la main, fera partie de la série. Comme vous voyez, après avoir été dix-huit ans critique, je deviens professeur, apôtre même, si vous voulez. J'en ai pour jusqu'à la fin de mes jours.

Oui, les complications de l'affaire italienne commencent à surgir, et nous en verrons bien d'autres. Mais que sera-ce quand on viendra à se rendre compte du néant de cette entreprise, de la folie de cette politique et de l'effroyable consommation d'hommes et d'argent qui s'ensuit? A l'heure où j'écris, 30,000 Français au moins sont hors de combat, par mort, blessures ou maladie ; je ne m'occupe pas des Autrichiens. Est-ce que cela n'ouvre pas les yeux aux chauvins ?...

L'Angleterre change ses ministres : il ne tient qu'à Napoléon III de croire que ce revirement est un des fruits de la victoire de Magenta. Mais il connaîtrait aussi mal la logique des événements que l'opinion des Anglais, s'il attendait quelque chose d'utile pour sa politique de ces nouveaux ministres. La nation anglaise est tout aussi hostile à l'Empire que jamais ; engagée dans une réforme quasi-sociale, elle a craint de se voir servir d'instrument à l'intérêt de l'Autriche, voilà tout. Palmerston n'a pas plus la majorité que lord Derby ; il ne peut qu'administrer, non plus gouverner ; je dis plus : suspect de bonapartisme, il est condamné, par la loi des contradictions historiques, à faire contre Bonaparte la besogne des tories ses rivaux ; en quoi il sera parfaitement secondé par J. Russell, l'adversaire de la politique impériale dans la question de Crimée.

La Russie semble préparer une diversion favorable ;

mais on hausse les épaules en Allemagne aux menaces du vieux parti russe, qui vient de parler par la bouche de Gortschakoff. Que la Hongrie essaie un soulèvement, et vous verrez intervenir la Confédération. Ce qui retient les Allemands, c'est-à-dire la Prusse, aujourd'hui puissance dirigeante, c'est que l'Autriche ayant eu la prétention de tout entraîner par sa déclaration de guerre, on n'a pas dû la suivre; on attendra que le territoire *fédéral* soit violé par l'armée française.

Pour revenir aux Russes, qu'espérer de ces *alliés* qui commencent par exiger le respect du royaume napolitain, et sans doute aussi celui des États pontificaux? Quel gâchis! Quelle honte pour une nation puissante comme la nôtre, de se voir ainsi mécanisée par une bande d'intrigants et d'imbéciles! Est-ce que vous apercevez une issue à cette campagne, un dénouement logique, honorable, à cette tragi-comédie? Il y en a si peu, que les esprits reviennent sans cesse dans le public et dans les Cours, à l'idée d'une transaction, qu'il est aujourd'hui beaucoup plus aisé de rendre honorable pour l'Autriche battue que pour l'empereur des Français victorieux.

Je suis bien aise que vous ayez lu le livre d'About. Je puis le prendre pour terme de comparaison et m'en servir pour exprimer mon sentiment sur Voltaire.

Voltaire, c'est la fusion intime de la SCIENCE et de l'*esprit*, de l'esprit qui n'est pas la poésie, mais qui est plus que la poésie; qui n'est pas le vrai, mais qui semble ajouter au vrai. Le véritable écrivain français n'est français qu'autant qu'il se rapproche de ce caractère voltairien; Rousseau l'est par moments dans l'*Émile;* partout ailleurs, il redevient passionné, orateur, poète, déclamateur; il marque une tendance rétrograde

About a le mérite incontestable de remettre en honneur le style leste, bref, précis et pétillant de Voltaire. Il est cependant moins simple que Voltaire, moins naturel; il incline vers Rivarol; il y a plus d'art en lui que d'originalité vraie, et tout cela vient de ce qu'il n'est pas pour son temps, au point de vue de la science et des idées, ce que fut au dix-huitième siècle Voltaire. La pensée d'About manque de hauteur; il signerait volontiers *Écr. l'inf.*, ce qui veut dire qu'il imite Voltaire; il ne le *continue* pas. La philosophie moderne a élevé l'Église au-dessus du ridicule et du pamphlet; le concordat en a fait une institution de l'Empire; ce n'est plus comme Église qu'il faut l'attaquer, c'est comme expression religieuse, éclectique, et transitoire. Quant à l'économie papale, à l'administration papale, etc., je répète qu'il n'y a rien qui ne se retrouve partout; en vrai critique, About ne devait pas l'oublier. Une critique de la papauté doit être plus que jamais une critique de toute la société; autrement c'est mensonge, petitesse d'esprit et manque de génie. Ce n'est pas du Voltaire.

Bonjour.

P.-J. Proudhon.

Bruxelles, 1er juillet 1859.

A M. GOUVERNET

Mon cher Gouvernet, voici deux lettres : l'une pour MM. Garnier frères, l'autre pour mon beau-frère, M. Auguste Piégard, rue Mauconseil, 14 *bis*.

Je ne sais si vous avez appris la mort de mon beau-père, le vieux Piégard, arrivée le 7 juin, il y a quatre jours. Cette nouvelle nous est parvenue le 29, au moment où Catherine lui écrivait pour lui souhaiter une bonne fête (la saint Pierre, qui est aussi la mienne).

Je n'ai toujours rien de Mme Desvoyes ; auriez-vous par hasard remis son paquet à quelque occasion qui n'arrive pas ?... Et à ce propos, avez-vous vu, dans ces derniers temps, un M. B*** de la rue Laffite ? Je lui ai écrit, il y a une huitaine, à la demande de M. Gauthier ; je m'attendais presque à une réponse par retour du courrier, et ne vois rien venir. Je voudrais bien savoir si par hasard M. B*** est absent de Paris.

Nous allons de victoire en victoire ; mais, cher ami, loin que cela me fasse revenir de mon dire, je m'y opiniâtre de plus en plus, et je demande toujours à quelle fin cette abominable fauchaison d'hommes ? D'après tout ce que nous pouvons apprendre ici d'Italie, il faut compter *au moins* 50,000 *hommes* tués, blessés ou manquants à Solferino, pour les deux armées. Sur ce nombre, dit un témoin oculaire, il y a 4 Français pour 5 Autrichiens; soit 22,000 Français contre 28,000 Autrichiens. — En conservant cette proportion pour Magenta, etc., la France doit compter à cette heure sur une perte de 50,000 hommes pour sa part, et pour peu que la guerre dure encore quelques mois, 100,000 hommes, 100,000 Français; 125,000 Autrichiens; plus les dégâts, les millions, etc. Est-ce que tout cela ne vous semble pas valoir dix fois, cent fois plus que la liberté dont nous allons faire jouir les Italiens, tandis que nous-mêmes nous nous en passerons?... Aussi je poursuis mon travail, qui, je vous jure, ne craint plus d'être démenti par les événements.

Vous savez qu'à Magenta, sans Mac-Mahon, qui se porta au bruit du canon, l'armée française était enfoncée et Sa Majestée prise. — A Solferino, les Autrichiens ont été un moment victorieux; l'empereur François-Joseph se félicitait déjà, quand tout à coup, par un revirement si fréquent à la guerre, les Autrichiens sont forcés dans leur centre et contraints de battre en retraite.

Mais ici, comme à Magenta, il y a peu de canons et de drapeaux pris, et l'ennemi se retire en bon ordre.

C'est épouvantable.

A vous de cœur.

P.-J. PROUDHON.

Bruxelles, 1er juillet 1859.

A MM. GARNIER FRÈRES

Messieurs, priez, je vous prie, M. votre caissier de relire une de mes dernières, dans laquelle je vous avise de quelques omissions dans mon dernier règlement de compte, à votre préjudice. Je ne suis pas très-sûr de ce que j'avance ; mais il me semble que les choses sont comme je les dis, et que, par conséquent, au lieu d'être mes redevables, comme il résulterait de ce règlement, vous seriez peut-être déjà mes créanciers pour quelque chose. Je serai bien aise d'apprendre que notre compte est enfin liquidé, et de savoir ce que je vous dois.

J'ai reçu les *Causeries du Lundi* et le volume de M. Laboulaye qui les accompagnait. Je vous suis sincèrement obligé du tout, et je vous prie, à cette occasion, messieurs, de vouloir bien vous charger de mes compliments pour M. Sainte-Beuve. J'ai déjà parcouru sept de ses volumes. Il y a des articles dont je suis on ne peut plus content, d'autres qui me plaisent moins. En général, je remarque que M. Sainte-Beuve est plus heureux avec les écrivains de premier ordre qu'avec les autres. Au total, on doit savoir gré à cet aimable critique de la peine qu'il se donne de faire connaître au public une foule d'écrits et de personnages qui sans lui resteraient enterrés. Ses jugements sont justes, bien motivés; sa critique, souvent bienveillante, quoique ferme et libre. Je ne lui reproche guère que de s'être trop souvenu par moment qu'il écrivait sous l'impression des événements de 1848, sur lesquels l'histoire n'a pas dit son dernier mot.

Nous allons de victoire en victoire. Mais cette chance heureuse ne me réconcilie point avec la guerre ; je trouve que 50,000 Français hors de combat, et 60 à 70,000 Autrichiens, sans parler des autres frais, sont un prix dix fois plus grand que l'avantage qu'on aura procuré aux Italiens de se *gouverner par eux-mêmes*, si tant est qu'on le leur procure réellement.

Et ce n'est pas fini !...

Adieu, messieurs; croyez-moi toujours votre tout dévoué.

P.-J. PROUDHON.

Ixelles, 20 juillet 1859

A M. CHARLES BESLAY

Ah ! vieux bonapartiste que vous êtes, vieux chauvin, combien faut-il vous appliquer de coups de marteau sur le crâne pour vous faire comprendre une vérité aussi simple que celle-là ?

Napoléon III, continuateur de son oncle et du système conservateur de Louis-Philippe, ne pouvait pas *révolutionner* l'Italie ; il ne pouvait pas, même avec des victoires, obtenir l'entière évacuation de l'Italie par les Autrichiens, parce qu'il aurait fallu les poursuivre *chez eux*, toucher à la terre fédérale, ce qui lui mettait l'Allemagne sur les bras ; — il ne pouvait pas toucher à la papauté, enfin, ce qui lui aurait enlevé le plus net de ses partisans.

Joignez à tout cela que la guerre a dû lui paraître trop meurtrière et ses lauriers trop chers. Bref, il a offert la paix, ce qui signifie qu'il en avait besoin, autant au moins que son frère impérial, François-Joseph.

Vous voilà mystifié, mais vous n'en serez pas plus sage ; je vous attends à première occasion.

Cher ami, ce n'est rien que la politique ; les gens qui nous gouvernent peuvent faire tuer des hommes et gaspiller des écus : hors de là je les défie de produire rien de bon. Mais il s'agit de vos intérêts, et je vois avec tristesse que vous n'avez jamais à m'apprendre que de mauvaises nouvelles. Les Suisses ne vous paient pas; vous paieront-ils jamais ? Cent mille francs et plus doivent faire une tache dans vos affaires, autant que trois mille dans les miennes; trouvez donc bon que je ne rie pas et que je vous recommande les moyens les plus énergiques. Il faut en finir, flétrir ces gueux-là, ou tout abandonner. Quelle canaille ! et comme j'admire votre patience !... Vous, Breton, ayant la tête si près du bonnet, comment y pouvez-vous tenir ?... Cher ami, si jamais vous receviez offre ou avis de payement, faites-m'en part des premiers ; j'en boirai un verre d'ale à votre santé.

Mes enfants et ma femme vous sont bien reconnaissantes de votre souvenir. Elles sont assez bien, si ce n'est que les *cousins* les dévorent. Il fait grand chaud ; l'année sera assez bonne, et je n'attends pas moins de notre chère France. Qui sait quand j'y rentrerai ? En supposant ma contumace purgée, reste la loi de *sûreté générale*, que je n'affronterai pas. J'y suis bien décidé, je ne rentrerai en France qu'avec la liberté. Aussi, comme je ne veux pas traîner avec moi des victimes, je songe aux moyens à prendre pour établir ma femme et mes enfants à Paris, quitte à recevoir de temps en temps leur visite. Ma femme s'acclimate difficilement à l'étranger ; elle n'a pas, comme elle me le dit fort bien, la *ressource des idées*. Quant à mes filles, je craindrais que leur éducation et leur apprentissage ne souffrissent de leur séjour.

J'ai appris avec chagrin la mort de M. Landrin. Encore un bon, que la fortune jalouse nous enlève.

Saluez de ma part ceux de vos amis que je connais et dont les noms m'échappent. Mais si vous vous rappelez les bonnes petites réunions auxquelles j'ai assisté chez vous, à table, vous saurez qui je veux dire.

Je vous embrasse, cher ami, et je conjure vos soixante-trois ans de ne plus rien attendre à l'avenir, pour le triomphe de la Révolution, de ceux qui admettent Veuillot à leur table, qui serrent la main au tsar, et qui baisent la mule du pape.

Tout vôtre.

P.-J. Proudhon.

Bruxelles, 20 juillet 1859.

A M. GOUVERNET

Mon cher ami, j'ai reçu ce matin votre lettre du 19 courant, répondant à la mienne du 7, remise le 10 par D***. J'ai reçu en son temps aussi celle du 26 juin, dont j'ai oublié de vous accuser réception. Il me semble, toutefois, que vous avez pu juger par ce contenu de mes lettres que j'avais eu connaissance de la susdite et que j'y faisais allusion.

Je comprends l'aplatissement du chauvin de la rue Saint-Sébastien, mais il faudrait à tout ce monde un triple cours de tactique, de politique et d'histoire, pour lui expliquer que S. M. Napoléon ne pouvait faire autrement.

1° Au point de vue *tactique*, une fois engagé dans la Lombardo-Vénétie, si les Autrichiens ne lui demandaient pas la paix et qu'il voulût pousser la *guerre à fond*, il allait avoir, comme je vous l'ai expliqué il y a trois ou quatre mois, toute l'Allemagne sur les bras. — En effet, il fallait poursuivre l'ennemi sur le territoire fédéral, et alors halte-là!...

2° Au point de vue *politique*, Napoléon ne peut pas

révolutionner l'Italie; il ne peut pas détruire l'Église, le catholicisme, la papauté, les princes légitimes.

3° Au point de vue de l'*histoire*, il est le continuateur tout à la fois de la réaction de son oncle contre la République, et de la politique conservatrice et bourgeoise de Louis-Philippe. Il n'y a pas de doute qu'au 1er janvier, ni lui, l'empereur, ni tous les crétins qui lui applaudissent, n'ont compris cela.

Ils le comprennent bien moins maintenant, après *quatre ou cinq victoires*. Qu'y faire? La presse n'est pas libre en France, et il n'y ferait pas bon pour un écrivain qui voudrait attaquer le chauvinisme par la base.

Depuis la paix, on a très-peu de nouvelles d'Italie. On sait que les Italiens sont furieux, qu'ils ne se tiendront pas satisfaits et tranquilles, et qu'à un moment donné les Français et les Autrichiens devront s'unir pour les mettre à la raison.

Quant à l'armée, on sait que les pertes ont été immenses, plus fortes, sans nul doute, du côté de l'ennemi, attendu que les Autrichiens n'ont été ni *poursuivis* ni *défaits*, et que nous avons tenu à vaincre *à tout prix*. A Magenta, il est positif que sans Mac-Mahon, qui accourut au feu, la bataille était perdue; à Solférino, la droite autrichienne a été victorieuse jusqu'à cinq heures. On sait aussi que les canons rayés rendent de part et d'autre la cavalerie impraticable, ce qui a ôté une bonne part de leur force aux Autrichiens. En ce moment, il y a dans les camps le typhus, des coups de soleil, et même assure-t-on, le choléra.

Toute cette campagne aura été un crime : voilà le dernier mot; mais faites comprendre cela aux chauvins!

Mon livre n'est pas fait. D'abord je ne fais pas un livre; je prépare une série de brochures sur une foule de sujets, et qui devront paraître à la manière des Revues. J'en prépare tout à la fois *treize*, et j'ai des notes et des aperçus pour 60 ou 80. Chaque brochure aura de 100 à 180 pages. Je ne sais encore quand je lancerai la première.

Inclus diverses commissions pour lesquelles je vous prie de prendre votre temps ; il n'y a nulle nécessité à ce que vous fassiez toutes ces courses le même jour. Commencez seulement par le voyageur.

Bonjour, cher ami. Voilà juste un an que je vous ai quitté; comme le temps file! Ma séquelle est assez bien; mais les moustiques, autrement dits cousins, nous dévorent.

Tout vôtre.

P.-J. PROUDHON.

Bruxelles, 29 juillet 1859.

A M. GOUVERNET

Mon cher ami, trois lettres recommandées à vos bons soins ; et, pour vous-même, rien à vous apprendre.

Ce que l'on dit et pense de la paix se sait à Paris comme à Bruxelles. A Londres, on se méfie plus que jamais et l'ona rme. Les ministres Palmerston, Russell, Bright, etc., faisant des salamalecs au grand vainqueur, le *Times* les gourmande et leur signifie d'activer les armements. L'Angleterre en est au regret de n'avoir pas suivi l'inspiration du ministre Derby, qui eût voulu empêcher la dernière guerre. Kossuth, qui a prêché la neutralité, est allé se faire mystifier par l'empereur. Napoléon est coulé. Mazzini, au contraire, qui avait prétexte contre la guerre, se redresse de toute sa hauteur, et vient de lancer un nouveau manifeste. Actuellement on se dispute sur l'origine d'un projet de transaction attribué à la Prusse, et qu'on soupçonne d'être de la façon des Tuileries. Une espèce de ruse de guerre. A travers tout cela, gâchis d'idées, honte nationale, situation de plus en plus compromise. Les jésuites seuls triomphent.

Bonjour et santé. Nous avons eu bien chaud; mais

nous n'avons pas été malades, grâce au régime maigre. Des lettres du Doubs et de la Haute-Saône me font craindre une récolte médiocre. Immoralité croissante ; insolence du prêtre.

A vous de cœur.

P.-J. Proudhon.

Bruxelles, 2 août 1859.

A M. CHARLES BESLAY

Mon cher ami, je m'empresse de répondre au plus pressé de votre lettre, par M. de Jonquières, qui part dans une heure.

Je n'ai pas l'honneur de connaître l'avocat dont vous me parlez, M. Boudraut. Mais, quel qu'il soit, vous pouvez être sûr que dès lors qu'il n'est pas de vos amis, il n'est pas non plus des miens. J'attends son Mémoire avec curiosité.

Merci de votre lettre et de celle de Ferrari, et pardon de mes injures. Je vois par la manière dont vous les avez prises que nous sommes d'accord sur tout.

A cette heure, nous voilà de nouveau à la guerre !... L'*Indépendance* d'hier sent la poudre; dans tous les casinos du midi on fait chanter : *Jamais en France, jamais l'Anglais ne régnera.* Vos journaux recommencent à chauffer contre l'Angleterre comme ils ont fait contre l'Autriche. La belle politique !...

A vous de cœur.

P.-J. PROUDHON.

Bruxelles, 20 août 1859.

A M. GOUVERNET

Mon cher Gouvernet, me voilà encore une fois libre. Le *Nord*, journal bonapartiste, qui reçoit ses instructions du ministère français, me désigne nominativement parmi les individus compris dans l'amnistie. Ainsi nous allons nous voir ; dans une quinzaine de jours, ma femme fera ses préparatifs de départ, et ira, en février, préparer le logement. Je resterai pour terminer le déménagement, l'emballage, les expéditions, et je surviens dans cinq ou six semaines.

L'amnistie a fait généralement plaisir. Quelques grognards demandent si l'empereur, qui seul est coupable, a droit de faire amnistie à qui que ce soit ; ils seront peu suivis. Si l'étranger était en ce moment fort animé contre Napoléon, il trouverait cela fort ridicule. Madier-Montjau et Louis-Blanc ont fait connaître par des lettres rendues publiques leur dessein de ne pas profiter de la faculté qui leur est offerte ; je pense que Victor Hugo fera de même. Quant au malheureux L.-Rollin, il est retenu par la condamnation à mort rendue contre lui, par coutumace, dans l'affaire Tibaldi. Au moment où arrive l'amnistie on me propose de prendre la direction d'un journal de Bruxelles ; je ne pense pas que je doive accepter, ni par conséquent que j'accepte.

Voilà quelques commissions : la principale est pour la rue d'Enfer, 83. Ma femme désire fort rentrer dans son logement; si les conditions restaient les mêmes, j'accepterais volontiers, bien que le loyer soit un peu lourd, surtout après l'année que je viens de traverser.

Seriez-vous donc assez bon pour aller jusqu'au n° 83 remettre à M. Valade, en mains propres, s'il est présent, la lettre ci-incluse, et tout en causant avec lui, tâcher de savoir s'il est disposé comme il l'a promis à ma femme, à se dessaisir de l'appartement et du jardin, etc.

Nous reprendrions les quelques meubles pour la somme que nous avons reçue, et tout serait dit.

Mais je crains fort que la propriétaire n'élève son prix, qu'elle ne demande 800 francs au lieu de 700 ; que MM. Valade frères, dont l'un a le jardin, l'autre l'appartement, ne fassent des difficultés, ne vous renvoient à Noël ou à Pâques, etc. Dans ce cas, mon intention est de me restreindre sur ce chapitre; nous chercherions d'abord dans le quartier du faubourg Saint-Jacques, un petit appartement de 500 francs, et nous attendrions les événements.

En cas de départ de MM. Valade, laissez ma lettre au concierge, qui doit avoir leur adresse.

Je ne vous dis rien de la manière dont j'apprécie la situation et l'amnistie : nous en causerons à loisir.

A vous de cœur, cher ami.

P.-J. PROUDHON.

Bruxelles, 20 août 1859.

A M. VALADE

Monsieur et ancien voisin, je crains fort que la démarche que je fais en ce moment auprès de vous ne vous soit infiniment désagréable; permettez-moi seulement de vous en dire les motifs, au moins à titre d'excuse; et puis, s'ils ne peuvent vous agréer, nous n'en parlerons plus.

Vous avez bien voulu dire à ma femme, lors de son déménagement pour Bruxelles, que l'appartement qu'elle vous a laissé avec quelques meubles lui serait rendu le jour où il nous serait permis de rentrer en France et de reprendre notre vie accoutumée. Je n'oserais me prévaloir de cette promesse, je vous assure, si je ne réfléchissais que la personne pour qui a été fait ce petit arrangement, M. de Sellières, doit bientôt sortir de votre direction, et que, par conséquent, vous n'aurez plus besoin vous-même de l'appartement et du mobilier.

C'est dans cette hypothèse, monsieur et ancien voisin, que je prends la liberté de m'adresser à vous et que j'ose vous prier de me répondre franchement. Je ne voudrais pour rien vous causer le moindre déplaisir;

si vos arrangements ont été pris pour une occupation prolongée, gardez et encore une fois n'en parlons plus. La maison nous était agréable; ma femme, mes enfants, mes amis, y avaient leurs habitudes : je n'attache pas autrement d'importance à la chose et n'y apporte aucune exigence. Dites comme je dis moi-même, et il sera fait sans regret selon votre désir.

Il va sans dire que nous reprendrons les meubles pour le prix que nous en avons reçu; ce n'est pas une vente ni un réméré que nous avions fait et que nous ferions; ce serait de part et d'autre une simple restitution.

Je dois vous dire cependant que s'il était à votre connaissance que la propriétaire dût exiger de l'appartement et du jardin réunis un loyer supérieur à celui que je payais, il me serait impossible d'accepter cette condition; les choses resteraient alors ce qu'elles sont.

Ma femme compte partir dans la première quinzaine de septembre; je la suivrai vers la fin du même mois.

Dans l'impatience de vous revoir et de renouer avec vous les liens d'un bon voisinage, je suis, avec la plus entière cordialité, monsieur et ancien voisin, votre tout dévoué et affectionné.

P.-J. Proudhon.

Bruxelles, 21 août 1859.

A M. FÉLIX DELHASSE

Mon cher monsieur Delhasse, depuis votre départ, j'ai pensé bien souvent à vous. J'espérais toujours que quelque nouveauté de ma façon me serait une occasion de vous écrire; chaque semaine, je me croyais au terme de mon travail, et je suis arrivé ainsi, sans rien finir, jusqu'au 17 du courant, jour où le décret d'amnistie est venu de nouveau changer tous mes plans. Maintenant, je ne pense plus imprimer rien à Bruxelles; c'est à Paris qu'il faut paraître, si l'on veut agir efficacement sur l'opinion; c'est là que je porterai mes manuscrits et tenterai de nouveau la mer perfide de la publicité impériale.

Mais vous avez dû penser, cher monsieur, en apprenant que je me retrouvais libre, que je ne quitterais pas la Belgique sans vous revoir, et comme je ne pars pas demain, quoi qu'on en dise, je viens vous demander en toute simplicité, si vous pensez rester à Spa jusqu'à fin septembre. J'ai la tête bien grosse, et un immense besoin de repos. Une petite course de cinq ou six jours me ferait grand bien, et j'en profiterais pour aller passer vingt-quatre heures auprès de vous. Que vous en semble? Seriez-vous assez bon pour me dire jusqu'à quelle époque je puis espérer de vous rencontrer à Spa.

Je ne sais trop que penser de cette amnistie qui est venue surprendre tout le monde, comme la paix de Villafranca. Est-ce calcul ou *fantasia?* Peut-être notre magnanime empereur est-il flatté de joindre à l'héroïsme de César la clémence d'Auguste ; peut-être n'est-on pas fâché de se ménager la démocratie, dont les hourrahs ont été si utiles pour l'entreprise de Lombardie, et pourraient le devenir bien davantage en cas de démêlés plus graves. Il faut s'attendre à tout de la part d'un cerveau vide. Quoiqu'il en soit, je ne trouve point qu'il y ait lieu de prendre texte de cela pour faire aucune démonstration contre l'homme et le régime; pourvu que ma conscience et ma pensée libre ne soient pas entamées, je me laisse volontiers aller au flot de l'opinion ; puisque l'on m'ouvre la porte, je rentrerai sans croire pour cela que j'aille réveiller la France de sa léthargie, pas plus que, si je restais dehors, je n'aurais la prétention de tenir le flambeau de la pensée française. Avant tout, ne soyons dupe ni de notre propre vanité, ni du machiavélisme des autres.

Les choses me paraissent, comme à tout le monde, s'embrouiller de plus en plus. Napoléon III est isolé comme Louis-Philippe en 1840; il ne saurait tenir longtemps dans une situation aussi fausse. Mais j'ai peur que cela ne finisse par une catastrophe, et que les nations irritées ne fassent payer encore une fois à la France son aveuglement. Quoiqu'il advienne, n'oubliez pas, cher monsieur, que Napoléon III n'a pu s'élever que pour servir la réaction du moment; que l'objet de cette réaction est la plus grande chose qui ait jamais travaillé les têtes humaines, la Constitution du droit économique. Que des pédants, des sots répètent à l'envi que le peuple français est sans consistance, qu'il ne sait que passer de la liberté au despotisme et *vice versa*, qu'il n'aime que la gloire et la poudre, etc., de pareilles balivernes ne peuvent vous séduire un moment. C'est en France que se débat, depuis dix ans, l'avenir même de la civilisation. Avant que la guerre éclate de nouveau, vous aurez de ce que je vous dis là de nouvelles preuves. Pour ma part, je vous le promets. Songez que Napoléon III tombant, ce branle-bas commence, et que l'Europe nous suit. Il est fâcheux, je le reconnais, pour la France rétrograde, de s'être donné un patron aussi ridicule ; mais qu'est-ce que cela fait à la France qui pense et qui va de l'avant ! Elle n'en brille que davantage.

Aujourd'hui je viens d'apprendre deux choses : l'une que vos représentants ont voté le projet de fortifier Anvers ; l'autre que notre ami Haeck a quitté aujourd'hui même le ministère. C'est lui-même qui est venu m'apprendre cette dernière nouvelle. Il n'y pouvait plus tenir. On ne l'aurait pas destitué ; on le faisait mourir à coups d'épingles. Les dernières améliorations qu'il a apportées à sa pompe en feraient, je l'espère maintenant, une invention vraiment utile, et, pour son auteur, lucrative.

Quant aux remparts d'Anvers, mon opinion formellement arrêtée, appuyée sur des considérations de toute sorte, politiques, historiques, économiques, même stratégiques, est que cette entreprise est mauvaise pour la Belgique ; mais depuis que j'ai entendu M. le professeur Altmeyer, républicain, soutenir, avec une violence extraordinaire, la nécessité d'une telle dépense, je garde mon opinion pour moi, ne voulant pas paraître animé de sentiments ultra-nationaux dans une affaire qu'inspire la juste méfiance provoquée par le gouvernement impérial. J'ai vu avec déplaisir le nouveau député Hymans saisir cette occasion d'accuser le parti catholique belge de trahir le pays et de vouloir le livrer à la France. C'est ainsi que l'esprit d'intrigue trouve moyen tout à la fois, par la calomnie, de flatter la passion publique, le libéralisme bien ou mal conçu des jeunes et des vieux, et en même temps de faire sa cour au pouvoir en votant selon ses désirs. Ce début me semble du plus mauvais augure pour le caractère du jeune représentant. Du reste, Defré aussi a voté la fortification, revenant de son ancienne opinion. Pauvre garçon! Il se pourrait, malgré tout, que les catholiques eussent mieux jugé les intérêts de la Belgique que les libéraux, ce qui n'empêcherait pas les premiers d'être toujours catholiques. L'avenir nous éclairera.

Mes petites filles suivront leurs classes jusqu'au 3 septembre, jour où commenceront les vacances. Mon dessein est de faire partir ma femme en fourrier, dans la première quinzaine de septembre; je suivrai plus tard.

Présentez, s'il vous plaît, mes hommages à madame Delhasse et à ces demoiselles. Mes amitiés à M. d'Hauregard, à MM. Dommartin; mes respects à votre vénérable mère, et donnez-moi de leurs nouvelles à tous. Ma femme et mes enfants se joignent à moi pour vous exprimer, ainsi qu'à votre famille, tous leurs sentiments.

A vous de cœur et de pensée.

P.-J. PROUDHON.

Bruxelles, 23 août 1859.

A MM. GARNIER FRÈRES

Mon espoir, messieurs, est de vous revoir bientôt, et si l'amnistie vous inspire quelque confiance, de vous proposer immédiatement une et même plusieurs publications nouvelles. Je ne rentrerai pas en France sans avoir un ou deux manuscrits tout prêts. Si par hasard vous jugiez que les temps sont encore trop chanceux, je débuterais par une première publication à Bruxelles, et nous jugerions par la permission même qui nous serait accordée ou refusée d'introduire l'imprimé, si, oui ou non, le gouvernement de l'empereur revient à des sentiments plus doux. Deux mots à cet égard, messieurs, s'il vous plaît.

Depuis nos dernières conventions, j'aurai bientôt, je pense, à faire sur vous une petite traite. Veuillez lui réserver bon accueil et compter sur mon dévouement.

P.-J. Proudhon.

Bruxelles, 24 août 1859.

A M. GOUVERNET

Mon cher Gouvernet, j'étais trompé par les récits des journaux belges, quand je vous ai parlé de mon prochain retour : le décret d'amnistie et la note explicative du *Moniteur* ne me concernent pas. Il ne s'agit que de lever l'effet des *avertissements* encourus par les JOURNAUX, nullement de la remise des *condamnations encourues pour délits commis par la voie de la presse*. Notez aussi que les délits de presse, autrefois réputés délits politiques, sont devenus, depuis 1852, DÉLITS ORDINAIRES ; c'est pour cela qu'on ne les soumet plus au jury. Comme je ne me propose ni de rentrer par *tolérance*, ni de solliciter un ministre, je me tiens tranquille et prie ceux de mes amis qui m'en écrivent de faire de même.

Donc, cher ami, voilà notre réunion ajournée à plus tard. Encore une campagne, une paix comme la dernière, et l'affaire sera faite.

Je vous serre la main.

P.-J. PROUDHON.

Bruxelles, 25 août 1859.

A MM. GARNIER FRÈRES

Messieurs, j'ai reçu votre amicale du 22 courant; je vous remercie de l'intérêt que vous prenez à ma liberté.

Lorsque j'écrivis le billet que vous avez dû recevoir par M. de Jonquières, j'étais encore dans l'illusion causée par la lecture des journaux belges, surtout du *Nord*, journal dévoué aux intérêts de l'Empire, et qui annonçait que l'amnistie concernait la *catégorie des délits de presse*, tel que celui pour lequel j'ai été condamné, et qui donnait même mon nom parmi ceux des amnistiés.

Ce n'est qu'avant-hier que, curieux enfin de juger par moi-même des termes du décret et de la note explicative du *Moniteur* concernant les journaux frappés d'avertissements, j'ai pu juger que l'amnistie ne me concernait pas du tout.

Il est possible que l'auteur du décret ait entendu la faire générale, mais il ne connaît pas la rubrique des lois, ou bien le rédacteur a pris sur lui d'en restreindre les termes; en tous cas, il est certain que je ne me fierai pour rien au monde à une pareille invitation. Nos magistrats n'ont pas l'habitude d'interpréter les textes de la manière la plus large et la plus favorable aux accusés ou inculpés, et j'apprends à l'instant même qu'à Paris comme à Bruxelles, les fonctionnaires chargés d'interpréter l'amnistie et d'en faire l'application déclarent tous qu'elle ne concerne point les condamnés de ma catégorie.

Autrefois, comme on vous l'a dit, les délits dits *de presse*, ou mieux, *commis par la voie de la presse* étaient réputés délits politiques; pour cette raison, on les soumettait au jury. Depuis la loi du 24 février 1852, ces sortes de délits sont réputés *délits ordinaires*, et pour cette raison renvoyés aux tribunaux correctionnels. Or, la pensée de l'amnistie est toute politique; elle signifie que le vainqueur de Solférino se soucie fort peu aujourd'hui de ses adversaires et compétiteurs politiques, nullement que l'auteur de la paix de Villafranca, qui a fait du pape le président honoraire de l'Italie, ait voulu se réconcilier avec les ennemis de la papauté et du catholicisme.

Que répondrais-je à un procureur impérial qui me ferait ces observations si, rentré en France sur la foi de journaux bavards tels que le *Nord*, je me voyais appréhendé tout à coup et mené en prison?... Il me faudrait implorer la clémence d'Auguste après avoir si mal compris les intentions de César. Mais je ne suis pas seul de ma catégorie, et je ne veux pas d'une amnistie personnelle. Pour que je rentre, il faut que le *Moniteur* prenne la peine de déclarer, en termes légaux et explicites, que *par le décret d'amnistie sont remises toutes condamnations encourues pour délits commis par la voie de la presse.*

Consolons-nous donc pour cette fois de n'avoir eu que la bonne bouche de la liberté. Mais ceci vous montre, messieurs, dans quel dédale se jette un gouvernement qui change la Constitution et les lois d'un pays. L'usage voulait que l'écrivain condamné fût regardé comme délinquant politique; la loi de 1852 a changé cela; bien mieux, à l'aide d'une équivoque infâme, on affecte de me confondre avec les condamnés en vertu des articles 287 et 477 du Code pénal. Rien que la manière dont on soulève le doute à mon égard m'indique que la même haine qui m'a valu ma condamnation me poursuit encore.

Laissons là l'amnistie, messieurs, et pensons à autre chose. Je commence une nouvelle série de travaux : quelques-uns peut-être ne pourront être publiés qu'à l'étranger, d'autres le peuvent à Paris. Naturellement je préfère la France à tout autre marché, mais croyez-vous pouvoir en ce moment accepter de moi quelque chose? En autres termes, vous semble-t-il que la discussion soit devenue plus libre, au point de faire tolérer un écrivain aussi suspect que j'ai l'honneur d'être.

Je suis, messieurs, votre tout dévoué.

P.-J. PROUDHON.

Bruxelles, 26 août 1859.

A M. ALFRED DARIMON

Mon cher Darimon, le chef de la sûreté a raison : le décret d'amnistie et la note explicative du *Moniteur* qui l'étend aux journaux n'ont aucun rapport avec la catégorie de condamnés à laquelle j'appartiens. — J'avais cru d'abord, comme beaucoup de personnes, le contraire, trompé que j'étais par les rapports des journaux belges, qui parlent à tort et à travers de délits politiques et de délits de presse. La lecture du *Moniteur* m'a eu bientôt détrompé.

Depuis 1852, les délits *commis par la voie de la presse*, que l'on considérait antérieurement comme délits politiques, ont été assimilés aux DÉLITS ORDINAIRES ; c'est en conséquence de ce principe qu'on les a ôtés à la juridiction du jury.

Pour que l'amnistie me fût applicable, il faudrait que la note du *Moniteur*, qui ne parle que des journaux, portât en termes exprès : *Remise de toutes condamnations encourues pour délits commis par la voie de la presse.*

Je vous sais gré du sentiment qui vous a fait courir pour moi, mais vous m'obligerez de vous en tenir là et même de ne pas relever l'incident.

Je veux croire que si je rentrais sur la foi d'un texte aussi peu sûr, on ne commettrait pas le scandale d'exercer sur ma personne une énorme exception Mais je suis trop, depuis un an, l'homme du *droit strict* pour que j'aille ainsi me livrer à la juridiction gracieuse.

Il ne peut me convenir d'être accueilli au nombre des amnistiés par tolérance, et je ne désire pas qu'on fasse pour moi un décret ou une interprétation spéciale.

Si j'avais cru qu'après avoir publié mon livre et pour l'avoir publié je pusse solliciter une remise de peine, je ne serais pas parti, je me serais constitué prisonnier.

Bonjour et santé.

P.-J. PROUDHON.

P.-S. J'ajoute une réflexion. Si je comprends bien le sens de l'amnistie, venant après la paix de Villafranca elle signifie que l'empereur victorieux ne craint plus ses adversaires politiques, mais nullement que le soutien de Pie IX, le nouveau fondateur du pouvoir temporel de l'Église, protége en même temps les adversaires de l'Église et de toute religion.

Bruxelles, 27 août 1859.

AU RÉDACTEUR EN CHEF DE LA *REVUE DE NAMUR*

Monsieur le Rédacteur, je vous remercie des termes obligeants dans lesquels vous avez bien voulu parler de moi, à propos de l'amnistie. Je vous sais gré surtout d'avoir rappelé à vos lecteurs que l'*outrage aux mœurs* pour lequel on affecte aujourd'hui, dans les journaux des départements, au ministère de l'intérieur, à Paris, et à l'étranger dans les bureaux d'ambassade, de dire que j'ai été condamné, n'est rien de plus que la publication d'un gros livre, dans lequel j'ai cru prouver que l'Église n'entend rien à la morale, et que par son dogme, par sa casuistique et par son culte elle la corrompt. C'est même à la fausse doctrine de l'Église qu'il faut, selon moi, attribuer les excès dans lesquels nous voyons tomber à chaque instant les membres du clergé, tant régulier que séculier.....

Malheureusement, je suis obligé de rectifier vos paroles en ce qui concerne ma prochaine rentrée en France. Le décret d'amnistie ne m'est point applicable, attendu que le caractère de cette amnistie est essentiellement politique et que, depuis la loi du 25 février 1852, les délits dits de presse, ou commis par la voie de la presse, ne sont que des délits ordinaires, lesquels ne tombent pas dans les termes du décret. La note du *Moniteur*, qui a étendu le bénéfice de l'amnistie aux journaux frappés d'avertissements ou de condamnations, ne m'est pas applicable non plus, puisque, d'après la loi précitée, cette note ne peut constituer qu'une exception, et que l'exception confirme la règle.

Comme tout le monde, j'ai cru, sur la foi de quelques journaux belges qui se sont empressés de publier des catégories d'amnistiés, parmi lesquels figurait mon nom, j'ai cru, dis-je, un moment que j'étais compris dans l'amnistie. Il m'a suffi de jeter les yeux sur les textes du *Moniteur* pour me détromper : je n'ai pas eu besoin pour cela, comme on l'a écrit, d'envoyer ma femme en consultation ou sollicitation à Paris.

Vous dirai-je, maintenant, monsieur le Rédacteur, ma pensée sur cette amnistie, à propos de laquelle on a fait tant de suppositions et jusqu'à des protestations ? Toute chose se définit par ce qu'elle contient et par ce qu'elle ne contient pas. Que le vainqueur de Solférino et Magenta amnistie les ennemis de son pouvoir, cela s'explique : il se juge trop haut désormais, trop bien assis pour avoir à les craindre de près ni de loin ; mais qu'en même temps le pacificateur de Villafranca ait cru devoir laisser là où ils sont les ennemis condamnés de l'Église, on le comprend encore mieux. Tranquille sur l'avenir de sa dynastie, Napoléon III est loin d'être aussi rassuré sur la solidité du Saint-Siége et la perpétuité de l'Église ; et c'est pour cela que nous nous trouvons exclus de l'amnistie, M. Erdan, M. La Châtre, moi et bien d'autres.

Peut-être que je me trompe, peut-être que les intentions de l'empereur n'ont pas été comprises et que le rédacteur du décret, par sottise ou méchanceté, aura jugé à propos de ne faire les choses qu'à moitié. Je voudrais qu'il en fût ainsi. Je voudrais savoir si Napoléon III se figure qu'il a vaincu pour deux, pour l'Église et pour lui. J'aurais le plaisir, je l'avoue, d'aller voir si la France est aussi jésuite et encapuchonnée qu'on le suppose; oui, j'irais, au risque de me voir condamner de nouveau *pour outrage aux mœurs.*

Je suis, avec la plus parfaite considération, monsieur le Rédacteur, votre très-humble et obligé.

P.-J. PROUDHON.

Bruxelles, 27 août 1859.

A M. ALFRED DARIMON

Mon cher Darimon, votre lettre a tout juste l'effet de me rendre un peu plus incrédule sur la portée du décret que je ne l'étais auparavant.

Je n'ai pas dit que le changement de juridiction changeât la nature du délit, du moins ne l'ai-je pas voulu dire; j'ai dit que, jusqu'en 1852, les délits commis par la voie de la presse étaient, à tort ou à raison, assimilés aux délits politiques, et, à l'occasion, traités comme tels; qu'en 1852, cette assimilation avait cessé, tant par l'effet de la loi que par la volonté du législateur; et qu'une des raisons qui avaient déterminé pour cette catégorie de délits le changement de juridiction, c'était justement qu'on ne voulait plus qu'ils fussent considérés, au moins en masse et sans distinction, comme des *délits politiques*. Je maintiens cela, et votre argumentation ne le réfute point; elle donne à côté de ma pensée. (Je passe sur la *note explicative* du *Moniteur;* j'ai désigné par ce mot les deux décrets relatifs aux journaux, rapportés comme simple note dans les journaux, notamment le *Nord*, car je ne lis pas le *Moniteur*.)

Ainsi, voilà qui est clair, précis, dégagé de toute équivoque. Peut-on dire que tous les délits de presse soient sans exception considérés comme délits politiques ; — quand 1° la *juridiction parlementaire*, le jury, à qui ils étaient déférés, leur est ôtée ; — quand 2° on a pris si attentivement la peine de dire, dans la loi même, *délits commis par la voie de la presse*, ce qui suppose évidemment l'intention de distinguer dans cette catégorie de délits ceux qui peuvent être *politiques* et ceux qui ne le sont pas ; — quand 3° vous prenez soin de me rappeler vous-même, avec la chancellerie de Bruxelles, avec les fonctionnaires du ministère de l'intérieur à Paris, avec le *Journal de la Côte-d'Or*, etc., que j'ai été condamné, non *pour délit politique commis par la voie de la presse*, mais POUR DÉLIT D'OUTRAGE A LA MORALE PUBLIQUE ET RELIGIEUSE, etc., COMMIS PAR LA VOIE DE LA PRESSE.

Si vous ne comprenez pas que la question ainsi posée est parfaitement fondée; qu'elle peut être résolue contre moi sans que j'aie à répondre rien, si ce n'est la foi à une *tradition* vague, à une *vieille coutume;* qu'enfin elle ne peut être résolue dans le sens contraire que par une déclaration formelle de l'organe du gouvernement; si, dis-je, vous ne comprenez pas cela, je désespère de faire jamais rien comprendre à une créature raisonnable.

Puisque vous avez la faculté d'en faire la démarche, et que vous mettez votre bonne volonté à mon service, eh bien! faites-en l'essai. Écrivez, ou faites écrire une lettre au *Moniteur*, dans laquelle, sans me nommer, ni moi ni personne, vous poserez la question telle que je la pose, et ne suis pas seul à la poser. Nous verrons la réponse. Je ne suis pas seul de ma catégorie : je connais La Châtre, Erdan, un nommé Martin, etc., tous coupables comme moi envers l'Église. Nous permet-on de rentrer, oui ou non, en vertu du décret d'amnistie ?

La question ainsi posée, la réponse, si elle est affirmative, n'aurait pas le seul avantage de témoigner de la munificence gracieuse de l'empereur ; chacun sait qu'aux lauriers de César il ne demande pas mieux que de joindre la clémence d'Auguste. Elle résoudra un point de doctrine qui a son importance, et fera connaître les intentions ultérieures du gouvernement.

A quoi sert de batailler sur un point obscur quand le *Moniteur* n'a qu'un mot à dire ? Qu'il le dise, et la question est jugée.

On n'a pas l'intention de me tendre un piége, sans doute.

Je vous rappelle pour la seconde fois que vos lettres sont *mal affranchies*, et vous serre la main.

P.-J. PROUDHON.

P.-S. J'insiste pour que, si vous écrivez au *Moniteur*, vous posiez la question comme je la pose, avec les sujets de défiance et les motifs de doute qu'elle soulève. Je ne veux pas plus surprendre qu'être surpris.

31 août 1859

A M. ALFRED DARIMON

Mon cher Darimon, vous avez fait tout ce qu'il convenait de faire : encore une fois je vous remercie. J'aurais profité de l'amnistie, sans aucun doute ; j'en suis exclu, j'espère bien que je n'en tomberai pas malade. Je suis content du beau mouvement du prince Napoléon : « Ceux qui disent que les condamnations pour « délits de presse ne sont pas comprises, toutes et sans « exception, dans le décret d'amnistie, *sont des imbé- « ciles.* » Voilà qui est parler et qui montre du cœur et de l'intelligence. Mais le cœur n'est pas le fait des Delangle et consorts, et quand j'ai vu avec quel ensemble, quelle jubilation, à Bruxelles, en France, partout, on remarquait que l'amnistie ne me concernait pas, j'ai cru, je vous l'avoue, à quelque chose de plus qu'un manque de cœur, j'ai cru à un petit complot entre la calotte, la Bourse et le bonnet carré à mon intention.

L'article d'Haussonville m'a diverti ; quelle en est la portée ? Est-ce un nouveau plan de conversion de l'Empire en monarchie constitutionnelle, ou une petite guerre de l'orléanisme ? Quel effet a-t-il produit à la ville et à la cour ? Quelques-uns pensent que le *Journal des Débats*, depuis son fameux article sur la paix de Villafranca contre l'Angleterre, tend à un ralliement. Qu'est-il de tout cela ?

Je ne vous ai pas réclamé le montant du port de vos lettres ; j'ai voulu vous avertir de faire plus d'attention à ce que vous faites. Vous devenez distrait ; c'est un mauvais tic. Je voulais d'abord vous renvoyer votre timbre dont je n'ai ici que faire ; heureusement pour vous que je l'ai perdu.

Bonjour.

P.-J. PROUDHON.

Bruxelles, 1er septembre 1859.

A M. GOUVERNET

Cher ami, j'ai reçu vos deux lettres du 26 juillet et du 26 août....

Voilà qui est réglé : je suis excepté de l'amnistie. M. Delangle a daigné le dire à quelqu'un qui a eu la curiosité de le lui demander. Ce profond jurisconsulte, plus fort sur la lettre que sur l'esprit, trouve que mes trois volumes sur la *Justice* n'ont rien de politique; que c'est un *outrage à la morale!* Ces gens-là joignent à l'insolence du pouvoir la lâcheté de l'hypocrisie. N'en parlons plus. Je suis désormais à mes travaux. Et quand au logement de la rue d'Enfer, il est désormais bien entendu que je n'y remettrai jamais les pieds. J'y aurai fait trois ouvrages : le *Manuel du spéculateur*, la *Réforme des chemins de fer* et *la Justice.*

Voici deux petites commissions :

1° Une lettre pour Darimon, en réponse à sa dernière, dans laquelle il reconnaît que j'ai vu juste sur le sens de l'amnistie, et m'apprend lui-même la réponse de Delangle. Si vous étiez assez heureux pour joindre notre député, dites-lui que je possède le premier volume de la collection des lettres de Napoléon Ier, que publie notre compatriote Perron ; grandissime in-4°, que je ne pense pas que ma qualité de réfugié soit une raison pour me priver des volumes suivants ; et que s'il voulait se charger d'en faire pour moi la demande à Perron, il m'obligerait. Ce volume ou les volumes, dans le cas où le deuxième et le troisième seraient publiés, vous seraient remis, vous en prendriez connaissance, si le cœur vous le disait ; et vous me les feriez passer ensuite, soit par Garnier frères, soit par Borany, leur voisin, rue des Saints-Pères, 9.

Si au lieu d'employer le crédit du député, vous aviez envie d'employer vous-même Perron, je vous enverrai un billet pour celui-ci, et vous renouvellerez connaissance.

2° Ma seconde commission est pour Garnier frères. Ces messieurs sont trop affairés pour répondre avec exactitude. Mais tâchez de voir Garnier jeune, Hippolyte; on vous dira au Palais-Royal s'il est en voyage ou non. Vous lui demanderez de ma part s'ils sont prêts à éditer quelque chose de moi, ou s'ils préfèrent attendre plus tard. Il est clair que la bienveillance d'en haut ne m'entoure pas. Peut-être ces messieurs aimeraient-ils mieux prendre un éditeur postiche, tout en offrant leur service pour la vente ; c'est de quoi je tiendrais à être éclairé. D'ailleurs, l'incluse, que vous remettrez en mains propres, sera une occasion pour vous d'entrer en propos et de connaître la pensée de ces messieurs.

Je reçois une lettre de notre ami B***; j'y répondrai plus tard. J'ai appris de l'un de ses enfants qu'il avait fait dans ces dernières années des pertes considérables. Un agent infidèle lui a emporté d'un seul coup quatre-vingt mille francs. J'ai toujours mauvaise opinion de son procès avec les Suisses. Vous sentez que de pareils accidents sont faits pour rembrunir un homme; et qu'il n'y a pas rien que la politique qui le rende camus. C'est d'autant plus fâcheux que B*** aime à répandre l'argent comme à le gagner. J'aurais eu certainement sa visite, sans les gênes secrètes qu'il éprouve.

Adieu, cher ami. Je mets la dernière main à un premier opuscule, qui sera suivi de plusieurs autres. Puisque l'on me tient rigueur, je suis résolu de mon côté à faire tous les efforts pour paraître à Paris, et à faire, dans ce but, le nécessaire.

A vous.

P.-J. PROUDHON.

Bruxelles, 1er septembre 1859.

A MM. GARNIER FRÈRES

Messieurs, j'ai l'honneur de vous confirmer ma dernière, dans laquelle, après vous avoir parlé de ma position au point de vue de l'amnistie, je vous annonçais une petite traite, selon l'autorisation que vous m'avez accordée.

Je vous demandais en même temps si, eu égard à l'exclusion dont je suis l'objet, vous aimiez mieux que j'imprimasse à Bruxelles qu'à Paris, sauf à recevoir ensuite l'imprimé par la douane.

Pour moi, messieurs, tout bien considéré, voici ma résolution :

Je commence une série d'opuscules de 3 à 5 feuilles grand in-18 d'étendue. — Ces opuscules, du prix de 1 à 2 francs, se succéderont à intervalles indéterminés : je compte en faire paraître 5 à 6 par an. J'en ai présentement 12 à 15 sur le chantier. Puisqu'on affecte d'en vouloir à ma personne et de prendre lâchement au pied de la lettre le jugement qui me condamne pour *outrage à la morale*, moi, de mon côté, je suis décidé à tout faire pour que mes travaux soient imprimés à Paris. Ne pouvant plus répondre personnellement de mes actes, je redoublerai d'attention pour me mettre hors de la portée du parquet, et je crois que si je ne puis tout dire, je puis cependant en dire encore assez pour intéreser mes lecteurs.

Dans le cas même, messieurs, où vous n'oseriez courir avec moi l'aventure d'une nouvelle publication, je suis décidé à chercher un prête-nom pour éditeur : il ne me reste plus alors qu'à vous demander l'entremise de votre librairie, ce que, j'espère, vous ne me refuserez pas.

Vous connaissez au moins de vue, mon ami, M. Gouvernet, que je charge de vous remettre la présente. Pour épargner les correspondances, vous pouvez lui communiquer vos intentions ; il n'y a pas d'intermédiaire plus discret et plus fidèle.

Je suis, messieurs, en attendant de vos nouvelles,

Votre tout dévoué.

P.-J. Proudhon.

7 septembre 1859.

A M. FÉLIX DELHASSE

Cher ami, eh bien! me voilà mystifié. Vous aurez lu sans doute dans le *National* la lettre que j'ai adressée à la *Revue de Namur*, et dans laquelle j'explique si piteusement comme quoi je ne suis pas un *condamné politique*, et conséquemment n'ai aucun droit à l'amnistie. Que dites-vous de ce tour d'Escobar? *M. Proudhon condamné pour outrage aux mœurs!* ni plus ni moins qu'un frère de la TRAPPE. M. le ministre Delangle, consulté par quelques amis au sujet de la catégorie des condamnés pour délits de presse à laquelle j'appartiens, a répondu nettement que cette catégorie n'était pas comprise dans le décret et que moi, nominativement, je ne rentrerais pas. Mon livre n'est pas de la politique!... Me voilà donc cloué pour du temps à Ixelles.

Le pis de tout cela, c'est que j'ai bien peur que vous ne me jugiez défavorablement et ne m'accusiez de légèreté. —Ces Français ne peuvent s'accoutumer hors du bercail, direz-vous. En voilà un qui semblait prendre assez bien son parti de l'exil, et qui, au premier mot d'amnistie, fait ses paquets! Fiez-vous donc à la constante amitié de ces gens-là!...

Cher M. Delhasse, vous avez deviné mon excuse.

Je n'ai pas, comme beaucoup d'autres qui se peuvent donner le plaisir facile du refus d'amnistie, des moyens assurés de subsistance. Il faut que, tout en servant la *Justice*, je tire de mon service un peu d'argent. Et quel est le milieu qui m'offre le plus de ressources? C'est Paris. Il y a plus : si je veux servir la cause de la liberté générale, de l'émancipation française, c'est encore parmi les miens qu'il faut aller, la situation fût-elle cent fois plus dure et plus humiliante. Il n'y a pas grand stoïcisme à dire : Je rentrerai en France quand la France sera libre!... Il serait plus beau, selon moi, d'y rentrer comme Timoléon, Thrasybule, pour travailler à sa liberté, ou comme Socrate pour l'instruire.

Mais laissons ces discours.

Mon exclusion m'a fait prendre sur-le-champ un parti énergique. On repousse ma personne par une distinction de procureur injurieuse; eh bien, ma pensée entrera ; je publierai à Paris même. Je suis décidé à faire tout pour que mes travaux voient le jour là-bas. Si j'ai quelque chose de trop raide à dire, je le garde pour Bruxelles. Je ferai honte aux tartuffes qui me chassent, et je montrerai aux puritains comment un vrai citoyen sert son pays. Ma première livraison paraîtra dans le courant de novembre, la deuxième vers le premier de l'an, la troisième en février. J'en donnerai par an cinq ou six. Nous verrons après.

Avant de mettre la dernière main à mon manuscrit, je veux prendre un peu de repos.

Puisque vous êtes disposé à faire une course au bois et que vous voulez bien venir à ma rencontre, dites-moi vous-même quel jour et à quelle heure il convient que je parte pour ne vous causer aucun dérangement.

Dois-je prendre le train de dix heures ou un autre ? partir vendredi, samedi ou dimanche ? Je suppose qu'étant à Spa pour vos santés, vous faites des excursions en tout sens, et que vous n'êtes pas toujours présent. C'est pour cela que je vous prie de me fixer vous-même, d'après vos arrangements, ce qu'il vous convient que je fasse. Une fois arrivé, vous m'indiquerez un trou d'auberge, chez quelque paysan, où vous voudrez ; il est bien entendu que vous ne me mettrez à la charge de personne.

J'ai toujours le désir de voir Anvers. J'avais songé à profiter de ce voyage pour y jeter le pied. Je me souviens aussi que nous devions faire la course ensemble. Cette expédition est-elle praticable, par l'occasion d'un voyage à Spa ? Lequel est préférable que je passe par Anvers, en allant ou en revenant ? ou bien le plus simple est-il de réserver pour un autre temps cette promenade.

Avez-vous conduit Mme Delhasse au Grand Coo ? Vous en aviez formé le projet. Comment a-t-elle trouvé ce paysage et cette nature ?

Nous avons ici, depuis quelque temps, des cas de choléra. Dans un village près d'Uccle, notamment, il y a pas mal de morts. J'ai entendu parler aussi d'une descente faite par le bourgmestre d'Ixelles dans des taudis infects, vrais foyers de peste. Certains propriétaires, il faut l'avouer, sont bien coupables. Quand les maisons ne sont pas de petits palais, ce sont des bouges. Et pas d'eau ! Les habitations les plus infâmes sont adossées à celles de l'aristocratie élégante, cela se voit partout, non-seulement à Ixelles, mais surtout à Bruxelles. On néglige les classes pauvres ; elles s'en vengeront en empestant les autres.

J'ai revu déjà deux fois le vénérable M. de Bonne, un des ornements de la Belgique. C'est partout que la vertu et le mérite modestes se cachent. Je trouve, entre nous, M. de Bonne plus vraiment libéral, sociable, démocrate, que M. de Potter qui, dans son indépendance, conservait quelque chose d'aristocratique et de sectaire. — Vous ai-je parlé aussi de M. Loumyer, un employé du ministère, très-amateur de livres et très-savant? Je lui dois plusieurs communications utiles. C'est un caractère simple et modeste, et que je crois intelligent. Il me reproche d'être un peu trop *Français*. Ce reproche vient de la soirée que nous avons passée chez M. Jottrand, et dans laquelle il se trouvait. Je suis surpris qu'avec un esprit très-ferme, M. Loumyer n'ait pas senti la fausse position dans laquelle on me plaçait par des critiques ridicules de la France. Un homme peut blâmer son pays, en reconnaître les vices : il ne peut jamais lui faire la guerre, ni se rendre complice des satires qu'on en fait.

J'ai reçu le tome II de *Dom Jacobus*, que je n'ai pas encore lu.

J'ai reçu aussi un opuscule de M. de Laveleye, sur la France et les Anglo-Saxons. Toujours le même esprit de dénigrement absurde à l'endroit des races romanes ; cela devient insipide.

J'attends votre retour à Bruxelles pour quelques ouvrages qui doivent s'y trouver, et que vous m'aiderez à déterrer. Oh! si je suis *Français*, les *Belges* sauront quelque jour que je ne méprise point leur nationalité, et que j'en fais cas. Mais à quoi servent donc, je vous prie, ces comparaisons sottes !

Je vais envoyer ma femme faire un tour dans sa famille. Cela la retrempera, et quand elle se verra au milieu de Paris, parmi tout ce monde affairé, loin de son ménage et de moi, elle prendra son pays en grippe et se dira que la patrie d'une femme est là où est l'habitation de son mari. Elle aussi a fait connaissance de quelques excellentes personnes. Mais le souvenir de Paris persiste, il faut l'en dégoûter. En attendant, elle se recommande au souvenir de Mme Delhasse, qui reste dans son cœur une femme hors ligne.

Bonjour aux amis. Je vous serre la main.

P.-J. PROUDHON.

Bruxelles, 8 septembre 1859.

A M. MAURICE

Mon cher Maurice, j'ai reçu votre lettre de Paris; puis hier votre annonce de décès.

Je n'ai pas répondu d'abord à la première, ne sachant que vous dire; je m'empresse à la seconde de vous faire part de mes sentiments.

Je sais combien les vieux parents nous deviennent chers; c'est à partir de l'âge de vingt à vingt-deux ans que j'ai senti pour tout de bon ce que c'est que l'amour filial. Si ma mère eût vécu et qu'elle eût conservé ses forces je ne me serais pas marié et j'aurais eu tort. De même que la grande affaire des jeunes filles est le mariage, la grande affaire des mères est le mariage de leurs fils. Ma mère, je le crois, aurait été heureuse de se voir une remplaçante auprès de moi; j'ose croire que ma femme, excellente ménagère, dévouée, sans reproche, malheureusement sans fortune, ma femme, telle quelle, aurait plu à ma mère, et que la pauvre vieille en serait morte plus contente.

Tout cela m'est revenu à propos de votre billet de mort. Je trouve qu'au total vous avez été plus heureux que moi, et votre mère plus heureuse que la mienne.

Vous avez gardé votre mère jusqu'à quatre-vingt-sept ans ; elle, de son côté, a vu sa belle-fille, sa petite-fille, elle aurait pu voir sa troisième génération. Je partage votre deuil ; en somme, cher ami, je trouve qu'il ne doit vous laisser qu'une impression de bonheur intime. Finir bien, après avoir bien vécu, est encore une portion de félicité.

L'amnistie ne me regarde pas ; le ministre Delangle s'en est expliqué formellement. M. Proudhon n'est pas un *condamné politique*. Sans doute, si l'empereur fait une amnistie pour les auteurs de romans obscènes, j'y serai compris, selon M. Delangle. Que ces gens sont bêtes avec leur hypocrisie !...

Je travaille de mon mieux. J'ai une quinzaine de brochures sur le métier ; mais la matière est difficile et je vais lentement. Puisqu'on me chasse, eh bien ! j'ai résolu que mes écrits entreraient. Ce que je n'eusse pas fait à Paris, je le ferai à Bruxelles ; je suis décidé à faire tout le possible pour éviter les saisies et les procès. Ce sera un nouvel aspect de ma carrière. Que le n° 1 passe, le reste suivra. Et qui sait ? ce que j'ai manqué en 1858 peut-être le retrouverai-je en 1860.

Ma femme a trouvé ici l'existence un peu dure, plus dure que moi. Elle n'a absolument plus que moi ici, et malheureusement il s'en faut que je sois tout à elle. Je vais l'envoyer passer une quinzaine avec ses enfants auprès de ses sœurs. Elle a quelques emplettes à faire, pour lesquelles Bruxelles est loin d'offrir les ressources de Paris. Elle gagnera quasi son voyage. Nous n'avons pas acheté de linge depuis dix ans, jugez !...

Si vous apercevez Guillemin ou Mathey, donnez leur, je vous prie, le bonjour de ma part. Peut-être le dernier mot n'est-il pas prononcé sur mon exclusion de l'amnistie ; en tous cas je me mets en mesure de m'en passer.

Mes hommages à Mlle Laure.

Je vous serre bien cordialement la main, cher ami, et vous prie de ne pas me regarder comme mort. Le monde aura encore de mes nouvelles.

Tout vôtre.

P.-J. Proudhon.

Bruxelles, 8 septembre 1859.

A M. CHARLES BESLAY

Cher ami, j'ai reçu en temps voulu votre amicale du 31 août.

Je ne sais ce que je vous ai dit dans ma dernière sur la *liberté*; mais je sais bien que si le décret d'amnistie n'impliquait pas mon exclusion, si le ministre Delangle ne s'était pas formellement expliqué à cet égard, j'aurais profité de la circonstance, et, la porte ouverte, je serais rentré.

Je conçois que tel et tel individu souffre trop dans son amour-propre de se revoir en France sous le règne de Napoléon III; c'est là une question toute personnelle. Mais moi, qui dans l'Empire vois autre chose que l'empereur, moi que la réaction repousse sous le couvert impérial, je déclare que je n'aurais pas été assez dupe pour faire à cette réaction le plaisir de me tenir éloigné quand son chef, par un accès de générosité ou tout ce qu'il vous plaira, m'autorisait à rentrer. Au fond, les jacobins d'abord, les Changarnier ensuite, sont de quasi-compétiteurs de l'empereur; qu'ils se plaignent d'avoir été par lui trompés, mystifiés, c'est leur affaire. Mais L. Blanc, condamné de la cour de Bourges;

Pyat, condamné contumace pour l'affaire du 13 juin, n'ont rien à faire avec Napoléon III, et je ne comprends pas leurs protestations. Ce sont des proscrits de la *Constituante* et de la *Législative* que l'EMPEREUR rend à la patrie ; de quoi se mêlent-ils ?

Ma femme partira dans une huitaine pour aller voir un peu sa famille. Elle vous remercie de votre offre chevaleresque ; mais si vous voulez l'accompagner au retour, cela sera agréable pour nous tous.

Mais que fais-je là ? je vous parle de voyage à Bruxelles comme s'il n'en coûtait ni temps ni argent et que vous ne fussiez pas, pour votre part, victime aussi des mœurs du siècle. Je continue à désespérer de vos Suisses, et j'ai eu le malheur d'apprendre encore ici, par M. Parou, qui connaît notre amitié, le vol que vous a fait un agent infidèle. Pardonnez-moi cette indiscrétion, cher ami, mais j'ai souffert de cet accident comme s'il m'était arrivé. Toutes ces entreprises commencent à n'être plus de votre âge ; craignez, je vous en supplie, les catastrophes ; si votre fortune vous permet de vivre, sauf à renoncer à vos habitudes libérales, eh bien ! résignez-vous et vivez tranquille. Ce n'est pas moi qui me plaindrai quand vous me prierez de partager votre dîner, de trouver du lard et une soupe aux choux. Ce n'est pas pour vous, je le sais, que vous aimez à gagner de l'argent ; mais à l'impossible nul n'est tenu, et les risques sont trop grands. Arrêtons-nous.

Puisque vous avez quelquefois du papier sur Bruxelles j'en profiterai à l'occasion pour m'éviter un change exorbitant.

Bonjour et santé. Je suis trop socialiste et votre fils trop sage pour que je me risque à vous prier de lui transmettre mes félicitations pour sa belle conduite et ses succès. Il a le cœur de son père et de son grand-père; que lui pourrais-je souhaiter encore?

Je vous serre la main.

P.-J. PROUDHON.

8 septembre 1859

A M. GOUVERNET

Mon cher Gouvernet, je possède la vôtre du 6 courant.

Je ne sais pas ce que Garnier aîné entend par *tolérance*. Je suis bien décidé, comme je ne l'ai jamais été, à faire de mon mieux pour éviter à l'avenir les saisies et procès; je consens à ce que le libraire fasse lire par un homme de confiance mes épreuves; mais je ne consentirai jamais à paraître par *tolérance* du gouvernement. Je chercherai un homme de paille qui m'édite, si je ne trouve pas de libraire, et voilà tout.

J'ai une lettre du représentant. Il me renseigne assez bien sur ce qui se passe à mon endroit. Voici inclus encore un mot pour lui. C'est à moi de manœuvrer maintenant, et je vais mettre les fers au feu tout de suite. Comme *les protestations* continuent contre l'amnistie, je songe à en prendre trente pour faire des observations sur l'amnistie même et sur ce qui me regarde.

Dans le cas où je ne me déciderais pas, ce sera la matière de la préface de ma prochaine publication.

Une lettre que j'ai reçue de Paris, timbrée 80 *centimes*, et qui ne m'a pas paru lourde, m'a fait penser que mon dernier paquet pourrait bien avoir été surchargé. Ma femme, que je compte envoyer passer sous peu une quinzaine chez ses sœurs, vous embrassera, s'il y a lieu.

Mais vous feriez bien de me dire par votre prochaine ce qu'il en est, afin que je sache au juste ce que je peux risquer sous un timbre de 40 *centimes*. Il est bien que je fasse des économies de poste; cela même est très-pardonnable, puisque sans cela j'écrirais moins à mes amis, mais il ne faut pas que ce soit à vos dépens.

Bonjour.

P.-J. PROUDHON.

Ixelles, 21 septembre 1859.

A M. LANGLOIS

Mon cher Langlois, je vous remercie de votre cordiale épître : elle me prouve bien, par son contenu, la vérité de ce que ma femme m'a maintes fois dit de vous, que vous êtes un véritable *ami de cœur*. Mais pourquoi vous hâtez-vous de me condamner quand les faits ne vous sont connus qu'à moitié, quand vous avez contre vous la saine jurisprudence, quand les hauts personnages dont vous me citez l'opinion pensent juste le contraire de ce que vous dites? Vous n'êtes pas brouillé avec Darimon, je suppose! Que n'êtes-vous allé le voir avant de m'écrire? Il vous aurait appris ce qu'il en est au vrai des intentions du ministère à mon égard :

Que je suis exclu du bénéfice de l'amnistie, et cela par les mêmes motifs que j'ai rapportés dans ma lettre à la *Revue de Namur ;*

Que telle est l'opinion en particulier de M. Delangle et de ses bureaux ;

Que du reste, il faut voir dans cette interprétation un coup monté par les adversaires de l'amnistie qui, battus sur le principe se raccrochent à l'interprétation.

Voilà ce que Darimon m'a écrit, et qu'il pourra vous redire. De quoi donc venez-vous me parler? En quoi suis-je déjà une intelligence dépravée par l'exil, parce qu'après dix jours d'attente j'ai signalé dans une lettre rendue publique les intentions du gouvernement à mon égard, et la logique de sa politique?

Pendant quatre jours, sur la foi du *Nord*, dont les rapports avec le gouvernement impérial ne sont pas un mystère, je me suis réjoui de l'espoir de rentrer bientôt en France; j'ai même commencé mes préparatifs. Pouvais-je conserver du doute en voyant la catégorie de condamnés à laquelle j'appartiens mentionnée par ce journal, et mon nom cité?..... Puis, tout à coup, le vent a tourné : une note adressée de Paris à l'*Indépendance* portait que ma femme était allée en consultation à Paris pour savoir si moi, *condamné pour outrage aux mœurs*, j'étais compris dans l'amnistie; cette note est répétée par les autres journaux, entr'autres par le *Journal de la Côte d'Or*; le doute se répand alors autour de moi; l'*Observateur belge* s'étonne que le *Moniteur* ne vienne pas, par une interprétation spontanée, expliquer la portée du décret; le chef des bureaux de l'ambassade française, à Bruxelles, avertit un de mes amis que je ferai bien de m'assurer des choses avant de partir, attendu que l'opinion, à l'ambassade, est que l'amnistie ne me regarde pas. C'est alors, après dix jours, que j'ai compris qu'il y avait du louche et que j'ai écrit la lettre que vous savez.

Que fallait-il faire, à votre avis? — Écrire, interpeller, consulter? Qui? Quoi? Comment? Le législateur a parlé; restent les procureurs généraux chargés d'appliquer la loi. Or, je vous ai dit quelle était leur opinion : informez-vous.

Certes, je suis bien convaincu que si, le 18 août, j'avais pris le chemin de fer, et que je fusse tout à coup tombé à Paris, on y aurait regardé à deux fois avant de me saisir. Je suis convaincu qu'un procès, s'introduisant sur la portée de l'amnistie, l'empereur n'aurait pas supporté le scandale d'un homme rentré sur la foi de sa parole et appréhendé par le rigorisme de ses interprètes. J'ai pensé à ce parti énergique dont l'issue n'eût pas été douteuse. Pourquoi ne l'ai-je pas pris? Je vous en fais juge.

Assurément, il n'y eut jamais, au fond, de condamnation plus politique que la mienne. Dans la forme, c'est autre chose. Je suis condamné pour *outrage à la morale publique et religieuse* : or, telle est la puissance des mots que chacun s'est dit, ce qui est vrai, que si le délit qui m'a été reproché est une fiction, il n'en est pas moins certain qu'un tel délit ne peut être considéré comme *délit politique*. Il ne sert à rien de dire que ce délit a été commis par la voie de la presse; il saute aux yeux que les délits de presse, pas plus que les outrages à la morale, ne sont essentiellement des délits politiques. Le bon sens s'y refuse; le Code pénal n'a prévu, et la loi de 1819, pas plus que celle de 1852, n'y a dérogé. C'est pour cela qu'on me fait aujourd'hui un grief d'avoir assimilé ma condamnation à celle de La Châtre, homme immoral, dit-on, et sur lequel, en raison de l'immoralité, il ne saurait y avoir de doute. J'observe d'abord que La Châtre a été condamné, moi présent, pour un livre mal conçu, je le veux bien, mais dans lequel il n'y a pas plus d'immoralité que dans le mien. Mais admettons que le livre de La Châtre soit ce qu'on voudrait faire croire, je dis qu'en ce cas ce serait avec raison qu'il serait exclu de l'amnistie; et j'ajoute, en conséquence, que si, pour mon malheur, les termes de ma condamnation m'assimilent à cet exclu, il n'y a plus que la volonté du prince qui puisse, par une exception dans l'exception, me faire bénéficier du décret. Les gens d'administration et de tribunaux doivent suivre la lettre des lois : ordonner mon admission à l'amnistie, c'eût été, de leur part, méconnaître la nature de ma condamnation et s'immiscer dans le pouvoir législatif.

Devais-je donc recourir à la voix extrême d'un recours à l'empereur ? A cette question, je réponds que si pareille idée avait pu me venir je ne serais pas sorti de France; je me serais laissé condamner sans rien dire et j'aurais laissé agir mes amis, bien sûr qu'un peu plus tôt, un peu plus tard, l'amnistie serait venue me trouver en prison. J'ai repoussé ce moyen : j'ai cru qu'après avoir fait un livre sur la Justice, le procès à l'Église, il ne me convenait pas de me poser en suppliant; j'ai établi mon système de défense en conséquence ; j'ai protesté contre ce qui s'est fait hors de ma présence, et j'attends. Je suis donc aujourd'hui parfaitement d'accord avec moi-même : j'aurais profité d'une amnistie générale, je ne veux pas d'une grâce qui compromettrait les réserves que j'ai faites.

Je sais bien que la conscience se révolte en me voyant exclu, comme coupable d'un *outrage à la morale*, du bénéfice d'une amnistie politique. Il y a là une énormité qui ne m'échappe point ; et c'est ce qui fait que vous et d'autres vous vous opiniâtrez à chercher une issue à cette espèce de contradiction. C'est pour cela que vous m'accusez d'être allé trop vite en écrivant ma lettre du 27 août et d'avoir accepté comme vraie une interprétation qui fait si bien le compte de mes ennemis.

Permettez-moi, mon cher, de vous dire que tout cela est du pur enfantillage. Il n'y a pas de loi qui ne soit faite pour un objet spécial, qui, par conséquent, n'exclue quelque chose, et, pourtant, qui ne présente des cas douteux. Le doute, ici, roule sur les mots *condamné politique.* Puisque l'amnistie avait pour objet les condamnés pour crimes ou délits politiques, c'était à l'auteur de l'amnistie ou aux ministres chargés de l'exécuter de dire ce que, dans la circonstance, ils entendaient par crimes et délits politiques, — quels crimes et délits, réputés par les définitions légales non politiques, ils entendaient faire profiter de la mesure et assimiler en conséquence aux crimes et délits politiques.

Voici, par exemple, Ledru-Rollin condamné par contumace pour attentat à la personne de l'empereur et qui proteste contre l'exclusion dont il est frappé. Ledru-Rollin a-t-il raison? Je le crois. L'attentat à la personne du prince est un *crime politique*, et si Orsini était vivant, en vertu de l'amnistie, il devrait être mis en liberté. Pourquoi donc Ledru-Rollin est-il retenu? Ah! c'est que certaines gens distinguent ici le crime politique de *l'assassinat*, et qu'en suite de cette distinction, on soutient que Ledru-Rollin, présumé coupable d'assassinat jusqu'à ce qu'il ait purgé sa contumace, ne peut être amnistié. Pour moi, sans admettre d'ailleurs la culpabilité de Ledru-Rollin, je nie formellement la légitimité d'une pareille distinction; je soutiens que Ledru-Rollin est aujourd'hui libre de toutes condamnations en vertu du décret, et je reproche au *Moniteur* de ne s'être pas prononcé formellement à son sujet, comme si on eût voulu tendre un piége au célèbre tribun.

Eh bien! ce qu'on devait faire pour Ledru-Rollin,

on le devait faire aussi pour moi, pour Erdan, pour La Châtre, pour tout condamné que la lettre de la loi déclare coupable de délit non politique, tandis que le bon sens, la tradition, l'état de la société en font nécessairement des politiques. Ce qu'on devrait faire pour nous tous, c'était une interprétation du décret publié dans le *Moniteur*. Pourquoi le *Moniteur* n'a-t-il pas parlé? Pourquoi ce doute sur les intentions du prince? Dira-t-on aujourd'hui, par hasard, que Ledru-Rollin, que moi-même, nous nous sommes condamnés par le fait de nos publications? Ce serait joindre la dérision à l'absurde. La lettre de Ledru-Rollin et la mienne, remarquez-le bien, sont des *dénonciations*, non des approbations. Nous nous plaignons tous deux; lui, d'être exclu par acte secret de l'administration d'une amnistie accordée à tous les condamnés pour CRIMES et *délits* politiques, alors que cette exclusion devrait être officielle et contenue dans les termes du décret; — moi, de me trouver assimilé à des délinquants odieux, tandis que la conscience publique réclame pour moi le bénéfice de l'amnistie politique. Nous avons écrit tous deux parce que le gouvernement ne parlait pas, et *en désespoir de cause*. Tandis que Ledru-Rollin se plaint de l'illogisme de l'administration qui le repousse, je me plains du laconisme des décrets qui, sans l'avoir voulu, j'aime à le croire, laisse lieu vis-à-vis de moi à une insigne iniquité. Nous trompons-nous tous deux? C'est au *Moniteur* de le dire, car, encore une fois, nous ne pouvons pas nous aller embarquer sur la foi de nos tristes étoiles, alors que nous savons pertinemment les vents contraires.

Je l'ai dit à Darimon, je vous le répète : Écrivez au *Moniteur*, soit directement, soit par la voie des journaux. Posez la question comme elle doit l'être, elle en vaut encore la peine. Exposez franchement les motifs du doute, consultez au besoin un avocat qui n'ait pas de parti pris et qui ne dissimule rien. Et puis, que le *Moniteur* décide. Il est absurde de venir me prêcher que j'ai mal compris le décret de l'empereur, alors que le ministre de l'empereur le comprend comme moi-même; il n'est pas moins puéril d'aller quêtant des opinions à droite et à gauche, alors que ces opinions sont sans efficacité et se contredisent. Faites que le *Moniteur* dise quelque chose comme ceci : « Sont ou ne sont pas compris dans l'amnistie : 1° Les auteurs d'ouvrages philosophiques, religieux, économiques, non obscènes, condamnés comme attentatoires aux lois, à la morale publique et religieuse, etc.; 2° Les auteurs ou fauteurs de complots contre la personne du prince et la sûreté de l'État. »

Le gouvernement est parfaitement le maître d'excepter qui il veut et pour les motifs qu'il veut, mais encore faut-il qu'il s'explique. On ne risque pas sa liberté ou sa tête pour aller s'assurer du sens d'un décret et de l'intention d'un homme.

Cher ami, vous voyez dans tout ce qui se passe un effet du despotisme. Un homme tranche et décide, mais il ne sait pas les lois, il ne discerne rien, il juge en masse; ce sont ses agents qui ensuite interprètent, appliquent, exécutent. Aussi il est mal servi. Les lois sont trop larges, les juges ont trop de latitude ; partout les choses sont arrangées pour que, tout en décrétant et légiférant sans cesse, le pouvoir conserve le plus grand arbitraire. C'est ce qui arrive à propos de l'amnistie et que vous ne voyez pas. Puis l'attention du public est si faible, la conscience si délabrée, le cerveau si ramolli, qu'on ne sait s'arrêter à rien, on n'approfondit rien. Les idées jaillissent en foule comme les étincelles sous le marteau du forgeron, mais personne ne les rassemble, n'en fait la synthèse ; on ne pense plus, enfin, on n'en a pas la force. Cela se voit partout, à l'étranger comme en France, le dégoût saisit les plus forts et ils suivent l'exemple des faibles. C'est le dégoût de l'amnistie, du machiavélisme ministériel, autant que des protestations des proscrits, qui a dicté ma lettre du 27 août. Peu s'en faut, par moments, que je ne sois dégoûté des hommes et des peuples. On ne sait plus ni penser, ni agir, ni s'exprimer ; le relâchement est au comble. Tout se fait par à peu près ; c'est la mort des esprits justes et des consciences droites. Aussi, je m'exile de plus en plus de la foule, je reste solitaire et m'enferme dans la lecture, la méditation et le travail. Les livres ne me manquent pas, les sujets non plus. Je vois le monde se troubler comme il ne fut jamais, sans espérer désormais de le secourir en rien. Je ne suis décidément pas de ceux qui ont l'oreille des masses, encore moins du pouvoir.

Dans quelques semaines, je compte envoyer à Garnier un petit manuscrit à publier. Puisqu'on repousse ma personne de France, moi je tiens à paraître en France, décidé que je suis, comme je ne l'ai jamais été, à faire pour cela le nécessaire. Riche de faits et d'idées, possédant d'excellents matériaux, n'ayant plus à émettre de grosses et effrayantes formules, je crois pouvoir recommencer encore une fois ma petite fortune d'écrivain. Il faudra pour se délivrer de moi en venir à l'ostracisme, et je ne voudrais pas jurer que l'on n'y vienne. Dans peu, donc, vous me direz si moi aussi je *pourris* à l'étranger.

En ce moment, je souffre d'un petit rhume. Aussitôt guéri, j'envoie ma femme à Paris se retremper un peu ; la pauvre enfant n'a pas comme moi la ressource de la pensée pour se soutenir, et elle souffre un peu. Revoir Paris, sa famille, après un an, la remettra ; je ne doute pas qu'elle ne s'ennuie fort au bout de quatre jours et qu'elle ne revienne plus vite qu'elle ne sera allée. Nous avons peu de connaissances; les jours passent trop vite et je n'ai pas trop de tout mon temps.

Présentez mes respects à Mmes Langlois, mes amitiés à votre frère et aux amis. Puisque vous n'avez rien à faire, je vous fournis de l'occupation : c'est d'amener le *Moniteur* à s'expliquer sur le sens de l'amnistie. En creusant le sujet, vous verrez que cela porte loin ; mais je crains fort que vous ne découvriez aussi que le mauvais vouloir est là, et qu'on se refuse à répondre

Bonjour, mon cher Langlois.

P.-J. PROUDHON

Bruxelles, 24 septembre 1859.

A M. FERRARI

J'ai reçu en son temps votre excellente et cordiale lettre datée de Milan, et, le croirez-vous? j'ai pensé aussitôt à en faire une citation pour l'un des opuscules que je prépare.

Toutefois, comme je ne joue point à la prophétie, ni vous non plus, je serais bien aise de recevoir de vous quelques nouveaux éclaircissements.

L'Italie est *pontificale* : c'est archi-prouvé, non-seulement par l'histoire antérieure et la paix de Villafranca, mais par le système de Gioberti lui-même, qui voulait faire une papauté constitutionnelle souveraine de toute l'Italie; par Mazzini, pontife de nouvelle formation comme notre père Enfantin.

L'Italie est *impériale* : cela est vrai encore de tout ce qui en Italie est prêtre, noble, paysan, catholique; en un mot, de toute la vieille Italie, qui est la véritable. Mais cela ne le paraît pas autant de l'Italie bourgeoise et jacobine, avide des biens du clergé, des émoluments politiques, etc. Qu'est-elle cette bourgeoisie? Donne-t-elle sérieusement dans le constitutionnalisme, déjà passablement discrédité en France et qui ne me paraît pas destiné à faire de vieux os en Piémont? Qu'en est-il enfin de l'idée politique de la moderne Italie ? Accepte-t-elle le rôle de filleule de la Révolution française et de satellite de l'Empire français ? Ou bien rêve-t-elle d'autre chose? A-t-on décidément dépassé Dante et sa monarchie universelle?

Le *royaume* d'Italie est repoussé maintenant comme au temps des Ostrogoths, des Lombards, des Francs, etc.

Cela est vrai, je le crois, des trois grands duchés, Toscane, Parme et Modène, qui répudient également et leur annexion au Piémont, et leur conversion en un petit royaume au profit d'un Bonaparte. Mais est-ce également vrai de Milan et de toute la Lombardie, qui, donnée au Piémont, va bien reconstituer l'ancien royaume? Qu'est-ce que pensent vos Milanais de cette paix en vertu de laquelle ils ont été cédés par François-Joseph à Napoléon III, et par celui-ci à Victor-Emmanuel? Est-ce de leur consentement que cette double cession a eu lieu? La Lombardie est-elle bien résolue à faire partie du royaume des marmottes! On le croirait, à en juger d'après les ovations prodiguées à Victor-Emmanuel. Que faut-il en penser?

Il est vrai que vous me montrez les paysans qui couvent la révolte et maudissent à la fois bourgeois et roi. Mais ce pourrait n'être qu'une guerre de caste, de fermiers à propriétaires; une question sociale qui viendrait ici compliquer toutes les autres, sans qu'elle eût aucun rapport avec la tradition impériale. Les paysans de Lombardie ont-ils la moindre conscience de ce que fut, ou de ce qu'est l'Empire par rapport à l'Italie? Seraient-ils gibelins sans le savoir? dites.

Les journaux viennent de nous apprendre que les deux empereurs étaient d'accord de ne souffrir aucune espèce de république en Italie : Y aurait-il donc un souffle vraiment républicain par là? Y a-t-il des Savonarola, des Machiavel, des Rienzi? *Quid? quid? quid?*

J'ai fait, à l'aide de votre livre, une bluette sur la question de nationalité italienne; je publierai cela quelque jour, en 1860. Vous verrez comment, m'emparant de votre substance, je l'accommode à ma façon. Vous n'avez pas peu servi, dès avant la campagne, à me faire juger cette expédition des Français en Italie, expédition aussi folle, aussi nulle, selon moi, que celle de Charles VIII. Ici, j'ai trouvé les Italiens encore plus dépourvus de sens que les Français; mais enfin, ce qui est fait est fait. Le branle-bas est donné; la France, encore plus que l'Italie, est mystifiée; la France qui allait si bravement à la démolition du pape, de l'empereur, du roi de Naples, des ducs, et à la conquête de ses propres libertés. Le monde, dis-je, est maintenant édifié sur les intentions de Bonaparte; ce que je voudrais savoir, c'est comment tout cela est pris par les Italiens, et ce qu'ils pensent faire, y eût-il parmi eux des hommes?...

Je vous avoue que Cavour me semble un grand fourbe, mettant le feu à l'Europe pour échapper à la banqueroute; Garibaldi, un héros d'Homère, c'est-à-dire un grand nigaud; notre ami Ulloa, si fin, une franche dupe; et tout le reste de purs intrigants. Mazzini les dépasse; mais Mazzini, je l'ai dit, c'est un guelfe coiffé du bonnet rouge, c'est toujours le pape.

Tâchez donc, je vous en supplie, de me donner quelques éclaircissements, en me répondant article par article. Ceci m'intéresse au plus haut degré.

Je suis peu vaillant, mais je travaille. Les subalternes

de l'empereur ont profité du vague du décret d'amnistie pour m'en déclarer exclu. Je le regrette, j'aimerais mieux, pour ma santé et mon agrément, être à Paris qu'à Bruxelles. Quant au travail, à l'étude, je n'y perdrai rien ; moi qui ai tant *pioché* pendant mes trois années de prison, je ne me crétiniserai pas dans la capitale de la Belgique. Je ne crains que l'influence de l'âge qui vient à grands pas.

Aidez-moi, cher ami, par vos bonnes lettres, à supporter les désagréments de cet exil. Dites-moi quelque chose, et comptez qu'aucune de vos idées n'est perdue. Vous êtes l'un des hommes, tant anciens que modernes, dont la pensée aiguise le plus la mienne.

Je compte, dans quelques jours, envoyer ma femme et mes filles respirer pendant une semaine ou deux l'air parisien. Cela refera le moral un peu abattu de la mère et servira de récompense aux filles après une année d'écolage.

J'espère qu'elle vous verront, et que vous m'enverrez une bonne accolade sur les joues de Catherine et de Stéphanie.

Tout à vous de cœur et d'esprit, mon bien cher ami.

P.-J. PROUDHON.

27 septembre 1859.

A M. LANGLOIS

Mon cher Langlois, la présente servira de réponse à votre dernière, qui m'est parvenue ce matin, et à celle de Darimon, du 23. Vous m'excuserez l'un et l'autre de couper au court dans mes correspondances ; je deviens lent, paresseux, et je hais d'écrire.

Que vous avez de peine à vous mettre dans l'esprit une chose pourtant bien simple ! Et combien dans vos désirs pour moi vous ressemblez à certains propriétaires qui nieraient éternellement la justice, si la justice devait réduire seulement 5 % de leurs rentes !...

Votre dissertation est fort belle; je dirais même, si vous le permettez, qu'elle est inspirée en partie par mon *Mémoire* de défense, ce Mémoire que l'on a repoussé à l'égal de mon livre. Mais qu'est-ce que prouve cette dissertation? Tout ce que vous voudrez, hors le point qui m'intéresse, savoir que le décret d'amnistie me soit applicable. Je vais plus loin : je trouve que votre lettre, tirée au clair, prouverait juste que ce décret, tel qu'il est, ne peut ni ne doit m'être appliqué.

Puisque c'est à l'histoire que vous demandez le sens des lois, eh bien ! suivez l'histoire.

1. La Révolution abat l'Église, crée la morale humaine, la vraie morale, publique et domestique.

2. La République, chargée de sauver et venger la Révolution, n'a pas le temps de faire des lois qui protégent la morale publique ; l'œuvre révolutionnaire laissée dans le trouble, passe à la dictature de Bonaparte. Qu'eût fait la République ? Nous ne pouvons que le conjecturer ; c'est ce que je ferai tout à l'heure.

3. Pour relever la morale, Bonaparte commence par faire le *Concordat*, malgré les cris des républicains. Voilà le premier coup porté à la morale révolutionnaire, déclarée insuffisante. Le Concordat est de 1802.

4. Vient ensuite le code civil, promulgué le 22 février 1810. A cette époque, le tout-puissant empereur n'eût pas osé, peut-être, décréter dans son code des poursuites contre une nation qui lisait Parny, Piron, Voltaire, Laclos, le *Code de la nature* de d'Holbach, le *Code de la loi naturelle* de Saint-Lambert, la *Loi naturelle* de Volney, etc. D'ailleurs, personne ne pensait à la distinction que j'ai faite des deux morales, et l'empereur croyait avoir assez fait pour la liberté de l'Église que de la protéger en face de la liberté voltairienne. Quant aux immoralités de l'espèce de *Justine*, il se contentait de sévir administrativement. De tout cela est résulté l'article 287 du code pénal.

5. La Restauration arrive, avec elle le rétablissement de la papauté et de la religion d'État. — L'attaque à la religion redevient une attaque à la *morale publique*, vous savez pourquoi. Mais, dites-vous, la loi de 1819 est une loi politique. Sans doute ; toute loi est politique dans son principe. Mais c'est aussi une loi civile et une

loi de police; témoins les articles 18, 19 et 20 de ladite loi qui prévient l'injure contre les particuliers. Reste à savoir ce qu'en défininitive sera cette loi.

Nota, que c'est la loi de 1819 qui emploie la première l'expression de délits *commis par la voie de la presse*.

6. Les lois sur ou contre la presse paraissaient si considérables en 1819, que le gouvernement ne crut pas pouvoir se dispenser d'accorder aux inculpés la plus forte des garanties : le *jury*. De là, la jurisprudence de cette loi, la plus protectrice qu'on ait vue. Mais c'est aussi pour cela que le décret de 52 a aboli le jury ; il est revenu à l'esprit de l'article 287 du code pénal, qui veut que *toute offense à la morale*, par voie d'impression, ne soit qu'un *délit correctionnel simple*, ce qui est, selon moi, la vraie doctrine. Doutez-vous que tel soit l'esprit du décret ?

Écoutez ceci : En IDENTIFIANT dans mon procès la *morale publique et religieuse*, on a voulu justement conquérir à l'Église le bénéfice de l'article 287. On a voulu la soustraire au jugement des hommes, au jury. Là est tout le sens, toute la portée de mon procès. Ce que vous m'offrez de plaider par-devant le ministre est jugé : il a été décidé, par jugement du tribunal correctionnel de la Seine, confirmé par arrêt de la Cour, dans l'affaire Proudhon et consorts, que la *morale publique et religieuse* était chose identique et adéquate ; que quiconque attaquait celle-ci attaquait celle-là ; qu'ainsi critiquer l'Église c'était en quelque sorte attenter à la conscience, à la moralité humaine. On n'a pas refait pour le dire la loi de 1819. On l'a interprétée en ôtant au jury la connaissance des délits commis par la voie de la presse; plus tard, quand on l'osera, on dira, comme Louis XIV, qu'affaire de religion c'est affaire d'État.

Solliciter ma rentrée en vertu de l'amnistie, c'est donc, sous une autre forme, appeler de ma condamnation, ce qui aujourd'hui est devenu dans l'état des choses *impossible.*

Et non-seulement cet appel est impossible, mais il ne peut me convenir d'équivoquer sur la loi de 1819, à moi qui ai soutenu la distinction des deux morales.

Oui, j'entends que la République, la Révolution, si vous aimez mieux, poursuivant son œuvre, déclare un jour, par un simple amendement à l'article 287 du code pénal, que toute atteinte à la morale publique et domestique par voie de la presse sera déférée, comme l'escroquerie, la calomnie, etc., à la police correctionnelle et punie en conséquence, ce qui fera définitivement sortir cette catégorie de délits de l'ornière *politique.* Je dis plus : je vais jusqu'à espérer qu'un jour cet article 287 sera appliqué précisément aux jésuites, à toute la séquelle des Liguori, des Escobar, etc., etc., qui insulte aujourd'hui à la morale humaine et s'efforce de mettre à la place celle des tartuffes.

Allons, cher ami, soyons de bonne foi et fidèles à nous-mêmes jusqu'au bout. Puis-je, d'après mon passé, d'après mon livre, d'après mon Mémoire surtout, d'après mes vues d'avenir, aller réclamer le bénéfice de cette loi *politique* de 1819? comme si je croyais à la politique en tant que principe ou doctrine; comme si cette loi de 1819 n'avait pas été faite justement en vue de réparer une omission de la loi civile; comme si le décret de 1852 n'était pas venu compléter la réparation; comme si enfin, tout en me défendant, je ne devais pas prévoir l'avenir et soutenir le caractère *non-*

politique du délit d'atteinte à la morale, bien qu'on en abuse en ce moment contre moi. Je ne vous en dis pas davantage pour aujourd'hui ; je laisse à votre bon sens à achever une conviction que je m'étonne de trouver en vous si difficile.

Revoyez ma dernière lettre, et pénétrez-vous de son esprit. Certainement, vous ai-je dit, ma condamnation est due à la politique; il n'y en a pas de plus politique au monde. C'est pour cela que j'ai cru un moment à ma participation dans l'amnistie. Mais cette politique infâme a employé pour me condamner un principe que pour rien au monde je ne voudrais ébranler, savoir que l'*outrage à la morale* n'a rien du tout de politique. Tout ce que je puis faire pour ma défense, après avoir reconnu cette *majeure*, est d'argumenter sur la *mineure*, consistant à dire : M. Proudhon a attaqué la morale religieuse; mais la loi ne distingue pas, donc il est coupable et hors l'amnistie. — A quoi je réplique : Oui, mais c'est vous, Empire du jésuitisme, qui avez fait cette confusion ; c'est vous renégat, apostat, qui avez livré à leurs ennemis les principes de 89, etc., etc. Sous les Bourbons je n'eusse été qu'un *politique*, parce que les Bourbons n'avaient fait que la moitié de la besogne ; avec vous, ennemis de la morale et de la liberté, je ne suis qu'un immoral.

Laissez donc, je vous en prie, mon affaire telle qu'elle est; laissez-moi le soin de la reprendre et de la poursuivre comme elle doit l'être. L'affaire est grave, et, en supposant que j'aie droit à l'amnistie, la prescription ne court pas contre moi. Vous-même, d'ailleurs, me le dites après Darimon : je n'ai rien à attendre ni des ministres, ni de la presse, ni de personne ; le *Siècle*, les *Débats* se font plus religieux que jamais. L'ami Nefftzer a bien trouvé moyen de dire dans sa *Revue Germanique* que la religion était *immortelle*. Je n'ai rien à attendre que de moi seul, de mes rares amis, et de la conscience publique. Je compte envoyer d'ici à cinq ou six semaines un manuscrit à Garnier frères; j'y joindrai une préface où je noterai cette fameuse amnistie; ce sera une occasion de reprendre la question; nous verrons ensuite.

Après tout, j'ai *quatre ans* à passer à l'étranger avant de rentrer en France : ne voilà-t-il pas une grande affaire? Occupons-nous des choses sérieuses, mes amis! n'était ma femme, pure Parisienne, à qui l'exil ne va pas; n'étaient mes amis; n'était le vin de France, qui coûte ici trop cher, je ne donnerais pas un denier pour vivre à Paris plutôt qu'à Bruxelles, à Cologne, à Zurich, à Genève ou à Turin. Songeons à faire une bonne rentrée dans la publicité parisienne; oublions-nous nous-mêmes devant le public, et ne pensons qu'à notre sainte et invincible cause. On ne nous peut rien. Ne voyez-vous pas que le monde ne sait où il en est; que les gouvernements sont aussi fous l'un que l'autre et les partis encore plus aveugles. Je ne dis rien des populations : elles marchent à la suite.

Je vous envoie un exemplaire de la *Revue de Namur* qui contient ma lettre authentique. Je viens de la relire, et je trouve qu'elle exprime avec simplicité et calme tout ce que je devais dire, tout ce que je pense et n'ai cessé de penser depuis le 27 août, jour où je l'ai écrite. J'ai dit et je devais dire que *je n'avais eu besoin de consulter personne* pour saisir le sens et la portée du décret. Les explications dans lesquelles je viens d'entrer pour la seconde fois doivent vous le faire comprendre. Si je n'avais voulu qu'émettre un regret et un doute, j'aurais dit, *qu'à en croire les journaux, les bureaux, etc., j'étais exclu*, ou quelque chose d'équivalent. Je ne l'ai pas fait, et je ne le devais pas faire. Nous sommes dans la logique, le gouvernement impérial et moi. Cette logique mène à l'abime; on le saura quelque jour.

Bonjour, cher ami, et tenez-vous-en là. Ma femme qui vous remettra le numéro de la *Revue de Namur* vous dira que je lui ai fait défense expresse de se prêter à aucune démarche en ce qui me touche. Elle va voir sa famille, se reposer un peu, promener ses enfants qui sont en vacances, faire quelques emplettes : voilà tout.

Tout vôtre.

P.-J. PROUDHON.

Bruxelles, 27 septembre 1859.

MM. GARNIER FRÈRES

Messieurs, la présente vous sera remise par ma femme, qui s'en va passer avec ses enfants une quinzaine de jours auprès de sa famille. Cela la consolera de la joie trop courte qu'elle a éprouvée du décret d'amnistie. Mes petites filles, actuellement en vacances, ne seront pas fâchées non plus, avant la réouverture de leur école, de faire cette promenade.

J'attends toujours de vous, messieurs, réponse à ma dernière vous informant de mon désir de faire bientôt, par votre entremise, ma rentrée dans la publicité. Je crois vous avoir dit déjà que ce que je me serais difficilement imposé à Paris, j'apporterai tous mes soins à le faire à Bruxelles ; je ne négligerai rien pour que mon travail ne laisse prise nulle part à la malveillance. Je m'en fais une sorte de point d'honneur ; ne pouvant plus payer de ma personne, je n'irai pas compromettre celle des autres. Ce que j'ai manqué, en 1858, je tiens à le réaliser en 1859 ; il faut que je sorte de cette condition d'écrivain pourchassé et proscrit, et que je prenne définitivement rang dans la littérature française.

Je tiens d'autant plus à changer ma malheureuse position d'écrivain que je regarde un premier succès comme le meilleur moyen de faire regretter à l'administration l'exception qu'elle a faite de ma personne lors du décret d'amnistie.

Vous voyez, messieurs, qu'on ne saurait être en des dispositions plus sages et plus rassurantes pour un éditeur. Je consentirai même, pour vous, à ce que mes épreuves soient lues après moi par un homme de confiance, M. Lemaître, par exemple. Que vous dirais-je, enfin? Jamais jeune homme n'a eu plus envie de bien faire et n'a plus vivement désiré de persuader son libraire.

Je vous salue, messieurs, bien cordialement.

P.-J. PROUDHON.

Bruxelles, 28 septembre 1859.

A M. BERGMANN

Mon bien cher ami, je m'empresse de répondre à ta lettre du 26 que tu m'as adressée sous le nom de M. *Durfort*. Désormais tu peux m'écrire directement sous cette adresse : M. Proudhon, rue du Conseil, 8, à Ixelles, faubourg de Bruxelles.

Je t'ai écrit, en effet, quelques jours après avoir reçu ton avant-dernière, c'est-à-dire vers le 25 ou 26 août. Comme d'habitude, ma lettre était adressée à M. Bergmann, professeur de littérature comparée à la *Faculté de Strasbourg*. Je n'ai pas le nom de la rue.

La principale chose dont je t'entretenais était mon *exclusion de l'amnistie*, décrétée le 17 août dernier en faveur des condamnés et proscrits politiques. Voici comment s'est passée cette petite intrigue.

Le décret impérial est très-général dans ses termes, il parle de tous les condamnés ou bannis pour crimes ou délits politiques ou par mesure de sûreté générale. Cédant à l'ancien usage et confirmé dans mon premier sentiment par le journal le *Nord*, qui s'imprime à Bruxelles, mais qui reçoit ses inspirations de Paris et même du ministère, je crus d'abord que cette amnistie me concernait autant que personne; fût-il jamais, en effet, condamnation plus politique que la mienne?... Mais voici que l'*Indépendance belge*, qui reçoit aussi une partie de ses inspirations de la même source, annonce tout à coup que ma femme est partie pour aller demander au gouvernement de l'empereur si l'amnistie s'applique à moi, condamné, *comme l'on sait*, POUR OUTRAGE AUX MŒURS. Les journaux, à la suite, en France et à l'étranger, répètent cette nouvelle ; on commente l'*outrage aux mœurs*, on se dit que ce n'est pas là un délit politique ; à l'ambassade française de Bruxelles on me fait avertir charitablement de me mettre en mesure, attendu qu'on ne pense pas que l'amnistie me concerne; enfin, j'apprends de Paris, par mes amis, que les bureaux, aux ministères de la justice et de l'intérieur, partagent ce sentiment, et que M. Delangle, le ministre, s'est prononcé pour la négative.

Certes, ce n'est pas l'auteur du décret qui a imaginé, comme bien tu penses, une pareille exception. Elle me vient de la persécution sourde, souterraine, que me font clergé, agioteurs et magistrats. J'ai relu les décrets du *Moniteur* relatifs à l'amnistie et à son application aux journaux, et j'ai pu me convaincre qu'en effet les *termes* de ces décrets étaient, de fait et juridiquement, inconciliables avec ceux de ma condamnation. (Je suis condamné pour *outrage à la morale publique et religieuse.*) Pour que je pusse parler en sécurité, il faudrait une interprétation favorable du décret d'amnistie publié dans le *Moniteur*.

Maintenant si tu veux aller plus au fond encore, voici l'état de la législation :

1° La Révolution française, en brisant l'autorité catholique, a fait de la morale une chose tout humaine.

Avant qu'elle eût eu le temps d'édicter une loi protectrice des mœurs, la République, organe le plus énergique de la Révolution, était détruite et remplacée par un despotisme militaire.

2° Celui-ci, jugeant apparemment la morale pure insuffisante, rouvrit les églises en 1802 et fit le fameux concordat.

3° Quant à la morale, il se borna, par l'art. 287 du Code pénal, promulgué en 1810, à renvoyer par-devant la police correctionnelle, comme délits simples, les *chansons* et gravures obscènes. Il ne dit rien des écrits de doctrine, il ne l'eût pas osé en face d'une nation qui faisait ses délices de Parny, Piron, Voltaire, Laclos, Saint-Lambert, d'Holbach, Volney, etc. Personne ne songeait, d'ailleurs, à attaquer la morale en elle-même, pas plus qu'à distinguer la morale *publique* de la morale *religieuse*. Quant aux productions d'une immoralité outrée, telles que *Justine*, etc., Napoléon Ier se contentait de sévir administrativement.

4° Vint la Restauration, qui fit de la religion catholique la religion de l'État, et rendit en sa faveur la loi de 1819 sur la *presse*, loi par laquelle est atteint pour la première fois *l'outrage à la morale publique et religieuse*, commis *par la voie de la presse*.

En vertu de la même loi, essentiellement politique, les délits de presse étaient déférés au jury.

5° Peu à peu le *délit d'outrage à la morale*, prévu par la loi de 1819, devint un supplément de l'art. 287 du Code pénal, et, en 1852, pour marquer que ce délit et beaucoup d'autres prévus par la même loi ne devaient plus être considérés que comme délits simples, on supprima la juridiction politique du jury.

6. Maintenant, qu'a jugé le tribunal de la Seine dans

mon dernier procès? C'est que la distinction d'une morale publique et d'une morale religieuse que je présentais comme base de ma défense ne pouvait être admise; que la loi ne reconnaissait qu'*une espèce* de morale, etc. As-tu pu te procurer mon Mémoire de défense? Toute cette controverse y est présentée à froid. nº 7. Le décret d'amnistie arrivant, tu conçois que l'interprétation a été facile; un délit de presse n'est pas nécessairement un délit politique, bien moins encore un délit contre la morale. Donc, etc.

Voilà où j'en suis pour avoir voulu prouver que l'Église n'était pas une autorité infaillible en matière de mœurs, et avoir invoqué contre elle toutes les Constitutions de la Révolution.

Je reste donc en exil, quitte à dévoiler ce mystère d'iniquité et à montrer à mes compatriotes dans quel abîme on les entraîne sans qu'ils s'en doutent.

Je ne sais plus ce que j'ajoutais dans ma lettre. Mais si tu penses encore à me dédier quelque chose, que ceci te soit encore un avertissement. Ne va pas t'exposer pour un témoignage d'amitié, dont je te porte quitte, à faire dire que tu appuies de ta science un écrivain immoral.

Je voudrais bien, si tu ne l'as pas lu, te faire parvenir mon *Mémoire* de défense. Il y en a en Suisse chez les libraires. Tu sais qu'on l'a arrêté à la frontière, en sorte que personne, hormis ceux qui l'ont lu, ne sait au juste ce que signifie mon procès.

J'ai donc quatre ans à passer en Belgique pour périmer ma peine. Je travaille de mon mieux, j'amasse des matériaux, je prépare une série de petites publications sur des matières variées et intéressantes que j'essaierai de faire paraître à Paris. Ce que je ne ferais pas en face de mes adversaires, je crois devoir m'y obliger à la distance où je suis d'eux : c'est de ne rien négliger pour échapper aux griffes du parquet.

Si je réussis, et cette fois je l'espère, attendu que je m'en occupe sérieusement, j'espère me relever encore ; ce sera mon dernier effort.

Voilà, cher ami, ce qu'il en est de moi et de ma position. Je commence à devenir un peu lent et lourd, je n'ai plus le même plaisir à écrire ; mais si l'âge ne me permet plus de donner à mon style l'énergie et l'éclat d'il y a 15 ans, il me reste l'utilité du fonds, dont j'ose répondre.

Aime-moi toujours ; mets-moi aux pieds de ton excellente femme, et crois, si je suis paresseux à prendre la plume, que je n'en converse pas moins avec toi.

Ton ami

P.-J. Proudhon.

Bruxelles, 29 septembre 1859.

A M. CHARLES EDMOND

Mon cher Edmond, nous ne sommes pas morts l'un à l'autre, c'est bien entendu. Mais nous ne nous écrivons guère, et si vous ne m'en voulez pas pour cela je ne vous en veux pas davantage. J'ai par le monde une demi-douzaine d'amis d'élite à qui je suis même obligé, ce sont justement ceux que je néglige. Que voulez-vous? Il faut (terrible *il faut*, disait Bossuet), il faut que je travaille, et quand j'ai bien travaillé, quand j'ai même pris sur le travail le temps des correspondances forcées, il ne me reste plus de loisir ni de forces. C'est ainsi que les amis pâtissent des injures de la pauvreté et de l'importunité.

Comment, cher ami, pouvez-vous me dire de m'en aller moi-même et que vous répondez de ma liberté sur votre tête?... Vous ne comprenez donc plus les tendances de la politique impériale? Nous avons à cette heure l'Empire jésuitique, contre-révolutionnaire, inflexible dans sa ligne et fatal dans son action. Certes, l'empereur sait moins que jamais ce qu'il représente et ce qu'il fait, et je ne doute pas que si je me fusse adressé à lui, en protestant de son intention implicite, je n'eusse eu ma part d'amnistie. Mais cette extension toute spéciale me créait une position dont je ne veux pas ; d'ailleurs, les bureaux et les ministres avaient pris les devants. Avant que j'eusse eu le temps de me reconnaître, ils m'avaient déclaré *exclu*. Voilà comme vont les choses sous le règne de ces gens qui se croient maîtres. Dans six mois, un an, nous aurons la guerre avec l'Angleterre. L'empereur ne songe qu'à venger Waterloo; mais vous verrez, par la force des situations, que cette guerre sera comme celle de 1813, la guerre de la liberté contre le despotisme, et qu'une seconde fois la France, sous les Bonaparte, sera devenue l'organe de la contre-révolution... En 1859, on voulait émanciper l'Italie, et il s'est trouvé, par cette force des principes et des situations dont je vous parle, qu'on a renforcé la papauté, le vieil Empire, et jeté le trouble en Italie et dans toute l'Europe. La plèbe française s'obstinait à croire Napoléon III un serviteur de la Révolution : elle en est revenue. Comment garder ses illusions devant les préliminaires de Villafranca, le discours aux grands dignitaires, les articles du *Moniteur* et les dernières circulaires de M. de Padoue? C'en est fait, Napoléon III est condamné désormais à faire servir la France d'instrument à une politique anti-française : il est le fils aîné du Pape, le commensal de Veuillot, l'ennemi déclaré de la Révolution.

Bonjour, cher ami, croyez-moi toujours aussi sain de tête que de cœur. Amitiés à votre femme, et un baiser à Marie si elle est là.

Tout vôtre.

P.-J. PROUDHON.

30 septembre 1859

A M. GUSTAVE CHAUDEY

Mon cher ami, j'ai reçu en son temps votre bonne lettre du 8 août. Pendant quelques jours, j'ai espéré de vous voir à Bruxelles; plus tard, j'ai cru que ce serait moi qui irais vous embrasser à Paris; aujourd'hui, il faut que je me décide à remettre à jour notre correspondance, puisque la camarilla des jésuites, des agioteurs, des prétoriens et des catins qui constitue le gouvernement français ne permet pas que je revoie ma patrie de sitôt.

Vous avez appris, sans doute, que je me trouvais exclu de l'amnistie. Comme vous ne connaissez probablement pas tous les faits qui se rapportent à cette exclusion, et que quelques amis ont blâmé de premier mouvement certaine lettre que j'ai adressée à un journal belge et dont un fragment a été reproduit par les journaux français, je crois devoir vous instruire à fond de l'affaire, afin que vous puissiez me justifier au besoin. Je joins sous ce pli la lettre en question que j'extrais de la *Revue de Namur* du 28 août.

Pendant quatre jours, sur la foi du *Nord*, journal

bonapartiste qui s'imprime à Bruxelles et qui reçoit ses informations des bureaux de Paris, j'ai cru de bonne foi que l'amnistie m'était sans difficulté applicable. Le *Nord*, obéissant aux vieilles habitudes de l'opinion libérale qui sous la Restauration et la monarchie de Juillet faisaient généralement des délits de presse des délits politiques, avait publié une liste des catégories auxquelles le décret du 16 août était applicable ; il citait, entr'autres, les délits de presse et nommément M. Proudhon.

Je n'avais pas lu le texte du *Moniteur*.

Mais voilà que tout à coup une correspondance venue de Paris, adressée à l'*Indépendance belge*, annonce que ma femme est partie pour s'informer auprès du gouvernement impérial si l'amnistie s'appliquait à M. Proudhon, condamné, *comme chacun sait*, disait le correspondant, POUR OUTRAGE AUX MŒURS. C'est ainsi que ces messieurs s'entendent à travestir les faits.

La note de l'*Indépendance* est reproduite par les journaux de la Belgique et des départements français ; partout on discute la question ; les uns se prononcent pour, les autres contre. A l'ambassade, on me fait dire de me mettre en règle, attendu qu'on ne pense pas que le décret du 16 me concerne ; à Paris, le bureau des ministères de l'intérieur et de la justice se prononcent pour mon exclusion ; quelques jours après, on m'informait que l'opinion du ministre Delangle était pour la négative. Un journal de Bruxelles, *l'Observateur*, s'étonne que le *Moniteur* garde le silence et fasse attendre un commentaire, ou, si vous aimez mieux, une explication nécessaire. Bref, il était évident que dès le lendemain de la publication du décret une réaction se prononçait contre la mesure, et que ne pouvant plus empêcher le principe, elle allait se raccrocher aux explications.

C'est au milieu de ce brouhaha que je pris enfin connaissance du texte du décret du 16 et de celui du lendemain qui étendait aux journaux le bénéfice de l'amnistie.

Mon opinion fut aussitôt formée. Je vis tout de suite que les termes du décret étaient incompatibles avec ceux de ma condamnation; je compris de plus que, puisque la question avait été soulevée contre moi et que le *Moniteur* ne parlait pas, c'est qu'on ne voulait pas que je rentrasse.

Tout cela m'a été depuis confirmé par notre député Darimon, qui a fait toutes les démarches avec Duchêne et autres pour pénétrer le mystère.

C'est alors, le 27 août, dix jours après la publication du décret, que j'écrivis la lettre que vous trouverez ci-jointe à la *Revue de Namur*.

Quelques amis cependant ont trouvé que je m'étais trop hâté en concluant avec l'ennemi sur une question au moins douteuse; qu'il fallait porter la question devant le public, et au besoin jusqu'à l'empereur, etc., etc. — A cela j'ai répondu, en substance :

Que je ne faisais aucun doute que si, à la lecture de la nouvelle, j'avais pris le chemin de fer et que je fusse tombé à Paris, on y aurait regardé à deux fois avant de me saisir ; que l'empereur n'aurait certainement pas souffert le scandale d'une pareille arrestation;

Mais qu'après dix jours, alors qu'on avait eu le temps de se raviser, la chose n'était plus praticable, et que je n'aurais pu me tirer d'embarras que par un recours direct à l'empereur et un acte spécial de sa clémence, ce que je ne voulais à aucun prix.

Quant à la *légalité* même de mon exclusion, j'ai soutenu et je soutiens que si, au fond, il n'y eut jamais de condamnation plus *politique* que la mienne, dans la forme, il répugne au sens commun et aux vrais principes de la regarder comme telle. Non, dis-je, il n'est pas vrai qu'un délit de presse, ou pour mieux dire *commis par la voie de la presse*, doive être pour cela réputé délit politique ; à plus forte raison, quand ce délit est qualifié par arrêt de la Cour *outrage à la morale publique et religieuse.*

En vain l'on m'objecte que la loi de 1819 qui a prévu ce délit était une loi politique, je réponds en opposant la loi de 1852 et en faisant l'historique de cette catégorie de délits.

La Révolution, qui a fondé la morale humaine, n'a pas eu le temps de lui donner de sauvegarde et de formuler aucune peine contre les attentats qui la concernent.

Le Code pénal, promulgué en 1810, ne parle (art. 287) que des chansons et gravures obscènes; Napoléon Ier n'aurait eu garde de faire la loi de 1819 en présence d'une société qui suivait la morale de Voltaire, de Volney, d'Holbach, de Saint-Lambert; qui lisait la *Pucelle*, la *Guerre des Dieux*, Crébillon fils et Piron C'était bien assez pour lui d'avoir fait le *Concordat.* Personne ne songeait à attaquer la morale, à plus forte raison personne n'eût songé à identifier ou distinguer la morale *publique* et la morale *religieuse.* Il a fallu la Restauration et mon procès pour en venir là.

La loi de 1819 a donc été faite, et trente-trois ans plus tard elle a été complétée par la loi de 1852 qui, en ôtant au jury la connaissance des délits commis par la voie de la presse, a fait de la plupart de ces délits des délits *simples*, de politiques qu'ils étaient réputés auparavant. C'est ce qui, du moins en ce qui me concerne, a été décidé par le jugement du tribunal de police correctionnelle, qui s'est refusé à toute espèce de distinction des deux morales, et tandis que je m'efforçais de reporter la défense sur le terrain politique, me ramenait sans cesse sur celui de la morale ordinaire, laquelle n'a rien du tout de politique.

Voilà, mon cher ami, indépendamment du sens commun ce que je réplique à ceux qui incidentent sur la loi de 1819. Je dis que, de 1789 à 1852, il s'est opéré sur cette question des *outrages à la morale* une évolution dont le résultat est de les rendre passibles de peines correctionnelles, comme tous les délits simples ; il ne reste à faire désormais qu'une chose, qui est de supprimer du texte de la loi les mots *et religieuse* et de ne laisser subsister que ceux-ci : *morale publique*, ou simplement *morale*.

Est-ce donc à moi, dis-je à ces amis prévoyants, à moi qui *souffre persécution pour la justice*, d'aller faire une entorse aux vrais principes en faisant de *l'outrage à la morale* un délit POLITIQUE. Est-ce à moi, qui ai tant combattu la politique au nom de la morale, d'ouvrir cette échappatoire aux *immoraux?*... Non, non. Je souffre de l'iniquité de la loi existante, mais il ne sera pas dit que j'ai mis ma liberté, mon salut personnel, au-dessus de la vérité et du droit. Ceux qui se prévalent aujourd'hui contre moi d'un principe vrai peuvent triompher, ils auront leur tour. Que la liberté revienne en France et nous leur ferons leur procès; nous accuserons leurs livres et leurs dogmes, et, l'immoralité prouvée, nous leur appliquerons la flétrissure.

Voilà, cher ami, où j'en suis. — Comprenez-vous à

cette heure dans quelle voie on conduit notre pauvre France, sans qu'elle s'en doute? Ce n'est pas assez d'avoir, à mon occasion, fait de l'Église l'incarnation de la morale, on assimile à l'Arétin l'homme qui a inculpé cette Église. Critiquer, réfuter les pratiques du christianisme et sa théologie, c'est commettre une immoralité *inamnistiable*.

Je prépare une série de publications dont j'espère faire paraître le premier numéro à Paris, d'ici à six semaines. J'y joindrai une préface dans laquelle je me propose de relater ce grand exploit de la réaction contemporaine. Donnez-moi là-dessus vos observations.

Les événements se pressent, les nuages s'amoncellent, et j'ai bien peur que tout ceci finisse par une mêlée épouvantable. La logique des principes entraîne l'Empire, et nulle illusion n'est désormais possible. Napoléon III, n'ai-je cessé de dire, est une expression réactionnaire ; il ne peut rien faire ni pour la liberté et la sécurité de la France, ni pour l'ordre européen, ni pour l'émancipation de l'Italie, ni pour la solution du problème d'Orient. En Crimée, il a réussi à circonscrire la guerre, à dissimuler sa signification, sa tendance, parce que la guerre était, comme on dit, toute politique. Mis en demeure de se prononcer en Italie, il a reculé, il s'est réfugié dans la papauté, il repousse toute idée de république italienne, il trahit Kossuth, il appuie la restauration des ducs, il reconnaît que lui, expression de la réaction française, catholique, féodale, il a tort d'attaquer l'empereur d'Autriche, héritier des traditions de Charlemagne, représentant du droit divin, collègue et partenaire de la papauté. Son discours aux grands dignitaires, ses déclarations faites dans le *Moniteur*, le refus péremptoire de relâcher rien des entraves à la liberté de la nation, la menace de guerre à l'Angleterre, tout prouve que l'esprit de l'Empire c'est irrévocablement le despotisme, un despotisme appuyé sur les jésuites, les prétoriens et les agioteurs.

Tout se prépare donc de nouveau pour une *guerre de principes* comme en 1813 : pour la seconde fois, on verra la France, sous la main des Bonaparte, devenir l'organe de la contre-révolution, et cela malgré ses principes, malgré ses tendances, malgré ses mœurs et ses vœux. Et, comme en 1813, ce sera l'Angleterre alliée à la Prusse, l'Angleterre marchande, usurière, aristocratique, malthusienne, qui représentera le principe de liberté nationale et individuelle !...

Tout cela apparaît clair et prochain à tous les yeux. L'Empire ne peut pas subsister s'il ne conquiert, s'il ne domine. C'est pour cela que dès le premier de l'an 1849 les populations germaniques voulaient se réunir à l'Autriche; elles en ont été empêchées par la politique équivoque de la Prusse. C'est pour cela que ces mêmes populations travaillent en ce moment à constituer leur unité, non pas une unité absorbante comme la nôtre, mais une unité fédérale, douanière, militaire, qui rende l'Allemagne plus prompte dans ses mouvements et double sa force. Que la guerre s'allume, elle éclate à la fois sur la Manche et le Rhin : pendant ce temps-là, l'Autriche ressaisit la Lombardie, la Russie tombe sur Constantinople. Il est possible qu'après un certain nombre de péripéties, la paix se faisant entre les grandes puissances aux dépens des petites, l'Europe se trouve divisée comme au temps de Dioclétien et Constantin entre quatre ou cinq empereurs : un empereur de Russie, un empereur d'Autriche, un empereur d'Allemagne, un empereur des Français et un empereur de la mer, qui sera le fils de Victoria. La contre-révolution serait alors consolidée par une quintuple alliance ; pour sauver le double principe *d'exploitation* et *d'autorité*, on transigerait sur les cultes et les formes de gouvernement. Le *socialisme*, *l'athéisme*, c'est-à-dire le droit économique et la pensée libre, seront vaincus et l'ordre établi dans le vieux monde. Pour combien de temps ? Je ne suis pas prophète.

Mais il est possible aussi que dans la bagarre de ces dynasties rivales, de ces principes en conflit, de ces intérêts implacables, un coup de fortune comme celui de Waterloo, de Pavie, etc., fasse triompher la Révolution. Alors, c'est la débâcle des couronnes et des sacerdoces, le châtiment des exploiteurs et des boursicotiers...

Le monde ne sait où il va, mais il faut qu'il aille. Marche ! marche ! La nation anglaise, n'écoutant que son égoïsme, accumule faute sur faute, et, comme toujours, elle adore en Palmerston son mauvais génie. C'est l'Angleterre qui, la première, contre toute morale et toute raison, a applaudi au 2 Décembre et reconnu l'usurpateur ; c'est elle qui a voulu à tout prix la guerre d'Orient, c'est elle qui a refusé d'opposer son *veto* à la campagne de Lombardie. La voilà qui massacre les Indiens et se prépare à forcer les Chinois à recevoir son opium. Oh ! j'ai bien peur que le sort de l'Angleterre ne finisse par être celui de Carthage ou de l'antique Égypte. Il y a pourtant bien de la vie, de la force, du patriotisme dans cette nation, mais l'orgueil, l'avarice gâtent tout. Que vous dirai-je ? En Angleterre comme en Allemagne, en Belgique, en France, partout, il me semble que l'espèce humaine est atteinte d'une espèce de ramollissement du cerveau. On ne pense plus, on n'a pas même la force de penser; l'idée répugne, elle paraît séditieuse, spoliatrice; on fait de la musique, on fume du tabac, on ne croit qu'à la bonne chère et à la liberté des amours. Les journaux sont dignes d'un tel public : aux hommes, ils servent de plats commérages distillés par les chancelleries et les bureaux d'esprit public; aux femmes, des romans qui les tiennent dans un perpétuel éréthisme.

Ma prochaine publication roulera sur ce grand phénomène de l'histoire qui a nom la *guerre*. J'ai lu, plume en main, Grotius, Wattel et autres; je sais à peu près ce que pensèrent Leibnitz, Wolf, Puffendorf; j'ai voulu connaître ce qu'ont dit ces fameux congrès de la paix organisés en Angleterre, en Belgique, en France, en Amérique. Je n'ai pas encore trouvé, ni chez les anciens ni chez les modernes, le premier mot d'une solution.

La guerre, cependant, c'est l'histoire, la politique, le droit des gens; c'est tout. L'énigme devinée, tout se déduit : on peut prophétiser l'histoire. Je possède des choses bien curieuses et qui produiraient un étrange effet si elles étaient dites par un homme plus accrédité. Mais avant de sceller mon manuscrit, je voudrais encore savoir quelque chose que vous pouvez très-bien me dire.

Où en sont aujourd'hui dans les écoles, sur le droit de paix et de guerre et le droit des gens, les études ?

Y a-t-il des écrivains en renom, après ceux que je vous ai cités, que je doive connaître ?

Quels principes, quelles théories, quelles doctrines ont cours en ce moment ?

Vous savez que j'aime à prendre les questions au point où les ont laissées les devanciers; puis-je, avec quelque certitude, tabler sur mes auteurs comme sur des prédécesseurs immédiats? Pour mieux me renseigner, j'ai étudié assez à fond l'art militaire, stratégie, tactique, fortification, castramétation, etc., ce qu'aucun légiste n'a fait, et j'ai eu lieu de m'en féliciter. Donnez-moi votre opinion sur ces études et renseignez-moi. Vous rendriez service à la pauvre humanité militante et souffrante, et je vous en remercierai.

Adieu, cher ami ; je suis à la fin de mon papier et je n'ai pas tout dit. Prenez un jour de pluie et répondez-moi.

S'il y a par là-bas quelque ami qui se soucie du pauvre exilé, donnez-lui le bonjour de ma part.

Mes hommages à Mme Chaudey et à votre père.

Tout vôtre.

P.-J. PROUDHON.

16 octobre 1850.

A M. LANGLOIS

Mon cher Langlois, votre dernière lettre, de douze pages, m'a profondément affligé et humilié, et j'ai commencé par m'en frapper la poitrine. Je suis donc bien malheureux et bien maladroit de ne savoir plus me faire comprendre. Mes sentiments méconnus, mes idées travesties, mes raisons dénaturées et prises de travers, voilà, d'un bout à l'autre, ce que je trouve dans votre dissertation. Vous lisez vite, sans aider à la *lettre*, qui, je veux le croire, avait été fautive; sans chercher l'*esprit* de ce que vous lisez, et sur un sens équivoque, vous vous jetez à perte de vue dans des raisonnements sans fin, qui sont hors de la question que je vous pose. C'est ainsi que vous débutez par me reprocher une expression que votre cœur, à défaut de votre bon sens, aurait dû vous rendre bien claire. Je dis que telle est l'*amitié*, qu'elle va, dans son zèle, jusqu'à nier l'évidence juridique, absolument comme l'*égoïsme* même. Et là-dessus vous me dites que je *suspecte* vos sentiments! Ceci est plus que de l'étourderie, c'est de la prévention; ce serait de la folie chez tout autre que vous. Me faudra-t-il une dissertation pour vous démontrer qu'en rapprochant ainsi, et à pareil propos, l'égoïsme et l'amitié j'ai justement dit de celle-ci tout ce qu'on peut imaginer de plus fort? J'aurais honte d'insister là-dessus. Vous devez sentir que si, de nous deux, celui qui aime le plus, c'est vous, celui qui connaît le mieux l'autre, c'est moi.

Puis, vous m'accusez de viser à l'infaillibilité, à la papauté, que sais-je? d'être tout à l'heure en fait d'intolérance et de rigorisme un passe-Robespierre!... Mon cher enfant, calmez-vous, je vous en prie. Obligez-moi d'oublier, pour cinq minutes, le fatras des lois sur la presse que j'ai sur la table et que je connais, je crois, mieux que vous. Nous en reparlerons tout à l'heure. Faisons un peu de bon sens; cherchons la vérité d'un cœur droit, par les principes : peut-être parviendrons-nous à nous entendre. Mais, je dois vous le dire, si, malgré ce dernier effort, je ne réussis pas à me faire comprendre de vous, nous en resterons là. J'attendrai votre conversion du temps.

On peut attenter à la morale de deux manières principales : par une *erreur du jugement* ou par un *acte de la volonté.*

L'erreur du jugement, en matière de morale, est, en France, depuis 1789, de plein droit. On peut débiter toutes les théories morales les plus fausses, les plus dangereuses; soutenir, avec les Anglais, que la morale a son principe dans l'utilité; avec La Rochefoucauld, que toute vertu rentre dans l'amour de soi; pourvu qu'en fait et d'intention la morale soit respectée, il n'y a rien pour le ministère public à reprendre. C'est l'affaire de la controverse.

Mais l'atteinte à la morale par un acte de la volonté est tout autre : contre celui-ci, la société est armée, et avec raison. Laissons de côté la théorie des *peines* : il suffit que, tandis que les atteintes provenant d'erreur de doctrine sont innocentes et même de droit, les autres sont jugées par tout le monde répréhensibles, et par suite répressibles.

Or, de combien de manières la volonté peut-elle attenter à la loi? De trois au moins : *Cogitatione, verbo* et *opere*, par pensée, par parole et par action. La même gravité n'existe pas entre ces trois espèces de délits; mais la nature est la même. Ce n'est plus l'intelligence qui se trompe sur la loi, c'est le cœur qui la repousse, qui la nie.

Les atteintes à la morale prennent ici le nom d'*outrages* : un livre de casuistique, comme ceux d'Escobar, peut être attentatoire à la morale; mais on ne dira jamais que son auteur a violé, outragé la loi, sa volonté n'y étant pour rien. On le censure; s'il est catholique, il se soumet à l'autorité et tout est dit. Poursuivons.

L'outrage à la morale commis par la *pensée* est insaisissable à la vindicte publique; il n'est justiciable que du for intérieur. C'est pourquoi, en l'absence de tout acte ou discours, il est défendu, il est odieux de rechercher les intentions bonnes ou mauvaises. Les intentions toutes seules ne sont pas du ressort de la justice humaine.

L'outrage à la morale commis par *discours* ou par *action* est punissable : pour ce dernier point, ce n'est pas douteux ; le *vol*, le *viol*, le *meurtre*, la *banqueroute frauduleuse*, etc., sont poursuivis en vertu de ce principe. Vous n'y contredisez pas?

L'outrage à la morale par discours est puni encore, au moins dans le cas de *calomnie*, d'*excitation* au crime, de *publications obscènes*. Avec raison encore : car si le malheureux qui offense la morale par un simple acte est coupable, à plus forte raison celui qui *professe* tout haut l'IMMORALITÉ.

Eh! bien, cher ami, savez-vous ce que signifie le délit d'*outrage à la morale* qui m'est imputé? Vous qui avez dit que mon procès est monstrueux, vous n'en avez encore compris qu'à moitié la monstruosité.

Ce qu'on reproche à mon livre, c'est d'être une publication *immorale*, destructive de la morale, négative de toute morale, non pas à la façon de Bentham, de La Rochefoucauld, de Saint-Lambert ou Helvétius, qui ne faisaient que se tromper en spéculant sur la morale; mais à la façon de l'*Aloïsia*, de *Justine*, de tous les ouvrages où la morale est niée en elle-même avec connaissance de cause et préméditation, au profit des vices, des passions, du crime même.

Songez donc, avant de vous occuper des lois sur la presse, à bien vous assurer de la *qualification*. Le tribunal a dit, tant dans les débats que dans les considérants du jugement : « Nous ne reprochons pas à l'accusé d'avoir discuté les théories de morale, pas même d'avoir discuté la doctrine de l'Évangile. Il n'aurait porté atteinte à la morale que par une erreur de son jugement; il serait dans son droit. Nous lui reprochons d'avoir outragé la morale, directement, en jetant le mépris et l'outrage sur la *morale religieuse* que la loi identifie avec la *morale publique*. » Une pareille discussion est la ruine de la morale; elle dépasse la limite du droit de discussion; elle devient une offense du fait de la VOLONTÉ, du moment que le législateur a déclaré identiques, adéquates, inséparables, indistinctes la morale religieuse et la morale publique; du moment qu'il a dit que ces deux morales n'en font qu'une. Qu'on réforme la loi, à la bonne heure; l'auteur, qui se dit en effet très-ami de la morale, pourra être toléré; jusque-là, son livre est un crime contre la morale, ni plus ni moins que la négation systématique qu'en ferait un Lacenaire, un Cartouche, une Brinvilliers.

Ceci éclairci, il est facile de se rendre compte de la législation française depuis soixante-dix ans.

Avant 89, la morale c'était la religion. Alors, il n'y aurait pas eu de doute; ma publication aurait été déclarée d'emblée, comme l'*Émile*, *immorale*, et traitée en conséquence. Après 89, les deux questions se trouvent désunies : toutefois, la question reste dans l'obscurité. La Révolution, ou le Code pénal, ne poursuit les outrages à la morale que dans les faits de vol, meurtre, outrage à la pudeur, aux mœurs, diffamation et autres de même nature. Il ne vient naturellement à la pensée de personne de faire une loi contre l'attaque à la morale en elle-même, à la morale pure, devenue l'héritière de la religion. C'était une lacune, peu dangereuse si vous voulez, mais enfin c'en était une. Nier *toute morale* et cela d'une certaine manière exhortative; nier, comme disaient les anciens, toutes les *lois divines et humaines*, c'est le plus grand des crimes. On l'avait oublié : cela fait l'éloge des révolutionnaires.

Comment cette lacune a-t-elle été remplie? Je n'ai pas besoin de vous le dire : par la loi de 1819. Mais ici il s'est produit une de ces escobarderies si fréquentes dans la politique. L'Église rétablie par la Charte entendait se faire respecter comme je dis, et comme institution divine, et comme base de toute morale. L'opinion repoussait cette prétention de l'Église : c'est cette protestation de l'opinion qui a fait échouer la loi du sacrilége. Que fit le gouvernement? Il amalgama ensemble la morale *publique* et la morale *religieuse*, et la loi protectrice des doctrines théologiques et du culte passa à la faveur du respect de la morale. Mais cette confusion ou association perfide n'empêche pas que ce qui devait être fait ait été fait; ce n'est pas seulement une loi de réaction que la loi de 1819, c'est aussi une loi révolutionnaire, en ce sens qu'elle est affirmative de la morale et qu'elle peut servir à en réprimer les violations systématiques, alors même qu'il n'y aurait plus d'Église en France, plus de religion.

Si tout cela ne vous paraît pas clair, en vérité je désespère de vous, et, pour la seconde fois je vous dis: N'allons pas plus loin.

La Révolution ferait-elle donc bien de sévir contre l'outrage à la morale, entendu dans un sens plus large que n'a fait l'article 287? Pour moi, je n'en fais aucun doute. C'est absolument comme si l'on demandait : Celui qui soutient que le vol, le viol, la pédérastie, l'adultère, l'assassinat, etc., sont des choses indifférentes, et que la loi qui les punit est tyrannique, celui-là est-il coupable? Après avoir condamné, chacun en particulier , les divers actes d'immoralité appelés *crimes* ou *délits*, on ne peut pas absoudre l'*immoralité* systématique qui les patronne tous. Nos pères de 89 ne comprirent pas : heureux hommes! Aujourd'hui il y a progrès; et les outrages à la morale, du genre de celui qu'on m'impute, ne sont pas rares ; lisez *Lélia*, lisez tout ce qui sort de la plume de Girardin. Peut-être que je me trompe sur le compte de certains individus que je regarde comme systématiquement immoraux; ce n'est qu'une question de *fait*, dont la décision appartient aux tribunaux, comme il est arrivé dans le procès de l'auteur de Mme Bovary. Mais je soutiens que quant à la spécialité du crime ou du délit en lui-même, il est parfaitement permis au législateur de le réprimer et de le prévoir : il n'a pas besoin pour cela de se faire aucunement *pape*, de se déclarer infaillible et d'imposer un formulaire; il lui suffit d'être convaincu que certaines gens nient *toute espèce de morale*, et agissent, excitent les autres à agir en conséquence. Ce que je vous dis là n'est pas une vaine hypothèse, c'est l'état de tout prêtre qui a perdu la foi, comme nous le voyons ici tous les jours en Belgique.

Maintenant, il ne me reste plus qu'un point : le crime ou délit d'*immoralité* par voie de publication, ce crime-là est-il politique?

En *principe*, cela ne peut pas être; en *fait*, cela n'est pas davantage.

La loi de 1830 que vous invoquez a assimilé les *délits politiques* aux *délits de presse* pour la JURIDICTION; elle n'a nullement dit que les uns et les autres fussent des délits politiques. Tout au contraire elle les distingue et les sépare, tant dans son titre : *délits de presse* ET *délits politiques*, que dans son article 6 et 7. Quant aux articles 9 et 4 de la loi de 1822, ils sont relatifs aux *insignes de la royauté*, et d'ailleurs *abrogés*. Délits de presse ET délits politiques, deux choses différentes, voilà ce dont il s'agit dans la loi de 1830. Faut-il vous rappeler le plaidoyer de Figaro sur la conjonctive *et* et la disjonctive *ou*. Le législateur de 1830 a voulu faire jouir le délinquant politique des mêmes avantages de juridiction que le délinquant libraire ou écrivain : rien de plus. Il n'y a pas possibilité de confondre ces catégories, ou bien la langue française a cessé d'exister. Quant au législateur de 1852, il a fait mieux : il a laissé au jury les crimes *politiques*, et il lui a enlevé ceux de presse, en sorte que la *séparation* est devenue plus PROFONDE qu'auparavant.

Je suis peiné de vous dire, c'est la troisième fois : vous n'avez rien compris à la question et vous vous êtes totalement fourvoyé dans votre interprétation des lois sur la presse. Vous n'avez pu vous dégager d'abord de l'idée vraie en *fait* qu'on poursuivait en moi l'ennemi de l'Église, et vous n'avez pas vu qu'EN DROIT on qualifiait mon livre d'essentiellement, de systématiquement *immoral*. D'autre part, préoccupé des oscillations de la loi, vous n'en avez vu que le côté *politique*, vous avez vu de la politique partout, là même où il n'y en a pas, où il est devenu évident, à la fin, que le législateur n'en voulait pas mettre.

Que pendant les débats, que dans mon Mémoire je me sois appuyé sur la distinction des deux morales ; que par ce moyen j'aie reproché au gouvernement de me faire, sous prétexte d'immoralité, un procès politique, j'avais raison, mille fois raison ; j'étais dans la vérité. Mais, le jugement rendu, l'assimilation, la solidarité, l'identité des deux morales maintenues, je ne suis plus qu'un condamné ordinaire, un condamné pour publication immorale. Je puis, en un autre moment, reproduire ma défense et peut-être faire casser le jugement ; dans la circonstance, je ne puis pas prétendre au titre de délinquant politique, puisque ce serait recommencer à plaider devant le pouvoir une chose qu'il a jugée. Et puis, est-ce à moi, l'auteur du livre de la *Justice*, de venir ergoter devant un public de bon sens et soutenir que le délit d'outrage à la morale est un *délit politique?* Non, non, cher ami ; la confusion, si elle avait été faite par le décret d'amnistie, j'eusse pu l'accepter, et je m'en serais plus tard prévalu. La proposer moi-même, je croirais me déshonorer.

J'ai fait ce que j'ai pu pour vous détromper; je vous connais trop pour espérer d'avoir réussi. Vous ne manquerez pas de retrouver dans cette lettre quelques expressions, échappées au courant de la plume, sur lesquelles vous équivoquerez et incidenterez de nouveau. Mais faites une chose : cherchez un avocat, communiquez-lui la présente et votre dernière, dont vous avez sans doute copie; voyez mon ami Chaudey, par exemple; enfin, informez-vous. Pour moi, ma résolution est affermie; je ne rentrerai jamais par cette porte; je me refuse positivement à soulever une pareille controverse. Elle est contre tous mes sentiments, et contre ma conscience.

Je serai bref sur le reste de votre épître. Je ne crois pas avoir besoin de censeur, attendu que je n'écris que ce que j'ai bien résolu d'écrire. Ainsi ai-je fait pour mon livre. J'espérais arriver avant les élections de 1857 et Orsini; j'ai manqué mon coup, c'est une partie perdue. Il fallait que ce que j'ai écrit fût écrit, et comme je l'ai écrit. Pour l'avenir, ma position est autre. Je renonce à peu près à la polémique; je m'affranchis de toute lutte; les deux articles qui ont réussi à vous plaire, et que je m'occupe de refondre, vous donneront à peu près mon nouveau diapason. Puis, je m'occupe de choses et d'idées qui dépassent toutes les limites connues, et où je ne rencontre réellement plus rien, personne.

Votre doute sur la faculté que j'ai de publier en France tombe devant l'arrêt rendu contre Montalembert. En matière de publication, le véritable délinquant n'est pas l'*auteur*, c'est l'ÉDITEUR. Qui a l'éditeur, a tout.

L. Blanc, V. Hugo écrivent en France sans la moindre difficulté ; je ferai de même.

En terminant, je ne puis m'empêcher de vous faire une dernière recommandation. Vous vous proposez, à ce qu'il paraît, de traiter la question de l'amnistie au point de vue de mon procès. Faites-le; mais faites-le dans les termes que je vous indique et qui éclaireront singulièrement le public sur le chemin qu'on lui a fait faire sans qu'il s'en doutât.

Avant 89, identité de la religion et de la morale;

Après 89, séparation des deux puissances, bien autrement dangereuse pour l'Église que celle du spirituel et du temporel ;

Sous la Restauration, essai de confusion nouvelle par la loi de 1819, confusion qui dure encore, au grand détriment de la morale, devenue solidaire des destinées de l'Église et de la puissance temporelle du pape.

A la faveur de cette législation, développée et expliquée par les lois de 1825, 1830, 1835, 1848, 1852, condamnation, comme coupables du délit de publication immorale, de tous écrivains qui accusent l'immoralité théologique et qui revendiquent la séparation de l'Église et de la morale.

Assimilation de ces condamnés aux plus infâmes des écrivains par le décret d'amnistie de 1852, qui, s'en tenant à la *lettre* des condamnations, refuse de voir des condamnés politiques dans des écrivains que l'on n'a pu atteindre qu'au moyen de la confusion arbitrairement et politiquement faite par la loi de 1819 entre la religion et la morale. Là est le comble !

Mais ne dites pas, gardez-vous de soutenir, ni qu'un délit d'outrage à la morale soit un délit politique, ni qu'un délit de presse soit un délit politique. La loi ne le dit pas; celle de 1830 dit même le contraire; *l'identité de juridiction n'entraîne point l'identité des délits*, c'est vous-même qui le dites; bien qu'on puisse dire que depuis 1852 la distinction des juridictions ait rendu plus profonde encore la séparation de ces délits. Dans les discours, dans les amnisties, ces deux genres de délits ont été fréquemment *unis;* cela m'a fait croire un moment à leur identité. Mais la confusion n'est pas dans la loi; elle n'y saurait être.

Voilà ce que vous avez à montrer : en le faisant, vous serez dans le vrai; vous ferez chose juste, morale, utile, et vous provoquerez une réforme inévitable. Vous ressaisirez, au nom de la Révolution, le drapeau de la morale.

Vous pouvez faire tout cela sans manquer au respect de la loi, ni des magistrats, ni du gouvernement. C'est de l'histoire.

Adieu, cher ami, je vous remercie de l'accueil que vous avez fait à ma femme et à mes petites.

Tout vôtre.

P.-J. PROUDHON.

Ixelles, 16 octobre 1859.

A M. CHARLES BESLAY

Cher ami, je possède vos deux lettres, du 13 et du 15.

Comme j'ai dû écrire un peu partout, je vous remercie de l'offre que vous me faites d'aller porter de nos nouvelles aux amis ; il n'y aura pas pour vous, cette fois, de commission.

Cathe et Stéphanie sont arrivées ici vendredi, à cinq heures, galopées par la fièvre scarlatine, et se sont mises au lit en arrivant. Le médecin les a vues : la maladie aura son cours; une affaire de trois semaines.

Je suis heureux de ce que vous me dites de vos affaires ; j'aimerais encore mieux les savoir toutes terminées. Vous ne sauriez croire quelle frayeur j'éprouve. Voici encore un de mes bons amis et compatriotes, le docteur X***, qui me mande que son frère, engagé dans des affaires de banque, a fait faillite, et par solidarité d'honneur fraternel, lui, le docteur a abandonné son propre avoir aux créanciers. Toute probité n'est pas morte comme vous voyez. C'est avec une humeur charmante que cet excellent Fran Comtois, fils d'un ancien général, m'annonce qu'il est tout à fait *prolétaire.* Il n'a plus que sa clientèle.

Cette pauvre bourgeoisie moyenne est en train de passer tout entière dans la gueule du monstre. Encore quelques années et il n'y aura plus que des prolétaires, en immense majorité, plus quelques milliers de propriétaires. Quel changement dans notre France de 1830 !

Faites donc attention à vous, cher ami. Je n'ai pas aujourd'hui le courage de vous parler d'autre chose. Et quand vous aurez *cent francs* mignons et trois jours de liberté venez me voir. Ce sera un beau jour pour votre pauvre réfugié.

P.-J. PROUDHON.

Bruxelles, 16 octobre 1859.

A M. LE DOCTEUR DUPAS

Monsieur, je suis confus de toutes vos bontés pour ma femme et mes gamines, et ne puis que vous remercier du fond du cœur.

Toutes trois me sont tombées à l'improviste vendredi, à cinq heures et demie; les deux filles talonnées par la fièvre scarlatine, et plus pressées de se mettre au lit que de rire. Tout de suite on a appelé le médecin, un Français, le docteur H***, dont les prescriptions sont les mêmes que les vôtres. Enfin, dans trois semaines, tout sera fini, et ces demoiselles retourneront à l'école.

Vous savez, cher docteur, que ce n'est pas ma faute si je ne suis pas en France. Le gouvernement a profité de ce que les termes de ma condamnation sont incompatibles avec ceux du décret d'amnistie pour faire cette exception à la munificence impériale. C'est une satisfaction accordée aux adversaires de la mesure. Quelques amis ont cru que, malgré tout, j'étais compris dans le décret; ils se sont trompés. J'ai eu le temps d'y réfléchir, et s'il est vrai qu'au fond aucune condamnation ne fut jamais plus POLITIQUE que la mienne, en *droit* et d'après les *termes* du jugement, il est impossible de me ranger dans cette catégorie. Il en résulte que, d'après la loi de 1819, tout écrivain qui attaque l'Église, peut se voir condamner comme coupable d'une *publication immorale*, attendu que, d'après ladite loi, religion et morale sont une seule et même chose !... C'est un des faits les plus curieux de la réaction contemporaine !...

Du reste, vous avez bien raison : la France est le vrai chef de file de la civilisation. On ne s'en aperçoit jamais mieux que quand on est à l'étranger. N'ayez pas peur cependant que je perde le diapason. Vous savez quelle est ma puissance d'abstraction, de concentration. A Bruxelles, comme rue d'Enfer, je reste le même. Vous le reconnaîtrez, j'espère, sous peu.

Mes sympathies bien sincères à Mme Dupas. Ce que votre cœur vous fait pour moi, je le suis pour elle.

Et vous, cher ami, une bonne poignée de main.

P.-J. PROUDHON.

Ixelles, 16 octobre 1859.

A M. CHARLES EDMOND

Mon cher Edmond, je suis ravi de ce que vous me dites des dissentiments avec l'Angleterre. L'échauffourée de Lombardie doit avoir un peu dégrisé l'Empereur. Comment n'a-t-il pas compris qu'en allant attaquer l'Autriche, à propos de l'Italie et du Pape, il manquait essentiellement à son mandat de sauveur de l'autorité, de la société, de l'Église, etc. Où donc avait-il appris à connaître les Italiens ?... Une campagne contre l'Angleterre ne serait pas moins irrationnelle. L'Angleterre, c'est tout ce que nous personnifions en *Malthus*; et l'Empire de 52, par sa raison d'être, par position, par signification, c'est aussi Malthus. Ainsi va la logique de l'histoire. Il faut que cet Empire périsse, parce qu'il est subjugé par son principe, qui est, bon gré mal gré, la contre-révolution. Donc nous aurons la paix. Cela me va. Donc, la répression en Italie, dont les agitations ne sont qu'un contre-sens.

Pour moi, je travaille avec sécurité et allégresse, bien que je sois en ce moment placé sous une influence cholérique. Vous savez que j'ai espéré un instant de rentrer en France avec les amnistiés ; le silence obstiné du *Moniteur*, qui s'est refusé à appliquer à ceux de ma catégorie le décret du 17 août, m'a ôté toute espérance. Quant à soutenir, comme on le voudrait, que le décret tel qu'il est me regarde, c'est ce que je nie, d'accord en cela avec M. Delangle. Je suis très-fâché de toutes les choses saugrenues qu'on m'a écrites à cette occasion, comme si tout à coup je m'étais pris de belle passion pour le martyre, ou que j'eusse perdu le sens commun. Tranquillisez-vous sur ma raison, cher ami; elle est encore bonne, et je souhaiterais que celle de nos amis ne fût jamais plus troublée. Je suis pour quelque temps encore au crochet. Tout vôtre.

P.-J. PROUDHON.

26 octobre 1859.

A M. GOUVERNET

Mon cher Gouvernet, je suis né au malheur. Le lendemain du jour où je vous ai écrit ma dernière, ma femme prenait le lit à son tour, frappée de la même maladie que ses deux petites filles, mais avec des différences de forme considérables. D'abord céphalalgie et fièvre ; puis angine ; maintenant perclusion des membres et incapacité absolue de remuer. Je fais le ménage; je prépare les bouillons, les tisanes; je fais les lits; bref, je m'acquitte de toutes les fonctions que réclame la circonstance. A quelque chose malheur est bon. Cet exercice m'a un peu dégourdi les membres, et je me sens la tête beaucoup meilleure. Vous concevez que dans ce coup de feu je n'ai pas eu le temps de m'occuper de métaphysique.

Aujourd'hui, Catherine est sur pied et m'aide dans le service. Stéphanie ne vaut toujours pas grand'chose. La mère est clouée sur son grabat ; mais elle a pris hier de la soupe, et ce matin une côtelette. On en sortira. J'ai parlé de prendre une aide; il a fallu y renoncer. Il eût semblé que la maison était au pillage. Passez, s'il vous plaît, auprès de Mme Devoyes, et faites-lui part de tout ceci ; je n'ai vraiment pas le temps d'écrire.

Laissons le gouvernement décacheter nos lettres, si cela lui plaît. Je n'en ferai, quant à moi, ni moins ni plus. Il se pourrait cependant que ma lettre, au lieu de partir à sept heures du soir, ne fût partie que plus tard, ce que je ne puis vous dire. Je comprends très-bien votre avis au sujet du docteur C***. J'attends une lettre de lui, annoncée par ma femme; je ne manquerai pas l'occasion.

Vous savez, à l'heure qu'il est, que l'horizon, si sombre du côté de la Manche, il y a trois jours, s'est tout à coup éclairci ; ce n'était, il semble, qu'un malentendu.

Au cas où vous passeriez par le Palais-Royal, informez-vous donc quand Garnier jeune passera par Bruxelles. — *Item*, l'ouvrage d'un M. Larroque, *sur la guerre et les armées permanentes*, portant les noms de Gullaumin, Hachette, Victor Masson et Garnier frères m'a été envoyé par ces derniers. L'ouvrage n'est pas fort, et je promets mieux que cela.

Bonjour, cher ami et santé.

P.-J. Proudhon.

Bruxelles, 26 octobre 1859.

A M. DARIMON

Mon cher Darimon, je réponds à la vôtre du 24 courant. Dites à Langlois et à toutes les personnes et amis de bonne volonté pour moi que je les remercie cordialement de leurs excellentes dispositions, mais que je les prie de s'abstenir de toute sollicitation en ma faveur. Qu'on ne me parle plus de cette affaire d'amnistie ; c'est tout mon désir, c'est la seule manière de m'être agréable.

A cela vous pourriez ajouter une chose, qui serait de me procurer le numéro du *Constitutionnel* où se trouve reproduite infidèlement ma lettre à la *Revue de Namur*. A défaut du *Constitutionnel*, tout autre journal contenant la reproduction de cette citation incomplète me suffit.

Je n'ai pas de *raisons majeures* pour repousser le bénéfice de l'amnistie, comme il vous plaît de dire. Je m'en suis franchement réjoui pour ma part tant que j'y ai cru ; je l'ai regretté quand j'ai su que je faisais exception. Voilà ce que j'ai eu l'honneur de vous dire, et que vous vous refusez d'entendre.

Mais je ne veux pas disputer aux tribunaux ou à la

police ma rentrée en France, par ce motif que moi, condamné pour *outrage à la morale*, je dois néanmoins être considéré comme ayant été condamné pour délit de presse. Je ne soutiendrai pas, je vous le répète, cette thèse absurde, immorale, quoi qu'il vous plaise à vous et à Langlois d'en penser. Je n'ai pas besoin pour me décider ainsi de savoir si les gens du pouvoir impérial mettent dans leurs actes toute la logique ou le machiavélisme que vous dites que je leur suppose. Là n'est pas pour moi la question. Il me suffit de savoir qu'une pareille thèse serait infailliblement ruinée, que je ne saurais, quant à moi, qu'y répondre, si un procureur impérial venait la développer devant moi, peut-être avec des raisons supérieures encore à celles que je connais.

Quant à tourner la difficulté et à obtenir par la vertu d'un décret ce que je regarde comme ridicule de vouloir enlever de haute lutte par voie d'interprétation judicieuse, je vous répète que je ne le veux pas, et que si cela entrait dans mes convenances, je n'aurais pas, il y a quatorze mois, quitté la France; je me serais laissé conduire en prison.

Je suis vraiment mortifié, mon cher Darimon, de l'opiniâtreté avec laquelle Langlois et vous soutenez contre moi une thèse vraiment inintelligible. Que voulez-vous tous deux ? Que je prenne le décret du 16 août pour bon et que j'agisse en conséquence ? — C'est vous-même qui m'avez appris qu'après délibération on avait décidé de m'en exclure. Que je dise que c'est abuser des lois de 1819, 1822, 1830, 1852, etc. ! Mais l'interprétation des lois appartient aux tribunaux, et les tribunaux, aujourd'hui, c'est le gouvernement. Que je fasse valoir que si, dans les termes ma condamnation est ou semble incompatible avec le décret, *au fond*, je suis bien réellement un condamné politique? — Mais cette observation, je l'ai faite dès le premier jour ; ma lettre n'a pas d'autre sens ; vous-même, dans vos démarches, n'avez pas pu employer d'autre argumentation. Tout ceci est dit et compris. Pourquoi donc le pouvoir n'abandonne-t-il pas ici la forme en faveur du fond ? Je ne demande pas mieux qu'il le fasse. — Ah ! c'est qu'en agissant ainsi, il désavouerait mes juges qui, en qualifiant mon délit, ont bien entendu, avec préméditation et malice, me condamner pour *outrage à la morale*, ce qui dans l'espèce signifie quasi un outrage aux mœurs au premier chef. Oh ! si j'avais été amnistié dans des conditions pareilles, l'affaire allait au mieux. Je pouvais reprendre le procès, attaquer mes juges, et me prévaloir contre eux du décret d'amnistie.

Mais aujourd'hui le lièvre est levé. La police, le parquet sont sur leurs gardes. On ne m'amnistiera pas; on me gracierait plutôt. Mais je ne veux ici rien de louche. Quelque désir que j'aie de revoir la France, et mes amis, et le vin à quinze, au lieu du *faro*, je préfère passer le reste de ma vie à l'étranger que de rentrer par cette porte honteuse.

En voilà assez ; n'y pensons plus, je vous en supplie. Quatre années hors de France n'ont rien qui m'effraye. Quant à mon ambition d'écrivain ou d'homme politique, j'en suis affranchi. Qu'on m'oublie, je m'en soucie peu. Que nos ennemis communs se réjouissent de me savoir à distance : je suis bien aise de leur procurer au moins cette satisfaction. La puissance qui régit le monde européen, c'est toujours, et plus que jamais, d'un côté l'aspiration, de l'autre la terreur sociale. Quelque part que je me trouve, je suis donc toujours au premier rang de la Révolution. Mais la Révolution est loin du triomphe, et nous aurons le plaisir, avant qu'elle soit victorieuse, de voir la réaction parcourir toutes ses phases et danser plus d'une carmagnole.

En m'envoyant le numéro du journal que je vous demande, faites-moi donc encore un plaisir. Quelle influence a pu déterminer Sa Majesté Impériale à faire cette campagne d'Italie, et à se fourvoyer dans cette galère ? Lui, le chef de la réaction, le protecteur de l'Église, la raison sociale de la bancocratie, le représentant du malthusianisme anglais, le sauveur de la propriété et de l'ordre? comment n'a-t-il pas vu que l'empereur des Croates est, dans la situation actuelle, le meilleur ami de l'empereur des Français? Que voulait-il? Qu'espérait-il? *Quid* enfin ? Je n'ai pas encore pénétré ce mystère.

Avant-hier, l'horizon était sombre sur la Manche ; aujourd'hui il y a eu éclaircie. Ce n'était qu'un malentendu. Combien durera ce cahotage ?

Je parcours de temps en temps les journaux français, les brochures, les revues, les livres. Ça tombe !... Je ne m'en rends pas mieux compte que de l'entreprise illogique de l'empereur. Il faut croire que le *régime industriel* contient en soi quelque chose d'antipathique à la philosophie, à la littérature, à l'esprit.

Je vous serre la main.

P.-J. PROUDHON.

Ixelles, 7 novembre 1859.

A M. TOURNEUX

Mon cher Tourneux, je viens de bien loin et de bien longtemps me rappeler à ton souvenir et te demander un petit service. Tu sais que bienfaisance oblige ; tant de fois tu m'as été agréable que je reviens toujours à la charge.

Un jeune homme de ma connaissance intime, que j'aime pour son caractère et ses mœurs autant que pour sa famille, *M. J. G****, se présente au concours pour l'admission au ministère du commerce. Ce concours s'ouvre le 10 courant, et tu dois être l'un des examinateurs.

Il s'agirait, autant que le permettra ta justice, d'appuyer ce jeune homme honnête, laborieux, instruit, mais que sa modestie excessive pourrait bien ne pas faire valoir tout son prix. Certainement les concours sont, en pareil cas, la loi et les prophètes ; mais tu sais qu'un concours, un examen n'est pas une épreuve infaillible, et je voudrais qu'indépendamment du résultat du concours, tu prisses, sur ma garantie, bonne note de mon candidat. M. J. G*** a passé par l'*École centrale*. La faiblesse de sa vue ne lui permettant pas de dessiner, il a dû renoncer à la carrière qu'il ambitionnait.

Enfin, il s'agit du fils de mon ancien patron.

Que te dirai-je maintenant de moi ? Tu dois me prendre en grande pitié. Avec mes idées d'enfer, mon diable de tempérament, je n'ai réussi depuis dix ans qu'à soulever contre moi l'animadversion du Pouvoir et, il faut bien que je l'avoue, de la majorité du public. Le plus grand nombre me condamne ; donc, je dois être censé avoir tort. Reviendrai-je jamais de là ?

Me voici fugitif depuis quinze mois, et pour quatre années encore ; pour peu qu'en continuant d'écrire je déplaise au gouvernement, je suis sûr de voir changer ma fuite en un perpétuel bannissement.

Malgré tout, je travaille, je rame contre le courant et ne désespère point. Si on ne veut plus souffrir en moi le politique, l'économiste, le moraliste, j'essaierai de la littérature. Il est impossible que sur ce terrain je ne trouve pas quelque filon inoffensif.

J'ai eu de mon mariage quatre enfants ; il m'en reste deux, deux petites filles, de l'âge de six à neuf ans. Et toi ? où en es-tu de ta progéniture ? Tu dois avoir à cette heure un grand garçon ou une grande fille.

J'ai conservé les meilleures relations avec Bergmann, Maguet, Haag et autres amis. Ce qui prouve que je ne suis pas encore excommunié de tout le monde.

Donne-moi, si tu l'as pour agréable, de tes nouvelles. J'aimerais à pouvoir me dire qu'au sein de cette administration qui me pourchasse, il y a cependant quelqu'un qui me veut du bien et qui m'estime.

Je te serre la main, mon cher Tourneux, et suis ton tout dévoué.

P.-J. PROUDHON.

Bruxelles, 7 novembre 1859.

A M. JOSEPH FERRARI

Mon cher Ferrari, je vous remercie de vos deux lettres (non datées) ; et comme libéralité oblige, je me prévaudrai de votre obligeance à me répondre pour solliciter de vous de nouvelles explications.

Comme tous les esprits fortement préoccupés d'une idée, je crains que parfois vous ne compreniez pas toujours les questions qu'on vous adresse. Vous répondez à ce que vous supposez être les préjugés de mon esprit, et en me ramenant à ce que vous croyez le positif, vous vous en écartez, ce me semble, un peu vous-même.

Tout d'abord, je savais à merveille que la première passion de l'Italie est son affranchissement de l'étranger ; que devant ce grand intérêt tout le reste lui devient indifférent ; que pour parvenir elle emploie le tiers et le quart ; qu'aujourd'hui elle crie : *Vive la France!* et demain : *Vive l'Angleterre!* qu'en conséquence, à l'exemple de l'Autriche, son ex-patronne, elle s'apprête à *étonner le monde par son ingratitude.*

Tout cela, je le sais ; j'ajouterai même, d'après vous, que je la crois toujours, du reste, et de fondation *impériale* et *pontificale*, et qu'en tant qu'elle cesserait de l'être, elle ne serait au moins, jusqu'à nouvel ordre, RIEN.

Ainsi, nous sommes d'accord sur les préliminaires; je tâcherai maintenant de préciser mes questions à la manière des statisticiens.

Je suis tout disposé à croire, mais je n'en ai pas la preuve, qu'il en est de l'Italie, prise en bloc et sans distinction de catégorie, comme du Piémont. On croyait les sujets sardo-piémontais convertis aux idées modernes, au système constitutionnel, à la Révolution en un mot. Eh bien ! il n'est pas douteux à cette heure que la majorité des populations est opposée à la politique de Cavour et de Victor-Emmanuel ; la preuve, c'est le régime de dictature auquel a abouti, grâce à la guerre, le gouvernement piémontais. La Savoie demande son annexion à la France, précisément pour échapper au système soi-disant révolutionnaire. On me dit que c'est le *clergé* qui est auteur de cette manifestation ; mais il en est du clergé comme des despotes, il n'est pas seul ; s'il domine, c'est que la masse le veut, à tort ou à raison, par bêtise ou sagesse, n'importe !

Eh bien ! ce qui est du Piémont, je le crois, *a fortiori*, du reste de l'Italie, et je pense que *l'unanimité* des populations de Toscane, Modène, etc., pour l'annexion, est une jonglerie des dictateurs. C'est l'effet d'une pression révolutionnaire. Je crois que si les paysans de la Lombardie ont maudit la guerre et le roi et les bourgeois libéraux qui président à ce mouvement, il est à peu près de même de ceux des États de l'Église et autres localités.

Mais, je vous le répète, cette question n'est chez moi que le résultat de conjectures plus ou moins motivées : je n'ai pas vu. C'est pourquoi je vous demande, à vous qui avez vu : La majorité ou la moitié plus un du peuple italien, prise en masse, peut-elle être dite convertie aux idées modernes, c'est-à-dire affranchie de l'Église et de l'Empire du droit divin, du formulaire carlovingien ; en un mot, de tout ce qui rappelle le système féodal?

Et si cette *négation* décisive est accomplie dans la conscience italienne, à quelle thèse l'esprit italiote s'arrête-t-il ? Est-il *constitutionnel*, ou *impérialiste*, ou *républicain*, en prenant ces mots dans le sens moderne; est-il *unitaire* ou *fédératif?* En un mot, l'Italie cessant peu à peu d'appartenir à l'Empire et à l'Église, que devient-elle selon vous, si tant est qu'elle devienne quelque chose ?... Allons jusqu'au bout. L'Italie est-elle en voie de devenir quelque chose *par elle-même?*

Pour vous mieux éclairer sur mes questions, je vous dirai ce que je pense.

Je crois la majorité italienne composée indistinctement de peuple, clergé, noblesse, bourgeoisie même, ouvriers, paysans ; je crois, dis-je, cette majorité toujours chrétienne et catholique. Je crois que le protestantisme, pédant, cafard, hypocrite, anti-poétique, iconoclaste, fait horreur à l'esprit italien.

Cela posé, je crois avec vous que tout en se débattant contre l'autorité pontificale et impériale, cette même majorité est ramenée fatalement à cette double catégorie.

Je crois que le parti soi-disant libéral de l'Italie ne se compose que de bourgeois *athées*, gens d'affaires, trafiquants avides des pouvoirs et des biens du clergé, dignes pendants, en un mot, de toutes ces bourgeoisies de France, d'Angleterre, de Belgique, d'Allemagne ; races d'exploiteurs, d'anthropophages, dont la prépondérance au dix-neuvième siècle constitue la corruption de l'époque et déterminerait la décadence irrémédiable du genre humain, si nous, gens de la Révolution, n'étions là pour l'empêcher.

Je regarde donc très-franchement l'émancipation *actuelle* de l'Italie par les Cavour, les Victor-Emmanuel, les Bonaparte, les saint-simoniens, les juifs, les Garibaldi, les Mazzini, comme une hideuse mystification. Je déclare qu'un pareil monde, monde d'agioteurs, de rufians, d'intrigants, de catins, d'aventuriers, de bourgeois cupides et sans principes, me paraît mille fois plus abominable que le bon peuple catholico-impérial de la Péninsule; que le paysan des États romains, qui, de bonne foi, porte un cierge à la Madone, me paraît infiniment plus respectable que le libéral de l'école de Cavour et Garibaldi; que c'est par là que l'Italie me semble encore vivante, originale, féconde, respectable, digne de l'attention du philosophe et de l'homme d'État. Et je conclus que si l'Italie peut redevenir quelque chose ce, ne sera que par la *révolution finale*, une révolution franche en tout et pour tout, révolution *économique*, juridique, et par-dessus tout morale; je vous abandonne la politique pour en faire ce qu'il vous plaira.

Ce qui se passe en Italie me semble donc être la perturbation, pis que cela, la corruption de l'Italie. (Je suppose, comme vous voyez, que l'Italie n'est pas entièrement corrompue, et que ce qui reste en elle de sain c'est précisément ce qui a échappé à la contagion du philosophisme, du jacobinisme, du carbonarisme contemporain.)

J'ai lu dernièrement deux pièces qui m'ont fait trembler pour le sort de la malheureuse Italie, l'une de ces pièces est de Mazzini, la seconde de Garibaldi.

La lettre de Mazzini au roi de Piémont serait un petit chef-d'œuvre de machiavélisme si les *ficelles* n'étaient pas aussi apparentes. Mazzini avait fait un *pas de clerc*, comme nous disons, en s'opposant à l'intervention de Napoléon III ; malgré lui, l'Italie a accepté le libérateur, et le résultat a répondu (autant que faire se pouvait) aux espérances. Mazzini était dépassé, le héros de l'Italie était V.-Emmanuel ; il fallait que l'agitateur se remît en selle ; qu'a-t-il imaginé ? C'est imposer au roi de Piémont (à peine de félonie sous-entendu) la conquête et l'unité de l'Italie. *Osez*, sire, lui dit-il, *osez !* c'est aisé à dire. Osez faire la guerre au pape, au roi de Naples, à l'empereur des Français, à l'empereur d'Autriche, à l'Europe !... Osez ! Voilà les grands citoyens de l'Italie !

Quant à Garibaldi, je le soupçonnais de n'être qu'un chef de barricades ; il vient de me prouver, par son adresse aux Napolitains, qu'il est un vrai paillasse. Quand l'armée française reconnaît la bravoure des troupes autrichiennes, lui il les traite de *poltrons*, de *lâches*, de *lièvres*, de *canards*, etc. A l'entendre, les Autrichiens ont fui devant Garibaldi et sa bande comme de vils suppôts des tyrans. C'est d'un bouffon qui ne se peut retrouver qu'à Naples.

Et ce sont là les hommes qui représenteraient l'Italie régénérée ?

Manin était un médiocre avocat, mais il avait beaucoup de dignité et de bon sens ; Montanelli est un homme comme il faut ; Orsini avait au moins le mérite de l'enthousiasme. Mais Garibaldi, Mazzini !...

Je fais la part des vivacités méridionales. Je sais que

des Italiens ne peuvent pas se conduire en pareille circonstance comme des Hollandais. J'admets parfaitement qu'ils s'attachent de préférence à qui les sert le mieux ; si la France, après les avoir appelés, les délaisse, je conçois qu'ils se considèrent comme quittes et se raccrochent à l'Angleterre.

Mais franchement, y a-t-il lieu ici à appliquer ces considérations ? Puis-je voir, dans tout ce qui se passe depuis un an en Italie, autre chose que l'effet d'une intrigue ourdie par des conspirateurs, des doctrinaires, des spéculateurs, un prince ambitieux, un ministre aux abois, et tout cela aux dépens et à contre-cœur de la vraie et authentique nationalité ?

Est-il besoin à présent que je dise pour terminer que je ne crois pas à l'efficacité de tout ce grabuge.

Napoléon III, après avoir cédé aux excitations du Piémont et à des influences de famille et de coterie, a reconnu, après Solférino, qu'on le menait où il ne voulait pas aller, et il s'est hâté de sortir du guêpier. Il a fait la paix de Villafranca, une paix qui couvre tant bien que mal la dignité de la France, mais qui ne change rien au fond à la situation de l'Italie. Actuellement, Napoléon, chef de la contre-révolution en Europe, après avoir fait la paix particulière avec François-Joseph, est en train de se réconcilier avec le pape, avec le clergé français, avec les hauts barons de la finance, que son équipée a scandalisés, avec l'Angleterre, ce foyer du capitalisme réacteur, en un mot, avec tout le parti conservateur de France et de l'étranger. Actuellement il y a des *formes* à garder ; pour en venir là on parlera encore des *réformes* à opérer dans la péninsule, etc. Mais il est clair que, sauf le départage qui a été fait de la Lombardie, nous marchons à un rétablissement du *statu quo* italique, et que si les Garibaldi et autres se permettent un coup de tête, on saura les mettre à la raison.

Quand les influences du dehors sont d'accord avec les dispositons du dedans (je parle de la majorité présumée de l'Italie), peut-on croire à une rénovation sérieuse de la Péninsule?

En résumé, j'ai blâmé l'entreprise de Napoléon, parce que je la considérais comme faite à contre-sens; je ne crois pas qu'elle porte de fruits réels, parce qu'elle est sans principes et sans bonne foi, parce que l'Italie ne peut être régénérée que si elle est décatholicisée, et qu'elle ne peut être décatholicisée, déchristianisée que par la Révolution.

J'attends, cher ami, vos observations nouvelles sur cet exposé de mon opinion. Jusqu'à plus ample informé, je ne vous engagerais point à vous aller jeter dans cette fournaise; c'est de Paris que vous devez servir l'Italie, car c'est de Paris que partira encore une fois la Révolution. Entre Garibaldi, Mazzini, Cavour et consorts, je doute que vous parveniez à faire entendre votre voix; vous ne pouvez que vous créer des ennemis, des haines, user votre talent et votre vie sans résultat.

Je viens de nouveau d'être éprouvé par le malheur et la maladie. A peine arrivées à Bruxelles, mes deux petites filles tombèrent malades de la fièvre scarlatine; le lendemain, la mère prend le lit, et depuis trois semaines, je suis infirmier, ménager, cuisinier, faisant toutes les fonctions de garde-malade et de femme de ménage.

Pendant onze jours, ma femme est restée clouée sur son lit, perclue de ses membres, en proie à des tortures articulaires incroyables. Maintenant elle semble entrer en convalescence; que le mieux se soutienne seulement huit jours, et je serai délivré.

Pendant que je suis au lit de mes malades, vous pensez bien que le travail ne marche pas. Ce matin, pour la première fois, ma femme s'est levée et me laisse un peu de répit, dont je profite pour mettre à jour ma correspondance.

Il y a de grandes joies dans la paternité, mais il y a aussi de grands embarras. Après tout, la vie est une lutte et je ne m'en plains pas, pourvu que je puisse lutter.

Vous avez su de quelle manière je me suis trouvé exclu de l'amnistie. Le décret était à peine rendu qu'on en était aux regrets.

On a profité du vague de ce décret et de la précision littérale de mon jugement pour m'exclure.

En y réfléchissant, je vous avoue que ce nouveau coup m'a peu affecté. Je travaille ici aussi bien qu'à Paris. Quant à la publication, je puis déjà prévoir que malgré mes efforts on en viendra à ne souffrir rien de moi en France. Or la patrie d'un écrivain est là où on l'imprime. La deuxième édition de mon livre de la *Justice* paraîtra bientôt à Bruxelles; tout ce que la police interdira en France paraîtra à l'Étranger. Dans ces conditions, puis-je tant regretter une patrie où l'on ne me supporte pas ? Franchement, à l'heure où je vous parle et réserve faite de mes amis, je ne regrette guère de la France que le vin à quinze.

Donnez-moi de vos nouvelles, cher ami, et prenez s'il vous plaît en bonne part cette longue épître.

Ce que j'en fais est à fin de me mieux renseigner

auprès de vous, et de parvenir, sur cette question si intéressante de l'Italie, à mettre mes idées d'accord avec les vôtres.

Je vous serre la main.

P.-J. PROUDHON.

10 novembre 1859.

A M. GOUVERNET

Mon cher Gouvernet, j'ai écrit hier à l'ami Daventure, à Plombières-lès-Dijon, pour le prévenir que vous aviez à sa disposition un exemplaire de mon ouvrage; au cas où il ne viendrait pas le réclamer lui-même, je lui recommande d'envoyer chez vous quelqu'un qui, de sa part, vous demandera un *petit paquet* portant l'adresse de M. *Joseph Daventure, négociant, à Plombières-les-Bains*, et que vous auriez l'obligeance de cacheter et ficeler.

Avez-vous toujours votre exemplaire? Au cas où vous l'auriez égaré, j'espère dans quelques mois vous faire tenir la deuxième édition, *augmentée de notes*.

La convalescence de ma femme se soutient, mais avec des retours et des grognements de la maladie, qui est toujours à la porte. Elle se lève cinq à six heures par jour, mais il faut redoubler de précautions.

Stéphanie, pour qui l'on craignait sérieusement il y a quatre jours, était très-bien hier; le médecin prescrivait du rôti et du vin. On l'a baignée, fait suer, etc.; Cathe est prospère. Quand ne serais-je plus de corvée? Quand pourrais-je travailler?

J'ai vu M. Garnier jeune; ainsi, la commission dont je vous avais chargé est faite.

Si, en passant sur le boulevard, vous apercevez l'ami Massol dans son magasin, dites-lui que la fontaine est arrivée et qu'elle est installée. Ma femme lui est très-reconnaissante de cet envoi, ainsi qu'à M. Ducommun.

Voilà la France retombée dans son insomnie.

Le silence est plus que jamais à l'ordre du jour. L'Empereur n'est occupé que de faire sa paix avec les puissances de la contre-révolution européenne, avec le Pape, l'Autriche, l'Épiscopat, les hauts barons de la féodalité industrielle, l'Angleterre elle-même.

Quand je dis l'Angleterre, j'entends l'aristocratie de ce pays, dont la capitale peut passer pour la capitale des capitaux.

Si je suis bien informé, la campagne d'Italie aurait fait déserter la place de Paris, un moment le foyer du capitalisme. Les affaires se sont relevées en partie à Londres, Amsterdam, Vienne, Bruxelles. Que l'Empereur continue, et sa ville de marbre et d'or ne sera bientôt plus qu'un second et gigantesque Versailles. En résumé, notre gloire militaire nous diminue de plus en plus. Depuis 1852, nous avons ajouté 3 milliards à notre dette; notre marine marchande est restée dans le *statu quo*, nos paysans se dégoûtent, notre bourgeoisie moyenne se ruine, l'Église devient tyrannique, et la politique napoléonienne tourne à la bêtise. Ce qu'il y a de pis, c'est que la nation ne réagit pas ; elle semble au-dessous de son gouvernement.

Bonjour et santé.

P.-J. PROUDHON.

Bruxelles, 14 novembre 1859.

A MM. GARNIER FRÈRES

Messieurs, votre sieur, Hippolyte, passant à Bruxelles la semaine dernière, m'a remis une note de M. Sainte-Beuve, de laquelle note il résulte que le savant auteur des *Causeries* me verrait avec plaisir m'occuper de critique littéraire. Si j'en crois M. Hippolyte, vous partageriez, messieurs, l'opinion de M. Sainte-Beuve, et vous ne demanderiez pas mieux que de recevoir de moi une série d'études sur les célébrités de notre siècle.

Je vous dirai, messieurs, que cette idée m'était déjà venue. — Toutefois, je ne m'y livrais qu'avec hésitation, me regardant comme peu compétent en littérature et craignant de m'aventurer dans une carrière qui, en définitive, n'est pas la mienne.

Cependant, l'opinion de M. Sainte-Beuve m'encourage. Je veux bien tenter encore cette voie nouvelle, mais ce sera à deux conditions : l'une, que M. Sainte-Beuve, qui sans doute ne refusera rien à votre sollicitation, consentira à me piloter sur certains sujets que j'ignore ; la seconde, que vous me permettrez d'entremêler mes études littéraires de fragments philosophiques, historiques, etc., qui rappellent à mes lecteurs mon ancienne manière et prouvent que chez moi, tant vaut le révolutionnaire, tant vaut l'aristarque. Il est bien entendu, du reste, que rien ne se fera que dans les conditions d'une entière sécurité pour vous ; je n'oublie pas que je vous ai valu par ma maladresse, sans doute, trois mois de prison, et que *chat échaudé craint l'eau froide.*

Depuis dix mois, j'ai accumulé une quantité de matériaux sur divers sujets que je crois propres à intéresser le public ; j'ai même poussé assez loin la rédaction de plusieurs opuscules qui, je l'espère, entreront sans trop de disparate dans la série d'études que vous me proposez.

Vous comprenez, messieurs, et M. Hippolyte l'a senti, qu'il serait désagréable pour moi de perdre, pour ainsi dire, par un ajournement indéfini, le travail d'une année. Nous sommes donc convenus, M. Hippolyte et moi, que vers le commencement de l'année 1860 je ferai un premier essai de *rentrée* devant le public français ; alors nous aviserons aux moyens de pousser rudement les *Études critiques*, et j'écrirai à cet effet à M. Sainte-Beuve.

La maladie de ma femme et de mes deux enfants est venue, depuis trois semaines, suspendre le travail que je comptais vous envoyer au plus tard fin courant. Obligé de me faire infirmier, femme de ménage, j'ai de plus gagné un rhume qui n'a rien pour moi d'encourageant et me fait trembler pour cet hiver. Cependant, comme ma fille aînée est bien guérie, ma femme en pleine convalescence et ma dernière fille seulement traînante, je compte me remonter à mon tour et reprendre le travail avec un surcroît de vigueur.

Le bruit court ici qu'un *haut personnage* a trouvé fort mauvais que M. Ledru-Rollin fût exclu de l'amnistie, et qu'on va régler cette affaire-là. Déjà même, dit-on, M. Ledru-Rollin se préparerait à traverser la France et à conduire sa femme en Suisse, où sa santé l'appelle. C'est *l'Indépendance belge* qui nous annonce ces belles choses. Si M. Ledru-Rollin, qu'on avait dit exclu, se trouve amnistié, je me demande si je resterai seul au dehors, moi qui n'ai conspiré qu'avec ma plume contre les jésuites?...

L'année 1859 aura été néfaste pour moi, j'ai été rudement éprouvé. Cependant, je ne désespère pas de me refaire ; ce n'est pour moi qu'une question de temps.— Or, le temps *c'est de l'argent*, dit l'Anglais. Cela signifie, messieurs, que, puisque vous voulez bien être mes banquiers et m'escompter mon temps, je vais prendre la liberté de faire sur vous une petite traite de fr. 250 à vue.

Je vous salue, messieurs, bien cordialement.

P.-J. PROUDHON.

Ixelles, 14 novembre 1859.

A M. GOUVERNET

Mon cher Gouvernet, je suis toujours dans le *pétrin*, comme dit le vulgaire. Ma femme va mieux, elle est décidément en convalescence, assez forte même pour s'occuper de sa petite fille. Mais celle-ci, Stéphanie, ne m'annonce rien de bon. La scarlatine n'a pas procédé au dehors chez elle comme chez Catherine; l'impossibilité de la faire tenir au lit quand sa sœur était levée a aggravé le mal, et maintenant nous avons un enfant hydropique, que la fièvre ronge, dont l'estomac ne supporte rien et qui généralement se refuse à rien prendre. Je vous avoue que je commence à craindre une issue funeste. Comme je vous l'ai dit, pendant les grandes douleurs de la mère, les enfants étaient allés chez un ami; depuis hier, le docteur, contrarié peut-être dans son traitement, a demandé, dans l'intérêt de la mère et de la fille, qu'elles fussent réunies. Tous ces mouvements, cet ennui, la saison froide, m'accablent et me voilà de nouveau enrhumé. Pour peu que cela dure, je vois le moment où il nous faudra aller tous les quatre dans une maison de santé.

Ma femme, déjà un peu rétablie, peut se lever, vaquer

aux menus soins domestiques, mais défense absolue de s'exposer au froid et de mettre les pieds seulement sur le carré.

Catherine fera les commissions, et puisque la mère ne peut veiller aux soins du ménage, nous allons chercher une auxiliaire.

Vous voyez que le diable s'acharne sur mon pauvre individu. Parfois je suis tenté de me dire que sans doute mon rôle n'est pas fini, puisque je suis l'objet de tant de tribulations. Aussi je résiste, et je vous réponds de ne céder que quand je serai mort.

Avez-vous lu *l'Indépendance belge* de la semaine dernière. D'après ce journal, quelquefois bien informé, un *haut personnage* ayant appris que Ledru-Rollin était exclu de l'amnistie, aurait déclaré qu'il ne l'entendait point ainsi et qu'il voulait qu'on arrangeât cela. Sur quoi le bruit court par ici que Ledru-Rollin va rentrer en France et conduire immédiatement sa femme en Suisse.

Si tout cela se vérifiait, on se demande ici si je resterai seul hors de la réconciliation impériale.

Chaudey doit être de retour. Si vous le voyez, expliquez-lui comment je ne puis répondre à sa dernière, qui m'a fait grand plaisir.

Et le papa Beslay, que fait-il? Je n'ai pas eu de ses nouvelles depuis qu'il a changé de maison.

Vous avez dû faire connaissance de M. de Jonquières, un jeune père de famille qui a fait deux fois le voyage de Bruxelles pour me voir, et que vous aurez peut-être rencontré chez ma belle-sœur. Il demeure rue des *Poitevins*, 2. Si vous pouviez, en allant chez les Garnier, passer chez M. de Jonquières, vous lui diriez que M. Altmeyer et moi attendons avec impatience des nouvelles de sa santé, celles que nous a rapportées ma femme n'étant pas bonnes.

Deux heures. Le docteur sort d'ici. Il affirme que Stéphanie *va bien* et qu'elle est en convalescence. Cataplasmes sur le ventre, limonade *d'acide azotique*, des soins de détail. — Moi, il me remet au kermès, ma femme au *safran*. Nous faisons un petit hôpital. Nous attendons la femme de ménage. Je n'en puis plus et me sens malade.

Bonjour, cher ami.

P.-J. PROUDHON.

Ixelles, 20 novembre 1859.

A M. BOUTTEVILLE

Mon cher Boutteville, il est triste pour moi en vous écrivant après un si long silence d'être obligé de vous faire une espèce d'excuses. C'est de la part de ma femme autant au moins que de la mienne que je parle. Elle est allée à Paris; elle n'a pas pu vous voir autant qu'elle l'eût voulu; elle suppose que vous êtes fâché contre elle; et cependant vous pouvez croire que vous et ces demoiselles, et Mme Moylin, êtes certainement les personnes qu'elle souhaitait le plus de voir, par cette excellente raison que vous êtes celles qu'elle connaît le mieux, avec qui elle se sent le plus à l'aise, et qu'elle sait mon attachement pour vous, mon cher Boutteville. Mais écoutez nos tribulations, et pardonnez-nous; car nous sommes plus affligés encore que coupables.

Ma femme touchait à la fin de son congé, la tête étourdie, ne sachant plus auquel entendre, quand sa petite fille Catherine tomba malade : c'était la fièvre scarlatine. Le lendemain, Stéphanie était atteinte; il n'y avait pas de temps à perdre : il fallait partir sans dire adieu à personne. On arrive à Bruxelles par l'*express;*

mes deux filles se mettent au lit, et le surlendemain, la mère fait de même. Depuis le 14 octobre, j'ai donc été garde-malade, cuisinier, femme de ménage et tout ce qui s'ensuit. Catherine s'est promptement rétablie; sa santé est prospère. Mais ma femme a été en proie à un *rhumatisme suraigu* qui l'a clouée immobile pendant onze jours dans son lit; en ce moment elle est convalescente, mais ne peut ni sortir, ni vaquer comme auparavant à ses occupations domestiques. Stéphanie est bien pis : elle a moins souffert que la mère; mais la scarlatine a dégénéré chez elle en hydropisie ou hydroémie, et nous sommes à attendre le jour où l'on pourra dire : c'est fait, elle est quitte.

Ainsi, aux trois mois de maladie que j'ai eus le dernier hiver, ajoutez six semaines de maladie de ma femme et de mes enfants; voilà comme le sort me traite!

Ma femme m'a dit bien des fois : Écrivez à M. Boutteville, dites-lui bien et à Mme Moylin que je n'ai pu faire mieux, que je n'ai pas même été toujours maîtresse de mes actions. — L'occasion, la proximité, ont fait ses préférences. Puissiez-vous la croire sur sa parole, appuyée de ma garantie! Elle en serait heureuse, et moi, mon cher Boutteville, je n'aurais plus qu'à me féliciter de vous avoir causé un mécontentement qui, après tout, m'est un gage de votre amitié.

J'ai devant moi vos lettres des 18 juillet 1858, 5 septembre 1858, 1er janvier, 8 mars et 20 août 1859 : il m'est impossible de mettre la main sur celle du 8-9 juin de cette dernière année. Il va sans dire que vos notes sur mon livre sont en sûreté; j'en profiterai bientôt. Je réponds à votre lettre du 20 août. Procédons article par article.

1. L'*amnistie*. D'après les informations de nos amis, Duchêne, Darimon et Huet, mon exclusion serait due tout à la fois aux influences hostiles du clergé, de la magistrature, des hauts barons de la finance et de l'industrie. Mon *Manuel*, autant que mon livre de la *Justice;* en dernier lieu, mon *Mémoire*, *de défense* m'ont valu cette faveur. C'est la magistrature, sans doute, qui aura trouvé que puisque j'étais condamné pour *outrage à la morale publique et religieuse*, ma condamnation n'avait rien de politique; et comme dès le lendemain du décret on en était à le regretter, on n'aura pas cru devoir étendre aux condamnés de ma catégorie le bénéfice de la mesure. Ce que vous n'avez sans doute pas su, c'est que parmi nos amis il s'en est trouvé, Darimon et Langlois, pour me dire qu'il n'était pas vrai, *en droit*, que le décret d'amnistie me fût inapplicable, que j'avais eu tort de reconnaître cette non-applicabilité, qu'il me fallait réclamer, etc., etc. Enfin, ils m'ont traité presque comme un émigré devenu amoureux du martyre, orgueilleux et vain de cette distinction; ni le sentiment connu du ministre Delangle, ni l'incompatibilité des termes du décret avec ceux de ma condamnation; rien, enfin, n'a pu leur ôter de l'esprit que si je restais dehors, c'est que je le voulais bien!...

J'espère, cher ami, que vous avez assez de bon sens pour rendre justice à ma conduite. En principe, je n'admets pas que le délit d'outrage à la morale soit un délit politique; et, après avoir fait mon livre, j'avoue que pour rien au monde je n'eusse voulu plaider, dans mon intérêt, une pareille cause. Au fond, je sais bien que rien n'est plus politique que ma condamnation; dans *les termes*, il est positif, indubitable, que je ne suis pas condamné politique. Devais-je donc, au risque de ma liberté, venir ergoter devant le parquet sur cette distinction du *fond* et de la *forme?* C'eût été remettre tout en question et soutenir justement ce qu'on m'a défendu de plaider. J'ai donc attendu dix jours pour voir si le *Moniteur* publierait une nouvelle ampliation de l'amnistie, comme celle qui parut en faveur des journaux. Cette ampliation ne venant pas, j'ai publié ma lettre à la *Revue de Namur*, qui prouve du moins que j'ai compris la tactique de mes adversaires et que je ne suis pas leur dupe. Les lettres de Langlois et Darimon m'ont humilié et fâché; heureusement, je n'ai rencontré, en France et en Belgique, qu'eux de leur sentiment.

2. Vous me reparlez de votre livre. Mais pensez-vous donc sérieusement pouvoir le publier? Voilà, depuis quinze jours, Montalembert averti et saisi, Girardin saisi, Vacherot saisi. On vient de publier à Bruxelles trois gros volumes contre le christianisme, d'un M. Larroque, ancien recteur de l'Académie de Lyon, qui n'a pu trouver d'éditeur en France : ces trois volumes sont interdits. Ce n'est pas seulement la presse muselée que vous avez en France, c'est la guerre à la pensée libre. Sur quoi donc comptez-vous, mon cher Boutteville, pour obtenir l'immunité? La politique impériale, souvenez-vous-en, a pour principe la *religion;* pas plus que sous Louis XIV ou Louis XV on ne permettra une attaque sérieuse à la doctrine catholique. Songez-y : pour que votre *gros livre* ait le succès qu'il mérite, il faut lui conserver un certain accent; et c'est justement ce qu'on ne vous permettra pas. Oui, comme vous dites, c'est le parti religieux qu'il faut écraser le premier; mais le parti qui commande et qui tient le sabre sait aussi bien que vous

quelle est pour sa conservation l'importance de ce parti, et je serais bien surpris qu'il vous laissât faire. Au surplus, je compte que vous ne nous garderez pas rancune, et je m'attends à apprendre ou que vous n'avez pas d'éditeur, ou que vous avez modifié votre résolution.

3. Sur la politique du jour, je ne partage pas entièrement votre avis, qui se trouve être celui de Girardin, dans la brochure qu'on vient de saisir en France et qui s'imprime en Belgique. Oui, il y a une politique, mais qui se dissimule, que contrarie d'ailleurs la politique personnelle de l'empereur : cette politique, c'est le *statu quo* d'avant 89, ou, si vous aimez mieux, c'est une Sainte-Alliance entre le *militarisme*, représenté par Napoléon III; le *jésuitisme*, représenté par le Pape; le *droit divin*, représenté par le roi de Naples, l'empereur d'Autriche, les ducs de Toscane, Modène, etc.; le *malthusianisme* bourgeois, parlementaire et doctrinaire, représenté par l'Angleterre, le roi de Piémont, le roi Léopold, et, tout cela réuni, représenté par le roi de Prusse et l'empereur de Russie.

La coalition est difficile à former, je le sais; mais elle se forme et se formera, soyez-en sûr : c'est le dernier acte, la dernière carte de la contre-révolution. ASSURANCE MUTUELLE de tous les exploiteurs du genre humain contre le socialisme, voilà le mot de la politique contemporaine. Le perturbateur est Napoléon III, qui, préoccupé de son *Idée napoléonnienne*, vient de temps à autre à la traverse, écrit une lettre à Edg. Ney, fait une campagne de Crimée ou d'Italie, puis une paix de Paris ou de Villafranca, quitte à se réconcilier ensuite avec les intérêts qu'il a compromis : Église, Banque, Bourse, Propriété, Équilibre européen, etc. Voilà, mon cher, le mystère de la politique contemporaine. Je ne dis pas que la paix sera perpétuelle entre la France et l'Angleterre, mais je ne crois pas à la guerre, au moins de sitôt; la réaction qui a fait et adopté Napoléon III, et qui seule le soutient, ne le veut pas.

Je comptais offrir quelque chose au public français pour la rentrée : mes malades ne me l'ont pas permis ; ce sera pour le début de l'année 1860. Je crois avoir trouvé un nouveau filon à exploiter; j'ai fait force lectures et accumulé déjà de nombreux matériaux; si ma santé est bonne, 1860 ne passera pas sans que je donne au monde une petite signification.

Certes, cher ami, la nation française en vaut une autre, je le dis et le pense plus que jamais. L'expérience que je fais de l'étranger me rend chaque jour la patrie plus estimable. Je ne crois pas cependant que la France puisse seule, ni aucune nation plus qu'elle, poursuivre l'œuvre de la Révolution. L'Europe, dans son ensemble, est malade; la bourgeoisie, la magistrature, le clergé, les gouvernements et les Cours, tout est corrompu ; le peuple ne sait ni ne peut, déjà atteint d'ailleurs de la gangrène supérieure. La Révolution sera l'œuvre de la nécessité des choses, représentée par une élite d'hommes de toute langue et de tout pays. Aujourd'hui, c'est en Italie que le mouvement éclate, demain ce sera en Hongrie, après demain en Allemagne; l'Angleterre n'arrivera que la dernière, et c'est pourquoi je regarde sa déchéance comme irrévocable. Tout en demeurant Français, je tends donc davantage au cosmopolitisme ; aussi, la plus grande honte de la France à mes yeux n'est-elle pas tant la privation de ses libertés que la platitude avec laquelle son chauvinisme enfourche tous les dadas que lui offre son gouvernement. On dit à la France : Hourrah contre l'Angleterre ? et elle crie hourrah ; — on lui dit : Hourrah contre les Autrichiens, et elle crie hourrah ; demain ce sera le tour des Prussiens, auxquels en ce moment personne ne songe, et toujours elle criera hourrah ! Notre cher pays est *ignoble :* tel qu'il m'apparaît, je vous avoue que je n'en regrette guère autre chose que mes vieux amis.

Mes compliments à ces dames. Et croyez, mon cher Boutteville, que si je ne suis pas exact à répondre, c'est que je suis empêché par le manque de temps et la fatigue. Ma correspondance est nombreuse, et ne faut-il pas que je travaille ?

Adieu.

P.-J. PROUDHON.

Ixelles, 26 novembre 1859.

A M. GOUVERNET

Cher ami, reçu la vôtre du 20 courant.

Nous venons de passer deux nuits terribles ; encore à cette heure nous sommes entre la vie et la mort.

L'hydropisie faisant des progrès continuels chez Stéphanie, à laquelle il devenait d'ailleurs de plus en plus difficile de faire rien prendre, il y eut d'abord deux consultations des docteurs N*** et Laussedat. La conclusion de ces deux consultations fut des plus graves. Si l'on ne parvenait à débarrasser l'enfant, à faire écouler le liquide qui s'amassait, le dénouement ne pouvait tarder et serait funeste. Le cœur, le poumon, le cerveau commençaient à être envahis. On applique les vésicatoires, d'abord à la poitrine, puis aux cuisses ; on administre, comme l'on peut, quinine et calomel, bientôt rendus, et par suite obstinément refusés. Enfin, dans la nuit du 24 au 25, vers deux heures, l'enfant entre en convulsions; on eût dit une véritable épilepsie; des hoquets affreux, l'écume à la bouche, les membres tordus, les yeux fixes, hors de tête, la pupille effroyablement dilatée, des borborygmes dans le ventre, la poitrine, le cerveau. C'était l'agonie. On court chercher le docteur le plus proche, M. Laussedat, mon ancien collègue à la Constituante, un homme aussi bon et affectueux que savant : il arrive vers *quatre heures* du matin et ne me cache pas son désespoir. Cependant, et *provisionnellement*, dit-il, il ordonne des sinapismes, fait des compresses d'éther, et se retire au bout d'une heure, me disant que l'agonie se prolongerait peut-être encore une heure ou deux; que c'était fini, à moins d'un effort suprême de la nature, auquel la science ne savait plus comment contribuer. Je reste donc, tenant le poignet de la moribonde, et attendant les dernières pulsations. Tout d'un coup, les convulsions s'arrêtent; le pouls, qu'il était impossible de distinguer des frétillements tendineux, redevient sensible : cent trente pulsations au moins à la minute; puis une défécation abondante, une sueur énorme se déclarent; la respiration se régularise : nous entrons dans un nouvel ordre de phénomènes.

Je dis de laisser agir la nature jusqu'au retour des médecins, qui se présentent vers dix heures. C'était une ouverture vers la vie qui se faisait : les médecins le reconnaissent; mais il y avait paralysie du côté gauche; sur-le-champ les hommes de l'art se décident pour un parti héroïque : j'ai eu du moins la satisfaction de voir ces deux hommes qui auparavant ne se connaissaient pas, d'accord sur tout, spontanément, sans discussion. On lave l'enfant, on la change; puis à la place des sinapismes et des vésicatoires existants, on en applique un sur toute la surface du crâne. De nouveau, le calomel, le quinquina, sont prescrits à outrance; le vésicatoire, pour dégager le cerveau et combattre la paralysie; le quinquina, pour prévenir une nouvelle crise, qui eût été mortelle, et pour détruire la périodicité; le calomel, pour déterminer les évacuations. Entre temps, encore des lavements de quinquina, et, en cas d'agitation, des sinapismes.

Voilà donc, depuis huit jours, ma pauvre enfant cuite et recuite par les cantharides, martyrisée par la moutarde, écœurée par le calomel, le quinquina, etc. ! Faut-il attribuer à cette torture le mieux qui depuis hier se manifeste ? Je n'en sais rien ; mais je ne puis que dire comme l'Arabe : *Allah est grand!...*

Il est certain au moins que depuis l'instant de la cessation des convulsions, instant que j'aurais pu signaler à une seconde près, on a vu renaître tour à tour la sensibilité, la mobilité, le sentiment, la vue, l'ouïe, la parole, la volonté, enfin toutes les facultés.

Cela se constatait d'heure en heure, et, au moment où je vous écris (huit heures du matin), ce mouvement se continue. Si vraiment le quinquina est un spécifique infaillible, et qu'il prévienne le retour d'un nouveau *raptus*, je regarde l'enfant comme sauvée !

Il y a moiteur et transpiration soutenue, urine, sommeil paisible, toutes choses qui avaient disparu depuis longtemps et qu'on ne pouvait ramener. La peau, toujours sèche, ne laissait rien passer, et l'infiltration allait son train. Lors de cette crise affreuse, on eût dit une explosion générale de la nature qui se soulageait en une fois. Nous en sommes là ; mais combien cette terrible journée a défait la gentille petite !... Hier soir encore, 25, je ne croyais pas à son retour ; aujourd'hui j'ose à peine la regarder. Nous l'avons pleurée vivante comme déjà morte ; j'en ai ressenti une secousse qui m'a singulièrement travaillé, et je dirai même qui ne m'a pas nui. Je conçois de grandes espérances de santé. — Ma femme est à bout de forces; les secours des amis ne nous ont pas manqué pour les veilles ; jamais on n'a reçu de plus touchantes marques de sympathie et d'intérêt.

Mais figurez-vous ma femme, à peine échappée aux douleurs atroces du rhumatisme suraigu, à peine capable de tenir sur ses jambes, et forcée de se vouer aux soins de sa fille !... Car les femmes de nos amis ont beau faire : *maman* Madier-Montjau, *maman* Bourson, quoique très-affectueuses et très-aimées, ne parviennent pas à faire oublier MAMAN PROUDHON. A la maternité ses droits inaliénables !

A mesure que la rémission se produit, la paralysie aussi diminue; enfin, je le répète, que cela dure encore trois jours, et, le cerveau redevenu libre, le ventre dégonflé, je regarde la guérison comme certaine. Mais nous ne sortirions d'un combat que pour en engager un autre : il s'agit d'en finir avec la mère, dont l'exaltation depuis huit jours n'admet aucun médicament.

Faites part de ces détails à ma belle-sœur, à qui vous remettrez l'incluse : il est inutile que je recommence un nouveau récit.

Je n'ai rien reçu du docteur Cretin. S'il lui était possible de vous accorder quelques minutes d'audience et qu'il prît intérêt à l'histoire de Stéphanie, je serais bien aise d'avoir ses observations à ce sujet. MM. H*** et Laussedat sont convaincus de l'existence d'une fièvre pernicieuse, combinée avec la scarlatine et ses conséquences; puis ils ont noté de la périodicité; de là leur système de médication par le quinquina et le calomel. Ces fièvres sont en effet nombreuses à Bruxelles; aussi me proposé-je de ne pas renvoyer de sitôt Stéphanie en classe, si tant est qu'elle guérisse. Je veux qu'elle soit de toutes mes promenades, sans compter les récréations avec sa sœur et les courses avec sa mère. C'est du soleil et de l'air, avant tout, qu'il faut à cette enfant.

Le docteur Cretin m'en voudra de passer ainsi d'un système de médication à l'autre. Il faut pourtant qu'il admette que pour moi tous les systèmes de médication ne peuvent être, en grande partie, qu'*articles de foi*, puisque je ne possède pas la science, et qu'en matière de foi je me décide par les considérations du cœur, non par celles de l'esprit. Nous sommes ici une petite colonie de Français, la plupart réfugiés, et dont plusieurs ne rentreront en France de longtemps. Nous nous aimons, nous nous secourons les uns les autres; par conséquent, nous avons nos docteurs, qui sont nos coreligionnaires politiques, nos co-persécutés, nos amis. Que je rentre à Paris, et je reviens à l'homéopathie, par cette considération prépondérante qu'à Paris j'appartiens au docteur Cretin, à moins qu'il ne se soucie plus de moi.

J'écarte l'*absolu* de mes spéculations, de mes théories, de mes résolutions : en tout cela je ne procède que par voie de raisonnement. Mais quand il s'agit de santé et de maladie, comme d'amour et de haine, je suis bien obligé de reconnaître la présence de l'*absolu*, j'appelle ainsi tout ce qui ne raisonne pas, les *forces*, la *vie*, le *mouvement*, l'*amour*, les *sympathies et antipathies*, les *influences* secrètes, l'*instinct*, les *pressentiments*, etc.

Midi. — La consultation qui vient d'avoir lieu constate un mieux sensible quant au dégonflement, à la fièvre qui a disparu momentanément; mais le vésicatoire appliqué au cerveau n'a rien donné, et là est le péril. On vient d'en appliquer un autre, plus fort et plus large; on réadministre, sous toutes les formes, le quinquina ; parce que si la fièvre revient, amenant la fièvre, c'est fini...

Cinq heures. — La situation n'a pas empiré : il y a même un léger progrès vers le mieux ; mais le péril est extrême. La médication est continuée, avec ordre d'insister sur le quinquina d'heure en heure et de prévenir à tout prix un nouvel accès. En effet, on voit, pour ainsi dire, la fièvre qui frappe à la porte, c'est-à-dire la mort.

27 *novembre, midi.* — Ma lettre n'a pu partir hier, et je vous transmets les nouvelles du matin. Le quinquina paraît avoir admirablement opéré. Pas d'accès, plus d'agitation : sommeil profond, continu, interrompu seulement pour boire ; la partie gauche se ranime. Les médecins sont satisfaits, ils recommandent la plus grande sévérité et précision pendant huit jours ; ils se réuniront de nouveau ce soir, à quatre heures. Le nouveau vésicatoire a produit un effet satisfaisant.

Voilà, cher ami, comme je suis balloté de la crainte à l'espérance. Au milieu de tout cela, ma femme qui n'est point guérie, dont il a fallu suspendre le traitement, afin qu'elle pût donner à sa fille le plus d'instants possibles, nonobstant le secours de toutes les dames nos compatriotes qui sont accourues avec empressement : vous voyez que nous ne serons pas de sitôt affranchis. Je suis, quant à présent, écrasé, anéanti, ahuri. Depuis six semaines je dors peu ou point, je ne travaille pas, je vois mes études négligées, mes affaires embrouillées, le public changer et m'oublier, et mes idées, jugées trop radicales, vieillies et passer à l'état d'antiquailles utopiques. J'ai le moral excellent, mais ce moral aurait besoin d'être soutenu par trois ou quatre mille francs de revenu qui ne m'obligeassent point à travailler....

En voilà assez pour une fois. Je vous serre la main, cher ami, et vous écrirai, ou à ma belle-sœur, dès qu'il y aura du nouveau.

A vous.

P.-J. PROUDHON.

1er décembre 1859.

A M. GOUVERNET

Mon cher Gouverne, voici pour vous l'occasion de deux courses. Vous en devinez le motif.

Nous avons eu ce matin la visite de trois docteurs, trois amis. Ils ont été d'accord de déclarer que Stéphanie est entrée en convalescence. En conséquence, sans abandonner encore les médicaments, on a prescrit déjà un peu de nourriture.

La fièvre intermittente ou pernicieuse est vaincue.

L'hydropisie se fond ; il en reste encore.

La paralysie disparaîtra, on l'espère, à mesure que les forces et le mouvement reviendront.

Ce soir encore, quinquina à l'heure de l'accès.

Demain matin, calomel (il me tarde gros de le voir supprimé.)

Entre temps, des frictions, et à manger.

La secousse a été rude. Nous sommes au 1er décembre ; nous comptons, par conséquent, quarante-huit jours de maladie ; combien de convalescence ? Ma femme est épuisée. Sans le secours des amis, nous y serions restés tous, le père, la mère et la petite fille

Mais déjà le bien-être revient avec l'espérance, et je travaille un peu.

Si vous voyez le papa Beslay, dites-lui que je répondrai à sa lettre, mais que j'ai peu d'instants.

Bonjour.

P.-J. PROUDHON.

Ixelles, 1er décembre 1859.

A M. LE DOCTEUR CRETIN

Mon cher ami, je puis enfin vous annoncer, de la part de M. M***, qui me charge de vous transmettre ses salutations, que notre Stéphanie entre en convalescence. Il y a encore de l'eau dans le côté droit de la tête, au ventre; les membres du côté droit, la joue, sont également un peu plus enflés que leurs vis-à-vis ; mais tous les autres symptômes sont excellents. On recommence à prendre de la nourriture ; la malade accuse une faim canine, qu'on ne satisfait qu'avec une extrême circonspection. La dernière nuit n'a témoigné ni de fièvre, ni d'aucun commencement d'accès ; jusque-là, nous avons eu toujours eu le *raptus* à la porte : c'était la mort. S'il est permis à un profane d'exprimer une opinion en pareille affaire, je crois que le quinquina a été ici le grand remède ; je ne me rends pas aussi bien compte de l'emploi du calomel. Les petits sinapismes du docteur Laussedat ont aussi produit leur effet, en ce sens que dès que la rougeur paraissait à la face on la détournait par une petite application de moutarde à la jambe.

Maintenant, la pauvre Stéphanie, couverte de brûlures, la tête rasée, ressemble à un petit squelette. A quel prix s'obtient une guérison!... *Dérivatifs*, *substitutions*, *purgations*, toutes maladies et souffrances artificielles, voilà en résumé le système de la thérapeutique. Au fond de tout cela, dans la vie comme dans la mort, il reste toujours quelque chose de mystérieux que les hommes de l'art ne s'expliquent pas.

Dès la première visite, le docteur Laussedat avait fort bien aperçu le péril et s'attendait à une catastrophe. Ajoutez que jusqu'au moment de la crise rien ne faisait : les médicaments, comme les lavements, tout était rejeté. Je suis loin de méconnaître l'efficacité des médicaments ; mais il me paraît que le gros de la besogne a été accompli par la nature même, qui, au milieu d'une effroyable convulsion, suivie de paralysie, s'est dégorgée par toutes les issues et par tous les pores.

Actuellement, la fièvre pernicieuse semble vaincue, l'hydropisie se fond, et comme l'enfant remue la jambe, le pied, le bras et la main ; comme il n'y a pas de strabisme, on me promet qu'elle ne sera ni estropiée ni idiote. Mais on redouble d'attention et de soin ; si déjà elle a dû à un refroidissement cette affreuse maladie, que n'arrivera-t-il pas d'une rechute !...

Ma femme est bien sensible, cher ami, à votre souvenir. Elle vous prie de présenter ses amitiés à votre père et à votre sœur. Et moi, comment pouvez-vous croire que je me sois un instant défié de vous ? Je me disais : Le docteur, dans sa *raison médicale*, me blâmera ; mais dans son cœur il saura pardonner. Vous l'avez fait, je n'ai pas d'autre explication à vous donner. Comme la poule couve ses petits, ainsi je crois que doit faire le médecin des malades. A la moindre antipathie qui se manifeste, éloignez-les l'un de l'autre. Cela peut paraître de la superstition ; mais qu'y a-t-il donc dans la médecine qui ne soit pas mystère ? Qu'est-ce que la fièvre ?... Comment cède-t-elle à l'ingestion d'un peu d'écorce pulvérisée de bois de quina ?... Certainement l'électricité, le magnétisme, toutes les forces occultes de la nature sont ici en jeu ; comment nierai-je la puissance de l'amour, de la sympathie, l'action de la pensée sur la conscience, l'influence de celle-ci sur le cœur, la réaction des passions sur le principe vital ?... Les CORPS qu'on emploie ici sous le nom de médicaments ne sont-ils pas de simples véhicules de *forces ou vertus diverses*, à plus ou moins hautes doses, et dont l'action purement dynamique, je dirais presque spirituelle, échappe aux sens ? Suis-je superstitieux, enfin, parce que je conçois un monde de phénomènes au delà de ceux de la mécanique et de la géométrie ?...

Mais laissons ces considérations, qui ne sont pas de mon ressort. Vous ne me dites rien de vous, docteur de votre situation nouvelle depuis la mort de M. Pétroz Votre position médicale se soutient-elle, s'améliore-t-elle ? Votre métier est si chanceux par lui-même, votre science si conjecturale, que je conçois à merveille que le plus honnête médecin, voire même le plus habile, ne soit pas toujours le plus suivi. Puis nous avons tous nos tics, nos ridicules, nos opinions qu'on ne nous pardonne point, notre caractère qui ne plaît pas également. Je vous ai peu vu dans l'exercice de votre art : est-on content de vous ? Vous pouvez permettre cette question à un ami tel que moi.

Voilà ce que je me suis souvent demandé et ce que j'ai craint pour vous. Tenez-vous bien, ne prêtez pas le flanc à la malveillance ; autant vous étiez *sans façon* avec nous, autant il vous faut prendre de sérieux et de gravité. Cher ami, je m'oublie en vous disant ces choses ; mais c'est que vraiment je me sentirais incapable d'exercer la médecine, et je puis vous dire que c'est en quoi pèche le docteur qui nous soigne. Excellent homme, instruit, clairvoyant, mais parfois un peu trop parleur, sujet à s'engager dans des conversations sur toutes sortes de sujets et à oublier son malade pour son interlocuteur.

C'est mon portrait que je vous aurais tracé, si j'étais médecin ; je vous le demande donc, n'avez-vous pas aussi votre *vieil homme*, qui fait tort au docteur ?

Enfin, cher ami, et pour me résumer : un mot de confidence sur votre situation. J'ai besoin de vous féliciter si elle est bonne ; de vous encourager si elle est défavorable

Vous avez su ma mésaventure en ce qui concerne l'amnistie. Mais je ne sais, moi, si vous ne m'avez pas blâmé de ma conduite, comme ont cru devoir faire Charles Edmond, Darimon, Langlois et, un moment, Duchêne lui-même. Ces messieurs ont prétendu que j'étais allé au-devant de l'exclusion, que je tenais à me faire martyr, que mon droit à l'amnistie était incontestable, etc., etc. — J'ai répondu que si le droit des journaux au bénéfice de l'amnistie avait paru assez douteux pour mériter un décret spécial, à plus forte raison celui d'un condamné pour *outrage à la morale ;* j'ai soutenu que je ne pouvais me fier à un texte équivoque ; qu'en principe, l'outrage à la morale n'était pas un *délit politique ;* que si, au FOND, il n'y avait rien de plus politique que ma condamnation, dans les *termes*, et d'après les *qualifications* de la Cour, elle ne l'était point ; que c'était au gouvernement à dire si, oui ou non et d'après son appréciation à lui, il me regardait comme amnistié; que jusque-là je ne pouvais me livrer à la discrétion du parquet; et que si parmi mes amis il y en avait qui voulussent agir en ma faveur, ils devaient se borner à poser la question au gouvernement : *Proudhon est-il ou n'est-il pas un condamné politique?*

On n'a rien voulu entendre; on me reproche d'avoir eu de l'orgueil en déclarant que je ne voulais pas d'une *grâce personnelle*, qui, sollicitée par moi, impliquerait de ma part adhésion à la qualification qui a été faite de mon livre et serait le désaveu de mon *Mémoire* de défense. Voilà dans quel esprit a été écrite ma lettre à la *Revue de Namur*, DIX JOURS après le décret et alors que je savais que mon exclusion était résolue. Dites-moi ce que vous avez pensé, car je suis mortifié de voir qu'en cette circonstance quelques-uns de mes amis m'ont blâmé, et même ont été moins soigneux de la vérité des principes et de ma propre considération que je n'avais droit de l'attendre de leur part.

Voyez-vous toujours Nefftzer? Un de nos nouveaux amis, M. de Jonquières, que vous avez peut-être connu, lui a parlé la semaine dernière d'une interpellation respectueuse à adresser au gouvernement au sujet de mon exclusion de l'amnistie. C'est à l'occasion du bruit qui a couru et qui a été reproduit par le *Courrier du Dimanche*, à savoir que Ledru-Rollin venait d'être amnistié par décision *spéciale*, que M. de Jonquières a fait cette proposition à Nefftzer. — Il est très-entendu qu'il ne s'agit pas de réclamer pour moi, par analogie, une grâce ou remise de peine quelconque. Mais comme le pouvoir ne s'est pas *officiellement* expliqué à mon sujet, pas plus qu'à celui de Ledru-Rollin; comme il n'existe que des *opinions* VERBALEMENT exprimées et qu'il y a doute, il faudrait obtenir une déclaration positive, *M. Proudhon est-il compris, oui ou non*, comme CONDAMNÉ POLITIQUE, dans le décret d'amnistie du 16 août ?

Peut-il, en conséquence, se présenter sans danger?...

Évidemment il y a indignité et lâcheté à laisser une pareille question en suspens; on refoule injustement hors du pays un homme qui a droit d'y rentrer, si le décret lui est applicable; et s'il ne lui est pas applicable, on a l'air de lui tendre un piége en ne parlant pas.

Voilà ce que je n'ai pu faire comprendre ni à Langlois, ni à Darimon; voilà dans quels termes je leur proposais d'agir, alors qu'ils étaient tout zèle. Ils s'y sont refusés.—On voulait pour moi une GRACE, tandisque je ne réclamais qu'une *explication.*

Si donc vous voyez Nefftzer et qu'il vous parle de cela, faites en sorte de lui bien exposer la chose. Elle a pour moi de l'importance, car si je ne dédaigne pas l'amnistie, je n'entends pas non plus renoncer à la chance de faire redresser mon jugement, et bien moins encore à abjurer mon système de défense. Quant à l'exil, je vous proteste qu'il ne me sera pas trop dur : dans la situation, je ne regrette de la France actuelle que mes amis.

Adieu, cher ami, je vous serre la main.

P.-J. PROUDHON.

Ixelles, 3 décembre 1859.

A M. CHARLES BESLAY

Mon cher ami, j'ai bien reçu la vôtre du 23 novembre. Si je n'y ai pas répondu, c'est que depuis ce jour nous avons été dans les inquiétudes les plus vives sur la maladie de Stéphanie.

Dans la nuit du 24 au 25, il y a eu une crise terrible : convulsions épileptiques, perte totale du sentiment, enfin paralysie de tout le côté gauche. Le docteur Laussedat qui y assistait, s'attendait à une conclusion funeste : la force de la nature en a décidé autrement. Aujourd'hui nous sommes en convalescence. Si vous avez aperçu notre ami Gouvernet, il vous aura renseigné sur tout cela; je m'abstiens donc d'entrer dans de nouveaux détails.

Faites vos affaires, cher ami, soignez vos rentrées, et ne songez à faire des voyages d'agrément que quand vous vous ennuierez tout à fait à Paris. Vos lettres, si bonnes, si affectueuses, nous suffisent; ce qui nous intéresse le plus est de vous savoir définitivent hors de tout embarras.

Deux mots de votre lettre me font voir que votre populaire faubourien est aussi sot et aussi dupe que jamais.

De quoi se mêle-t-il de juger d'une expédition à laquelle il ne connaît absolument rien, d'une race qu'il ne comprend point, d'un soi-disant héros qui n'est qu'un aventurier au service d'une intrigue? Est-il donc si difficile à cette petite bande de se mettre dans la tête que rien de ce qui se fait, sous un gouvernement de réaction et de despotisme, ne peut avoir pour objet que de développer partout le despotisme et la réaction, à moins qu'il ne s'agisse de fantaisies personnelles? Est-il si difficile de comprendre qu'en ce moment, en Italie, ce soi-disant parti national se compose d'intrigants bourgeois ou nobles, qui ont un intérêt évident contre les gouvernements établis, mais qui se soucient fort peu de ce que l'on entend à Paris par *démocratie*? Est-il si difficile enfin de comprendre que là où la liberté de controverse n'existe pas, il ne circule que le mensonge, et que sur l'Italie il n'a encore été dit que ce qu'il a plu, depuis un an, à l'aristocratie impériale de laisser dire? Allez, vos faubouriens sont des niais, ni plus ni moins que leur grand homme Garibaldi.

Vous me dites ensuite que Sa Majesté tient tête aux évêques. — Autre naïveté d'un ancien bonapartiste qui se plaît à supposer à son empereur les idées qu'il a lui-même. Sa Majesté, souvenez-vous en, ne tient tête à personne, attendu qu'elle n'a point de tête; — Sa Majesté n'a jamais, en fait d'idées, enfoncé que des portes ouvertes; elle n'a jamais eu et n'aura jamais de résolution que celle du principe qu'elle représente, et qui est la contre-révolution. Ce que Sa Majesté se permet de vouloir, de sa volonté personnelle, est moins que rien, ou si c'est quelque chose qui vaille la peine et qui se trouve en contradiction avec le vouloir réactionnaire, elle l'abandonne vite. Ainsi a-t-elle fait à Villafranca; ainsi fait-elle devant la manifestation des évêques; ainsi fera-t-elle même pour l'Angleterre, devant le *veto* des capitalistes et de toute la féodalité financière.

Sa Majesté, pour en finir, est en pleine *trahison* contre le peuple français, dont elle nie les traditions, les aspirations, les principes; dont elle recherche les ennemis jurés, le César de Vienne, représentant de l'absolutisme, le Pape, représentant du catholicisme, les Jésuites, les Malthusiens, tout ce que nous haïssons, détestons, exécrons en France depuis le serment du Jeu de Paume.

Je sais bien que les d'Orléans ne feraient pas autre chose s'ils revenaient; aussi ne suis-je pas de ceux qui donnent les mains à cette restauration, bien que je ne la combatte pas non plus. Mais de ce que ceux-ci ne feraient ni mieux ni pis que Sa Majesté Impériale, je n'en tire pas, comme vous faites trop souvent, un argument en faveur du *statu quo*. Je dis simplement que telle est la situation de la France et de l'Empire, que, quelles que soient la forme du gouvernement et la dynastie, nous sommes partout en pleine trahison contre-révolutionnaire.

Bonjour, cher ami, et, à l'avenir, méfiance. Brûlez-moi cette vieille idole bonapartiste, pour laquelle vous avez conservé un faible; faites servir au bûcher les morceaux de l'idole orléaniste et bourbonnienne tant qu'il vous plaira, mais brûlez, brûlez, brûlez!

A vous.

P.-J. PROUDHON.

Ixelles, 4 décembre 1859.

A M. LANGLOIS

Mon cher Langlois, je réponds sur-le-champ à votre lettre d'hier, 3.

Je n'ai pas écrit à Nefftzer, bien que depuis longtemps je me propose de le faire, tant pour le remercier de l'envoi de la *Revue germanique* que pour lui en faire mes compliments.

J'ai seulement autorisé M. de Jonquières, que vous connaissez, à demander à Nefftzer la permission de poser dans la *Presse*, à propos de la décision spéciale qu'on dit avoir été prise en faveur de Ledru-Rollin, cette simple question à l'adresse du gouvernement : *Si, oui ou non, M. Proudhon, condamné pour outrage à la morale publique et religieuse est considéré par le gouvernement comme condamné politique; en conséquence, si, oui ou non, il a droit à l'amnistie?*

C'est la question que je n'ai cessé de demander qu'on posât, soit en mon nom, soit en général, au lieu de toutes les démarches que l'on me proposait de faire pour obtenir une décharge de la condamnation prononcée contre moi.

La discussion que vous allez entamer allant au même

but, quelque soin que vous preniez de la rendre générale, je ne vois pas en quoi ces deux choses se *contrarieraient*. Vous plaidez l'affirmative ; je me bornais à poser la question, voilà toute la différence. Arrangez-vous, vous et M. de Jonquières ou Nefftzer, d'après cela. S'il fallait opter, naturellement je préférerais la publication de votre Mémoire, la discussion du principe devant l'emporter sur la question personnelle. Mais rien n'empêche, ce me semble, qu'on mène tout de front.

Ce que vous me dites de votre travail me fait supposer une chose : c'est qu'il est *possible*, en l'état actuel de notre législation, en vertu de certains *antécédents* et d'après quelques *analogies*, que *le délit d'outrage à la morale publique et religieuse* commis par la voie de la presse doive, à tort ou à raison, être assimilé aux délits politiques. C'est ce que la discussion où vous allez entrer et les réponses qui y seront faites ne manqueront pas d'éclaircir ; mais il ne s'ensuivra jamais que cela doive être ainsi en droit abstrait, et c'est parce qu'ici le sens commun, la raison pure, sont contraires à une telle assimilation, que tant d'esprits de bonne foi, et je me range dans le nombre, ont cru d'emblée que ce qui était conforme au principe devait être dans la loi ; c'est pour cela que tout en flétrissant le jugement du tribunal qui qualifie une attaque contre l'Église d'outrage à la morale, on a compris généralement qu'aux termes de ma condamnation je n'étais pas compris dans l'amnistie.

Votre Mémoire servira donc toujours à faire voir au moins une chose, c'est que la morale est encore de si peu dans nos institutions, qu'on l'assimile à la profession de foi de Nicée, au droit que l'Église tient du Concordat, à une plaisanterie contre le bon Dieu ou une injure contre l'empereur!... Allez donc, nous gloserons après.

Voici, du reste, pour votre thèse, encore un argument :

Vous savez le bruit qui a couru sur Ledru-Rollin, déclaré, par *décision spéciale*, participant de l'amnistie. Ce qui fait voir que ce bruit était fondé est le fait suivant : un nommé Vandamme, tailleur à Lille, compromis dans le complot du chemin de fer du Nord contre la vie de l'empereur et condamné à mort par contumace, étant rentré en France à la suite de l'amnistie, fut appréhendé au corps comme coupable seulement d'un délit de *droit commun*, traduit devant la Cour de Douai, puis relaxé par ordre du ministre qui déclara qu'ici le délit de droit commun était devenu, par les qualifications de la loi, délit politique. Le *Siècle*, à ce qu'on m'assure, a rendu compte de cette affaire, qui vient à l'appui de ce que vous dites que le délit politique qui seul a entraîné ma condamnation à trois ans couvrirait, en tout cas, le délit d'outrage à la morale qui ne pouvait me faire condamner qu'à *deux*.

Un autre renseignement qu'il est bon de vous transmettre, c'est que mon exclusion de l'amnistie a été le fait, non du clergé, comme on aurait pu le croire, mais de la magistrature, devenue, à ce qu'il paraît, depuis l'Empire, plus *morale* que jamais.

Ce que vous me dites des démarches de La Châtre me prouve d'ailleurs une fois de plus qu'on est décidé à refuser la qualité de politique au *délit d'outrage à la morale*. Souvenez-vous qu'on m'a reproché d'avoir accollé, dans ma lettre à la *Revue de Namur*, mon nom à ceux de MM. Erdan et La Châtre comme à ceux de deux *immoraux ;* qu'on m'a donné à entendre que peut-être eût-on obtenu pour moi une décision favorable sans cette assimilation ; ce qui implique, comme je l'ai toujours dit, que si on se fût décidé à m'admettre à l'amnistie, ç'aurait été par *faveur*, non en vertu du droit, précisément ce que je ne voulais pas.

Puisque je viens de nommer MM. Erdan et La Châtre, je ferai ici une dernière réflexion. Pourquoi tenez-vous si fort à ce que mon nom ne figure pas dans votre Mémoire ? Si ce que vous faites est une discussion de droit, vous ne devez pas vous abstenir de cette citation, puisque c'est à l'occasion de MM. Erdan, La Châtre et moi que la question est soulevée. Sans doute les principes de droit se définissent *in abstracto*, mais ils se réalisent et s'appliquent *in particulari*, et réciproquement : c'est parce qu'il y a des cas particuliers qu'on peut s'élever à des solutions générales.

Au lieu donc de me demander de retirer la question que je désire introduire par la *Presse*, vous devriez vous en emparer vous-même ; ce n'est qu'après avoir rapporté le FAIT que vous entreriez ensuite dans la discussion du *droit*, ainsi que cela se pratique dans tous les procès civils et criminels. Si j'avais été à Paris au 15 août et qu'il se fût agi d'un autre que moi, il y a longtemps que cette affaire serait vidée.

Au surplus, sachez-le bien, quoi qu'il advienne de tout ceci, je suis décidé, tant que durera l'Empire, à me tenir un pied à l'étranger. Qu'espérez-vous à cette heure, quand vous voyez saisis et ressaisis Montalembert, Girardin, Vacherot, Michelet, le père Enfantin, le comte d'Haussonville, tout ce qu'il y a de plus grave, de plus modéré, de moins révolutionnaire, de moins à craindre ? Le gouvernement, entraîné par son principe, en est réduit à déclarer la guerre aux *idées*. Ce n'est qu'à cette condition qu'il espère obtenir sa paix avec le clergé et le pape. Qu'espérer ensuite d'un public devenu tellement idiot qu'il crie *mort aux Anglais* quand il plaît au gouvernement de laisser déblatérer Louis Jourdan contre l'Angleterre ; qui crie ensuite *vivent nos alliés les Anglais*, quand le même gouvernement juge à propos d'avertir Montalembert, et, plus tard, toute la presse, d'avoir à se modérer dans les critiques qu'ils font de l'Angleterre? Jamais il ne s'est vu moins de spontanéité, d'initiative, de dignité, de libre opinion chez un peuple que dans la France actuelle. C'est par là qu'elle fait pitié et dégoût. Ah! c'est maintenant que je sens le poids de ma misère; car si je jouissais seulement de 3,000 francs de revenu net, je vous proteste que le public n'entendrait plus guère parler de moi. J'irais vivre tranquille à Zurich, à Genève, à Turin ou à Nice, et ne songerais pas même à rentrer au pays à la péremption de ma peine.

Mais il faut que je travaille, il faut que je marche! Et je n'ai pas d'autre métier que celui qui m'a valu tant de colères et tant de haines, cinq procès et deux condamnations! Marchons donc, et *au bout du fossé la culbute*.

Je vous serre la main.

P.-J. PROUDHON.

4 décembre 1859.

A M. GOUVERNET

Mon cher Gouvernet, voici deux lettres, une pour Daventure, qui ira vous la réclamer lui-même, ainsi que l'exemplaire de la *Justice;* l'autre, pour l'ami *Langlois*, qui demeure rue Léonie, 9, du côté des Batignolles.

Nous allons lentement dans notre convalescence. Il s'agit, à présent qu'on a conjuré la crise, et qu'à l'aide du quinquina pris chaque soir on empêche le retour de l'accès, de faire que la nourriture qu'on commence à prendre produise du sang et ne se transforme pas en *sérum*, en eau blanche. A chaque instant, le visage, désenflé, se bouffit de nouveau; enfin, comme je le craignais, nous sommes revenus, après une notable diminution de forces, à peu près au *statu quo*. Ne chantons pas trop tôt victoire. Un brin de fièvre, un refroidissement, un rien, nous rejetterait bien loin..... MM. de Jonquières et A. Langlois s'occupent de nouveau pour moi de l'amnistie. Je les laisse faire. Il paraît certain que L.-Rollin, d'abord exclu, est maintenant reconnu comme ayant droit à l'amnistie. Il ne reste donc plus que moi !... En vérité, j'ai presque envie de dire qu'on me laisse. Exclu tout seul de l'amnistie, parce que je suis un homme immoral et pas du tout un condamné politique ! Cela ne pouvait arriver qu'à moi.

Adieu, cher ami. Je suis dégoûté, ennuyé, j'ai la tête cassée. La présence des veilleuses, des visiteurs, des visiteuses, l'état de faiblesse de ma femme, tout cela fait que nous ne sommes pas chez nous et que je ne travaille pas.

Mais je m'aperçois que le temps se brouille et que le froid va diminuer d'intensité. Ce serait heureux, nous commencions à geler.

Je vous serre la main.

P.-J. Proudhon.

Ixelles, 11 décembre 1859.

A M. GOUVERNET

Mon cher ami, voici inclus un timbre de 40 centimes dont je n'ai pas ici l'usage. Vous vous en servirez à première occasion. Vos lettres me font tant de bien. Elles causent tant de joie à la maison quand la mère ou la fille en reconnaissent l'écriture, qu'en conscience je devrais vous défrayer non-seulement du port, mais de la peine ; acceptez donc, en signe de reconnaissance, l'effigie incluse de Sa Majesté Impériale. Elle vaut 40 centimes juste de plus que l'original.

Notre convalescente va *piano;* il est vrai que la saison est peu favorable ; mais combien ce mot de *guérison* est encore illusoire. Certainement, il y a du mieux, il y a même un léger progrès. On mange, passablement même ; la fièvre semble avoir disparu ; l'intelligence est revenue, quoique le moral soit encore affaissé. Mais l'enflure n'a pas entièrement disparu ; mais au moindre froid la bouffissure revient, l'infiltration recommence ; mais l'enfant reste pâle, signe que le sang s'élabore mal et circule avec peine ; mais tous les jours, à certaines heures, il y a de l'agitation, etc.

En vérité, si c'est là ce qu'on appelle *guérison*, on

n'est pas difficile. Je dis, moi, que quand la maladie ou le diable est las de tourmenter une pauvre créature, il la quitte, et voilà! Une guérison, ce qui s'appelle une guérison, c'est un miracle. Il n'y a que les prophètes et les thaumaturges qui guérissent.

Je ne sais ce que vous entendez par *un paquet* qui m'est parvenu par M. Lebègue, à moins que ce ne soit une longue lettre de notre ami Italien de l'impasse Mazagran.

Remerciez-le de ma part. Je ne puis plus écrire.

Êtes-vous informé du travail que va publier l'ami Langlois sur l'amnistie? Il m'annonce une espèce de Mémoire, une brochure dans laquelle, sans me nommer ni désigner, il prétend établir par pièces et raisonnements que le délit *d'outrage à la morale*, commis par la voie de la presse, est un délit politique. Divers journaux ont promis d'en rendre compte : les *Débats*, la *Presse*, l'*Opinion Nationale*, le *Courrier du Dimanche*. De mon côté, j'ai autorisé MM. de Jonquières, Nefftzer et le docteur Cretin de parer la question, tant en ce qui me touche qu'en ce qui concerne MM. Ledru-Rollin, Erdan et La Châtre, d'une autre manière. Si vous voyez le docteur, il vous en parlera.

Qu'il faut que les têtes soient détraquées et inattentives pour qu'il m'ait fallu quatre mois avant de me faire comprendre clairement! Enfin, j'espère avoir réussi; vous en jugerez d'après ce que vous dira le docteur.

L'incluse est pour MM. Garnier frères; mais je serais bien aise qu'elle fût remise à M. *Hippolyte*, c'est-à-dire au plus jeune des deux frères, le voyageur. Il s'agit d'obtenir de ces messieurs *un millier de francs*, sans préjudice du courant qu'ils m'accordent. Les maladies et tout ce qui s'ensuit nous ont tellement exténués que cette remise nous est indispensable. J'espère qu'ils ne la refuseront pas, le débit de mon compte n'étant pas à cette heure très-considérable et mes envois de manuscrits très-prochains.

Cher ami, il faut bien que je confie à quelqu'un le secret de mes misères. Depuis un an, j'ai besoin d'une remonte générale; je comptais la faire en traitant l'affaire B***, dont l'associé s'est dédit; aujourd'hui, il faut que Garnier le remplace. Qu'est-ce que 1,000 fr. ?... Il me faut absolument du *linge*, du *vin*, quelques *meubles*, payer les médecins; jugez quel luxe je puis faire! Et j'ai un frère impotent, qui, du fond de la Franche-Comté, me crie misère!...

Avez-vous vu Daventure?

Avez-vous des nouvelles du voyageur? Est-il enfin marié? L'amnistie, lui rendant tous ses droits, a dû aplanir toutes les difficultés.

Nous avons ici en Belgique un mouvement anticlérical très-fort. Malheureusement ce mouvement est conduit par un parti qui ne vaut pas mieux que le parti catholique, peut-être moins, c'est le parti doctrinaire. Quant au parti démocratique, il n'a pas d'existence officielle, bien que les éléments existent, même nombreux et pleins d'énergie. Ceci tient à l'incapacité de tout ce qui pose en chef, à la vénalité et à la corruption de la presse. Croyez-le sur ma parole, le pire des journaux impérialistes vaut mieux, comme rédaction et comme conscience, que toute la presse belge.

Pour vous donner une idée de l'*esprit public* en Belgique, il suffit que vous sachiez qu'aux dernières élections de juin, à Louvain, le parti de la majorité n'a pu assurer son triomphe qu'en *indemnisant de leurs frais de route et séjour* tous ses électeurs (en Belgique, on vote au chef-lieu).

Cette indemnité revient à environ 5 francs par tête. « Ah! nous nous fichons bien de ce qui se fait à Bruxelles, disent les paysans; on se moque de nous; quel que soit le ministère, nous payons toujours les mêmes impôts. » Le fait étant public, les doctrinaires soi-disant libéraux ont accusé les cléricaux de *corruption électorale*; qu'un Belge ne donne pas son vote pour *cent sous;* qu'il ne s'agit que d'*indemnité*, et que cette indemnité n'a rien de plus illégal que les *gueuletons* que les doctrinaires offrent à leurs électeurs. Calomnie! répondent ceux-ci, nous faisons dîner nos électeurs *après* le vote, tandis que vous indemnisez les vôtres *avant*. Là-dessus, enquête, rapport à la Chambre, débats, injures; tout cela prouve que la population belge se fâche du *parlementarisme* et que la Constitution n'est qu'un carré de papier.

Croyez donc, après cela, à ce qu'on appelle nationalité.

Je vous serre la main.

P.-J. Proudhon.

Ixelles, 11 décembre 1859.

A MM. GARNIER FRÈRES

Messieurs, c'est avec le plus vif regret que je me risque à venir vous demander un petitsupplément de crédit; mais la nécessité la plus impérieuse m'y force. Il s'agirait, messieurs, si vous ne trouvez pas que mon compte courant soit déjà trop élevé, de m'autoriser à faire traite sur vous, d'ici au 15 janvier, en divers mandats, d'une somme de 1,000 fr. sans préjudice de la remise mensuelle que vous voulez bien me faire en prévision de mes travaux à venir.

Depuis le passage de M. Hippolyte, qui a vu ma femme au lit, la maladie a pour ainsi dire redoublé dans mon pauvre ménage : la mère n'était pas convalescente que ma plus jeune fille, travaillée par l'hydropisie, la paralysie, la fièvre pernicieuse, etc., arrivait à l'extrémité et qu'elle n'a échappé à la mort que par miracle. M. Gouvernet, qui vous remettra la présente, pourra vous donner sur ce triste sujet toute espèce de détails. Pendant quinze jours il a fallu veiller jour et nuit cette enfant; la mère épuisée et moi peu vaillant. Enfin, j'ai deux *convalescentes*, mais vous sentez que la bourse n'en va pas mieux et le travail pas davantage. Au lieu de terminer l'opuscule, dont je vous ai tant parlé déjà, pour le nouvel an, je n'ose pas même vous le promettre pour le 1er février.

Je dois dire, pourtant, que pendant ces rudes épreuves je n'ai pas tout à fait perdu mon temps. En veillant mes malades j'ai multiplié mes lectures, j'ai étendu mes aperçus, fortifié mes études; j'ai surtout développé le projet dont nous nous sommes entretenus M. Hippolyte et moi. Je crois, messieurs, franchement, que ce serait dommage de ne pas venir au secours d'un malheureux écrivain tel que moi, à qui l'exil et le malheur n'ont pas troublé l'esprit, et qui espère encore obtenir de la bienveillance ou de la curiosité publique quelque succès.

J'ai de nombreuses visites de médecins à payer; j'ai besoin d'un peu de vin; enfin, imaginez-vous un ménage attaqué sur tous les points et vous concevrez qu'avec un millier de francs de remonte nous n'aurons pas de luxe.

Je suis honteux, messieurs, de m'exprimer avec vous en ces termes lamentables; croyez que c'est bien plus le sentiment ou l'impatience de mon mal-être qui me fait ainsi parler que le désir d'exciter votre compassion. Je sais bien que vous ne m'avez jamais permis d'en venir là; et j'ai encore trop la conscience de ce que je puis pour perdre ainsi le respect que je me dois. Mais je suis fatigué, irrité même, je commence à trouver que j'ai plus que ma part de souffrance, et c'est ce qui fait que dans mes correspondances avec vous, je m'abandonne volontiers à un langage tolérable tout au plus entre amis, mais qui doit être exclu des affaires sérieuses.

Pardonnez-moi donc, messieurs, quand je ne devrais voir en vous que mes éditeurs passés et futurs, de vous parler comme à des amis ; tout ce que j'endure est plus fort que moi, et puis nos relations m'autorisent presque à en user avec vous de la sorte.

Je ne sais, messieurs, si les circonstances vous permettent de faire bon accueil à ma demande ; du moins aurez-vous, je n'en doute pas, l'obligeance de ne pas faire trop attendre une réponse. Ce serait verser du vinaigre sur une plaie vive.

Je vous salue, messieurs, bien cordialement.

P.-J. PROUDHON.

Bruxelles, 15 décembre 1859.

A M. GUSTAVE CHAUDEY

Cher ami, j'ai reçu hier soir, 14, votre bonne lettre datée du 12 courant.

La santé de ma Stéphanie va bien lentement, celle de la mère aussi; mais enfin, l'une soignant l'autre, j'ai deux convalescentes. Bien que ma femme ait pris un auxiliaire pendant deux heures par jour pour son ménage, je fais encore bien des corvées : j'allume le feu et prépare le café à mes deux malades; mais enfin je suis dans ma chambre une bonne partie du jour, et, malgré mes soucis et mes indignations, je parviens à m'abstraire de ce lit de douleurs et à travailler. — Merci donc de vos bons sentiments et de ceux de Mme Chaudey. Plus d'une fois sans doute elle vous a vu déjà autour d'elle comme j'étais ces temps derniers auprès de ma femme : alors, toute jeune femme et gentille qu'elle est, elle a dû comprendre quelle chose sérieuse et digne c'est que le mariage, et combien l'amour dont on nous assassine est loin de lui !...

Mais ne prêchons pas, causons.

Une de mes misères est d'arriver toujours dans mes

publications comme moutarde après dîner. La guerre d'Italie s'est faite, puis les conférences de Zurich, sans qu'il m'ait été possible de publier mon travail. J'ai bien peur qu'il en soit de même du congrès de Paris, à moins que messieurs les plénipotentiaires, amusés par les bals de l'Opéra, ne fassent durer leurs travaux jusqu'à Pâques.

Au reste, il m'eût été difficile d'aller plus vite, et j'ai appris une fois de plus à ne pas faire d'œuvre de circonstance.

La question de la guerre, mon cher ami, cette question que tout le monde, les légistes y compris, traite par-dessous la cuisse, est la plus vaste de toutes après celle de la justice; mais c'est en même temps la plus mystérieuse, la plus extraordinaire, la plus compliquée, la plus profonde, ce qui vous donne à entendre qu'il n'y en a pas de moins comprise que celle-là. J'ai lu, plume en main, analysé Grotius, Wattel, avec les notes compendieuses de Pinkeiro, Ferreira, Burlamaqui, et son éditeur de Felice, Martens ou l'avocat Vergé; j'ai lu ou pris connaissance suffisante de Wolf, Puffendorf, Amillou, l'abbé de Saint Pierre, Kant, les élucubrations du Congrès de la Paix et de ses lauréats; j'ai feuilleté toutes sortes de publicistes et de philosophes; j'extrais en ce moment une *Histoire du droit des Gens*, par un M. Laurent, professeur à Gand; enfin, j'ai englouti vingt-cinq ou trente volumes, et si j'ai appris quelque chose, c'est que mes auteurs ne savaient rien, ce qui, j'ose le dire, m'a mis tout de suite sur la voie. Les plus récents, Herminier, dans sa *Philosophie du droit;* M. Oudot, dans sa *Science et conscience;* tout récemment, M. Hautefeuille, qui vient de publier quatre volumes sur la matière, m'ont fait voir avec quelle nonchalance les hommes de la *science* acceptent le *statu quo* de l'ignorance universelle, avec quel sans-façon ils se transmettent les non-sens des livres et les pauvretés de l'École.

Enfin, je sais ce qu'ont dit mes devanciers jusqu'à ce jour, 15 décembre 1859 ; et je puis dire qu'à l'exception de Grotius, qui a ouvert la carrière aussi bien qu'on le pouvait de son temps; à l'exception peut-être de Wolf, qui a essayé une théorie pour fonder le Droit des gens, le reste ne mérite que des sifflets, si vous n'aimez mieux des férules.

C'est un sujet grandiose, sublime autant que vaste que j'ai entrepris de traiter; pour mon malheur, ne sachant jusqu'où je m'engageais, j'ai conçu mon plan d'une façon trop restreinte, désireux que j'étais de faire non un traité, mais une simple brochure. Il y a des choses qui demandent à être écrites en mille pages, dût-on ne mettre à chaque page que dix lignes et à chaque ligne dix lettres. Et moi, l'homme aux éternels paradoxes, je resterai avec mon format in-18, à pages compactes, tenant par-dessus tout à dissimuler à mes lecteurs la grandeur et le poids des questions! Enfin, je ferai de mon mieux ; mais je vous en avertis, pour peu que vous me donniez d'attention, je vous ferai marcher de surprise en surprise. C'est maintenant que nous allons comprendre pour tout de bon ce que c'est que le Droit. En attendant, si les conquérants et leurs plats continuateurs vous irritent ; si les héros et les chauvins excitent votre pitié, ne vous laissez pas aller à déclamer niaisement contre la guerre, contre laquelle je conclus, mais que, très-probablement vous ne connaissez pas.

Mon ouvrage formera environ 350 pages grand in-18;

je compte envoyer le manuscrit à Garnier frères avant fin janvier 1860.

Si je réussis à intéresser le public, ce sera pour moi une belle rentrée.

Toutes les réflexions que vous faites sur l'amnistie, je les ai faites aussi, j'ai même chargé par lettres, que je serais heureux qu'on vous communiquât, MM. de Jonquières et Cretin de s'entendre avec le rédacteur de la *Presse*, M. Nefftzer, et de faire sur ce sujet une interpellation motivée au ministre. M. Gouvernet, qui connaît MM. de Jonquières et Cretin, pourra vous procurer ces lettres; la dernière, celle au docteur Cretin, suffirait. Que celui-ci, à ma prière, vous la communique; elle vous révélera tout un plan de campagne, auquel vos observations ne pourront que faire grand bien. Je ne m'étendrai pas davantage avec vous sur cette matière que j'ai épuisée pendant votre séjour à Vesoul, dans mes correspondances avec MM. Langlois, Charles-Edmond, Darimon, etc. Ma dernière au docteur Cretin vous instruira de tout.

On m'avait annoncé le *Courrier du Dimanche*. Je n'en ai reçu jusqu'ici qu'un seul numéro, celui contenant la *Lettre de M. d'Haussonville aux bâtonniers des avocats.* Sans doute le rédacteur a compris qu'il ne s'agissait pour moi que de ce numéro : les suivants ne me sont pas parvenus.

Quoi qu'il en soit, j'ai fort bien remarqué ainsi que vous la manière dont M. d'Haussonville parlait du *Droit de pétition au Sénat*, et je me suis réjoui de notre initiative. Que la démocratie aille donc !... Mais la démocratie est une vilaine bête, qui a surtout en haine ses propres initiateurs. Que ne suis-je à cette heure un franc et pur orléaniste !... Au moins je ne parlerais pas à des sots et des ingrats, et ne compromettant que moi seul, quel chemin je ferais faire au parti !...

Je n'ai pas trouvé que la lettre de M. d'Haussonville aux avocats valût celle aux Conseils généraux : ce genre d'opposition et ce ton de journal demandent à n'être employés qu'exceptionnellement. On n'y réussit pas deux fois de suite. — J'ai remarqué aussi l'article de M. Elias Régnault sur les provinces. Je l'ai trouvé hardi et de bon augure. Présentez-en à l'auteur mes félicitations très-sincères.

Je souhaite de tout mon cœur que les orléano-républicains arrivent à quelque chose; mais, bien que j'admette très-bien la possibilité d'une restauration de la monarchie bourgeoise, je n'ai pas gros de foi comme un grain de sénevé dans sa capacité révolutionnaire et conséquemment dans son avenir. Au surplus, ma pensée court tellement vite que les années ne me comptent plus que comme des minutes; cette monarchie dût-elle ne durer que vingt-cinq ans encore, à l'époque de l'histoire où nous vivons, cela pourrait passer pour un joli bail, et l'on aurait le temps d'y encadrer de belles et grandes choses.

Adieu, cher ami; Dieu vous garde, vous et les vôtres, de maladie. Voici la nouvelle année, puisse-t-elle vous apporter toutes sortes de satisfactions, et à moi me procurer un rafraîchissement dont mon esprit a grand besoin.

Tout vôtre.

P.-J. PROUDHON.

Ixelles, 16 décembre 1859.

A M. ALTMEYER

Monsieur Altmeyer, depuis samedi, 10 courant, j'ai eu vingt fois l'idée de vous écrire pour vous remercier du plaisir que m'avait procuré votre leçon sur les comtes d'Egmont et Horn : les affaires, les correspondances, les maladies m'ont continuellement distrait de ce devoir de politesse, je devrais dire de reconnaissance, puisque c'est à vous, monsieur, que j'ai l'obligation de cette intéressante soirée. Il faut cependant que j'en finisse et que je vous dise combien j'ai été satisfait et du sujet de la leçon et du professeur.

Sur le *fond*, j'ai remarqué deux choses dont je vous sais un gré égal : d'abord, la manière dont vous avez apprécié le comte d'Egmont m'a paru vraie autant que modérée, et l'intérêt qui s'attache au personnage n'y a rien perdu, il est même resté d'autant plus dramatique, selon moi, que vous avez mieux fait ressortir ses hésitations, ses illusions et ses fautes. Egmont n'est pas un grand homme; ce n'est pas non plus un misérable; il n'est ni héros ni traître : c'est une nature moyenne, mais médiocre et faible. Ce qui le distingue, c'est, je le répète, malgré cette médiocrité, d'avoir conservé quelque chose d'assez grand encore, grâce aux circonstances et au dénouement, pour mériter les honneurs du drame et de l'histoire.

Ce qui m'a fait plaisir ensuite, c'est que, tout en gardant une si parfaite modération dans vos jugements historiques, vous avez su faire vibrer la corde révolutionnaire, et cela sans exagération, sans effort, par la seule puissance de votre sujet.

J'ai entendu autour de moi des gens dire : *Vous y seriez-vous attendu* ?... M. Loumier était du nombre de ces auditeurs émerveillés. Je suppose que le motif d'admiration de ces messieurs était la manière dont vous déduisiez du fond de votre sujet les conclusions de morale pratique à suivre dans les temps de révolution.

Quant à la *forme* du débit, je l'ai trouvée telle que je la veux, simple, naturelle, correcte, sans ostentation, sans préméditation de surprise.

Je suis de ces gens qui n'aiment point qu'un orateur, un écrivain, un acteur, les prenne par l'imagination, le sentiment ou les nerfs. Je veux qu'on parle à ma raison, à ma conscience; s'il y a lieu de me fâcher, de blâmer ou d'applaudir, j'en fais mon affaire.

Je connais plus d'un de nos jeunes professeurs ou faiseurs de conférences à qui je dirais volontiers : Parlez simplement, comme M. Altmeyer. Si votre sens particulier demande à se faire jour, que ce soit pour ainsi dire malgré vous : il ne faut jamais prendre votre auditeur au collet.

Enfin, monsieur, sur ce point de votre histoire nationale que je connais si imparfaitement, j'ai le plaisir de me rencontrer avec vous et de croire que j'avais jugé juste.

Les jours sont bien courts, la température bien désagréable, nos promenades impossibles. Après Pâques, les conférences sur le boulevard de Waterloo.

Tout vôtre.

P.-J. Proudhon.

Bruxelles, 21 décembre 1859.

A M. MATHEY

Mon cher Mathey, l'année 1859 a été pour moi une année néfaste! J'ai eu, tant pour moi-même que pour ma femme et mes filles, *cinq mois* de maladie, cinq mois de temps perdu, de retard dans mes opérations; plus la mise à néant d'une brochure de 200 pages tout imprimée et pour laquelle j'ai payé à l'imprimeur 45 %. En somme, ma retraite en Belgique, mon déménagement, les maladies, etc., me coûtent au moins mille écus. A part la différence, très-légère, qu'il peut y avoir entre trois années de prison à la Conciergerie et cinq années d'exil en Belgique, la condamnation prononcée contre moi par le tribunal de la Seine aura porté coup et atteint son but.

En ce moment, ma femme est convalescente; mais elle n'a pas mis le pied hors de la maison depuis plus de deux mois. Stéphanie a vu la mort de près; elle ne se lève pas encore, mais elle paraît hors de péril. Moi, depuis quelques jours, j'ai repris le travail et je tâche de rattrapper le temps perdu.

D'abord, la deuxième édition de mon livre va être mise sous presse : elle paraîtra en douze livraisons de

180 pages chacune, ou 5 feuilles grand in-18, comprenant une étude entière, plus les *notes* et *appendices* que je me propose d'y ajouter. — Le prix de la livraison sera de 1 franc pour la Belgique et de 1 fr. 25 pour l'étranger. On tirera à 1,000 ou 1,500 sur mobile; puis on prendra l'empreinte, et si jamais l'état de choses s'améliore en France nous serons en mesure de servir de nouveau mon œuvre au public. Elle paraîtra aussi neuve, aussi intéressante que le premier jour.

J'ai en même temps sur le chantier une douzaine de brochures, d'une étendue à peu près égale à celle de mes *Études*, et dont je compte envoyer la première à Garnier frères, courant de janvier 1860. Tout cela réuni, les livraisons de mon livre sur la *Justice* et mes nouveaux mélanges, formera une Série indéfinie que je suis en mesure de conduire aussi loin et de varier autant qu'il me plaira, et à laquelle je donne un titre général, servant à marquer le caractère nouveau, essentiellement positif et affirmatif, de mes nouvelles publications.

Depuis un an, j'ai suivi attentivement le mouvement intellectuel en France, et ne trouve pas que ceux qui ont pu se réjouir de voir le pays délivré d'un *sophiste* et d'un écrivain à paradoxes tel que moi aient rien produit ou recueilli qui soit de nature à faire pâlir mon astre souffreteux. Je crois que je puis entrer dans la publicité française avec avantage, et même que loin de recevoir des leçons j'en aurais plus d'une à donner aux autres. Enfin, cher ami, bien que je n'espère pas convertir tout le monde en un clin d'œil, — je n'y songe guère, — je me sens plus que jamais l'espoir de sortir enfin d'embarras et d'améliorer sérieusement ma position. Mes idées s'imposent de plus en plus; tout me donne raison ; il ne s'agit plus que de le faire remarquer.

Je n'ai rien à vous dire de la politique. L'expédition de Villafranca est jugée ; l'empereur a dit lui-même très-naïvement la vérité. Devant la coalition étrangère et devant la Révolution, devant l'insurrection des évêques et les excitations de M. de Cavour, il a compris que lui, chef de la réaction européenne, il se fourvoyait, et il a retiré ses cornes. Il ne fera pas la guerre, au moins de si tôt, à l'Angleterre ; mais il n'est pas fâché de laisser chanter : *Jamais en France*, etc.

Savez-vous que le sieur Eugène de Mirecourt vient de se réfugier à Londres, fuyant, je suppose, ses créanciers et ses calomniés, et que là il vient de publier une biographie très-injurieuse de S. M. Napoléon III ?..... Voilà qui me venge un peu. D'abord, on a protégé tant qu'on a pu ce pamphlétaire ; puis, quand on l'a jugé trop compromettant, on l'a lâché, et le voici maintenant qui mord la main qui l'a nourri. Quel monde !...

J'ai ici pour voisin Madier-Montjau aîné, dont la femme est incomparable. Tous deux se sont montrés pour nous pleins de dévouement pendant ces grandes maladies, et je compte laisser Catherine tout à fait aux soins de Mme Madier. Avec une personne aussi distinguée, qui d'ailleurs l'a prise en affection et demande à ne s'en pas séparer, ma fille recevra une meilleure éducation qu'à l'école. Madier donne ce qu'on appelle ici des *conférences*, c'est-à-dire des leçons de littérature. Trois fois par semaine il va à Anvers et à Malines ; il commence à avoir beaucoup de succès.

Cretin vous aura informé de ce qui m'est arrivé à l'occasion de l'amnistie. Les deux ministres de l'*intérieur* et de la *justice* se sont prononcés formellement à mon sujet; je sais aussi que la *magistrature* s'est montrée, en cette circonstance, rancunière et hostile. J'aurais pu, je crois, contester le bien jugé de cette exclusion. Je n'ai pas cru le devoir faire, 1° parce qu'en principe je suis de l'avis de ces messieurs et je regarde *l'offense à la morale publique, commise par la voie de la presse* comme un délit de droit commun; 2° parce que si, au fond, mon procès est tout ce qu'il y a de plus politique dans les termes, il est ou semble incompatible avec les termes de l'amnistie; 3° parce que je ne voulais pas risquer ma liberté en rentrant en France, et qu'il n'y avait pour moi pas d'autre moyen d'obtenir une explication du gouvernement; 4° parce qu'enfin, pour le quart d'heure, je n'ai pas d'intérêt sérieux à précipiter mon retour. Cependant, je ne songe pas moins, au point de vue des principes, à interpeller ou faire interpeller le gouvernement sur la manière dont il applique, tant à mon égard qu'à celui de quelques autres, le décret d'amnistie et la loi de 1819; et peut-être verrez-vous dans quelques jours un article sur ce sujet dans la *Presse*.

La vie est presque aussi chère à Bruxelles qu'à Paris; le luxe des habits, des meubles, la coquetterie des femmes, la corruption des mœurs, les mêmes; le crétinisme encore plus grand. La population belge a des qualités excellentes; les doctrinaires qui la gouvernent en feront, en quelques années, une des plus immorales de l'Europe.

Combien vaut le vin chez vous? Combien le pain, la viande, les loyers? Que devient l'industrie horlogère? Et la compagnie des Hauts-Fourneaux et Mines? Et le sieur V***? Ici, nous sommes à cinq degrés au-dessous de zéro de la décadence, et vous?...

Si vous apercevez M. Maurice, le marchand de planches, donnez-lui de mes nouvelles et présentez-lui mes amitiés.

Je vous embrasse tous, vous, Guillemin, Mme Guillemin, je serre la main à Félix, je souhaite le bonjour à Abram, si Abram est encore quelque part autour de vous... Ici, le souvenir de ce brave François me revient. Que ne puis-je le faire tressaillir dans son cercueil! Nous partirons donc tretous avant que cette abominable comédie finisse ! O rage !...

Adieu, ami, écrivez-moi un brin.

Tout vôtre.

P.-J. PROUDHON.

Ixelles, 22 décembre 1859.

A M. GOUVERNET

Mon cher ami, reçu les deux vôtres des 15 et 17 courant, venues sous le même pli.

Inclus une lettre pour Garnier frères, en remerciement de leur réponse du 18 courant à celle que vous leur aviez remise. Cette lettre vous fournira une nouvelle occasion d'aller leur parler ASSURANCE; mais je doute qu'ils comprennent seulement de quoi vous leur parlez, dans le coup de feu de l'inventaire et du nouvel an.

Je ne vous ai encore rien dit au sujet du tome II de la *Correspondance de Napoléon*. Si vous ne répugnez pas à aller renouveler connaissance avec Perron, chef de division au ministère d'État, dites-le-moi, et je vous enverrai une lettre pour lui, qui coupera court à toute difficulté. Dans le cas contraire, je m'y prendrais d'une autre manière. C'est lui, Perron, qui est chargé de revoir cette *Correspondance* et de signer les bons à tirer. Comme il a reçu l'ordre de me livrer le premier volume, je présume qu'il voudra bien considérer cet ordre comme valable pour les suivants.

Vous avez bien fait de livrer à Daventure votre exemplaire, puisque vous ne le lisiez plus; je vous le remplacerai par un exemplaire de la nouvelle édition à laquelle on va mettre la main incessamment. Elle paraîtra par livraisons de 180 pages, ou 5 feuilles in-18 en moyenne; chaque livraison comprenant une *Étude*, plus les notes et augmentations que je me propose d'y joindre.

La première *Étude* avec le *Prologue* ne faisant que 96 pages de l'édition première, j'y ajouterai une Introduction nouvelle de 60 à 80 pages, dont j'attends un bon effet. Vous verrez. — Il y aura ainsi en tout douze livraisons, plus une treizième pour le *Mémoire;* et comme toutes ces livraisons forment le début d'une série à laquelle je donnerai un titre général, il en résultera que l'ouvrage que je destine en premier lieu aux frères Garnier portera le n° 14.

Avez-vous revu Chaudey? A-t-il pu voir lui-même le docteur Cretin et le rédacteur Peignon, et prendre enfin connaissance de ma lettre? S'il ne pouvait obtenir cette communication, vous pourriez aller trouver, rue des Poitevins, 2, Mme de Jonquières, dont le mari est en ce moment à Bruxelles; elle est autorisée par son mari à vous confier à vous ou à Chaudey les deux lettres que j'ai écrites audit M. de Jonquières, sur le même sujet. La plupart des choses que je disais au docteur Cretin s'y trouvent. J'ai reçu une lettre du député Darimon, qui me marque, ce que je savais, que le bruit répandu sur Ledru-Rollin n'était qu'un canard; il ajoute qu'on est de plus en plus décidé au ministère à m'exclure par les motifs connus. Je n'attends rien du Mémoire de Langlois; sa thèse, en principe, me paraît insoutenable; il eût fait un travail intéressant s'il était entré dans la voie que je lui indiquais; mais je n'ai pu le convaincre.

Je ne reçois toujours pas le *Courrier du Dimanche*, dites-le à Chaudey si vous le voyez. Je n'ai reçu qu'un numéro, celui contenant la lettre de M. d'Haussonville aux bâtonniers des avocats. Conservez-vous, cher ami, et gardez-vous du rhume. Les journaux m'ont appris que le thermomètre était descendu, à Paris, à 14 degrés centigrades au-dessous de zéro; Besançon, 15, aux Chaperis, près Besançon, 20; Bruxelles, 13. Depuis hier, il y a du redoux, et nous nous en trouvons mieux. Stéphanie est satisfaisante; ces temps passés, elle avait chaque soir un petit accès; j'ai pensé que cela pouvait venir du quinquina qu'elle continuait de prendre. J'ai supprimé le quinquina, et l'accès paraît dissipé.

A vous.

P.-J. Proudhon

Ixelles, 22 décembre 185 .

A MM. GARNIER FRÈRES

Je viens vous remercier de votre bonne et affectueuse lettre du 15 courant, répondant à ma sollicitation du 11.

Je n'attendais, je vous l'avoue, messieurs, pas moins de votre obligeance; mais la manière gracieuse dont vous avez accueilli ma demande a mis le comble à mes sentiments. Je vous remercie, messieurs, et vous prie de croire que cette manière d'agir de votre part ne me trouvera point ingrat. Je n'aurai de repos que lorsque je vous aurai donné quelque satisfaction telle que mes facultés d'écrivain me permettent de vous l'offrir, et que vous avez droit de l'attendre.

Je vous dirai, messieurs, que M. Lebègue va mettre sous presse la deuxième édition de mon livre *De la Justice*. Dans le cas où il vous resterait encore quelques exemplaires, je vous engage à les écouler, d'autant mieux que la deuxième édition sera certainement préférée à la première.

Elle paraîtra par livraisons de 180 pages, soit 5 feuilles in-18 en moyenne, chaque livraison se composant d'une *Étude*, plus les notes et augmentations que je me propose d'y faire. L'ouvrage entier, se composant de 12 *Études*, il y aura ainsi 12 livraisons ; mon *Mémoire* de défense fera la 13e.

L'ensemble des notes et additions que je ferai formera l'équivalent de 450 pages.

Ces livraisons formeront le début d'une *série de publications* auxquelles je donnerai un titre général, et dont chacune recevra un numéro d'ordre. Ainsi, la brochure que je vous destine et qui sera de 360 pages au lieu de 180 sera numérotée 14. J'ai sur le chantier une douzaine déjà de ces publications; et tout ce que j'ai depuis vingt ans imprimé ou réimprimé chez vous y passera. Au lieu d'éditions nouvelles d'ouvrages déjà un peu passés, je donnerai au public des œuvres rafraîchies, et qui, éclairées par mes nouvelles études, paraîtront entièrement neuves.

Le prix de la livraison Lebègue, à 180 pages, sera de 1 franc pour la Belgique, et 1 fr. 25 cent. pour l'étranger. Il tirera, m'a-t-il dit, à 1,000 ou 1,500, et prendra ensuite une empreinte. J'ai réservé la propriété et le droit de réimprimer en France le jour où je pourrais le faire; en sorte que mes œuvres complètes ne sortiront pas de chez vous.

En ce moment, j'ai le quart du manuscrit que je vous destine au net. J'aurais fini pour le 15 janvier si je n'avais, d'ici là, à fournir la copie de la première livraison Lebègue.

Continuez-moi, messieurs, l'avantage de vos sympathies et surtout du service de votre librairie, et j'espère que je me relèverai plus fort après cette déplorable année 1859.

Je vous salue, messieurs, et vous présente mes félicitations de nouvelle année.

Tout vôtre.

P.-J. PROUDHON.

Ixelles, 25 décembre 1859.

A M. LANGLOIS

Mon cher Langlois, le titre de votre brochure ne répond pas à ma pensée. Je vous ai bien dit qu'il était naturel et logique que vous rappelassiez les faits qui me concernent ainsi que L.-Rollin et autres ; je ne vous ai pas conseillé de mettre mon nom en tête de votre travail : ce nom ne signifie rien ; ce n'est que l'*occasion*, non le sujet de la thèse.

Je comprends parfaitement le refus des éditeurs, pour deux raisons : l'une, que votre thèse arrive trop tard et n'offre plus d'intérêt pour le public ; l'autre, que mon nom figure au titre. Qui est-ce qui se soucie de l'*amnistie*, à cette heure, et de *P.-J. Proudhon?*

Vous n'avez qu'une manière de rendre votre travail intéressant, c'est de le soustraire aux conditions de *circonstance;* c'est, je vous l'ai dit déjà, d'en faire une étude sur la situation juridique de la morale en France, étude dans laquelle l'amnistie, mon procès et mon exclusion vous serviront simplement d'occasion, de mise en train et d'exemples.

Là, au lieu de prendre parti, comme vous faites, pour une opinion très-controversable, vous vous élèveriez un peu plus haut, et, sous forme de dilemme, vous raisonneriez à peu près comme suit :

1° Le délit d'outrage à la morale est-il de droit commun? (Examen de l'opinion qui l'affirme);

2° Est-il, au contraire, délit politique? (Examen, pas trop long, des raisons qui tendent à l'établir);

3° Conclusion de l'auteur.

Dans le premier cas, comment, demanderiez-vous, la morale publique se trouve-t-elle être liée à la morale religieuse? Y a-t-il une morale publique? une morale française? une morale de la Révolution? Etc., etc. — Si oui, d'où vient la confusion à l'égard des écrivains qui attaquent l'Église?...

Dans le second cas, si l'outrage à la morale est un délit politique, la morale et la religion elle-même ne sont rien par elles-mêmes aux yeux des législateurs; — d'où vient alors l'exception de P.-J. Proudhon, etc.

Dans tous les cas, nécessité d'une explication, d'une interprétation de la loi, d'une révision, voire même d'une déclaration de principes, etc.

A examiner incidemment :

Qu'est-ce que l'OFFENSE A LA MORALE commise par la *voie de la presse?*

Nécessité d'une distinction à établir entre des ouvrages, comme l'*Ode à Priape*, la *Guerre des Dieux*, la *Pucelle*, les *Liaisons dangereuses*, *Faublas*, *Justine*, etc.; — et des livres qui, *volentes aut nolentes*, renversent la morale par de fausses théories, la travestissent ou lui ôtent ses appuis, tels que : *Jacques*, de G. Sand; la *Loi naturelle*, de Volney; le *Système de la Nature*, de d'Holbach; le livre *De la Justice*, de P.-J. Proudhon, etc.

Voilà votre thèse; il n'y en a pas d'autre. Ce que

vous avez fait pour moi, d'après ce que vous m'en avez dit, est incomplet, donne à faux, et je suis de l'avis des éditeurs, ne doit pas, tel qu'il est, voir le jour.

Maintenant, quant à ce qui sera publié dans le *Courrier du Dimanche* et la *Presse* par MM. Feuillade, Chaudey et Peignon, je n'en sais rien. Tout ce que je puis vous dire, c'est qu'à des demandes d'explication réitérées, venues par M. de Jonquières, notre ami Cretin, M. Chaudey, j'ai répondu de plus en plus catégoriquement, comme je l'ai fait pour vous, que je n'entendais ni solliciter par un moyen détourné une application à mon bénéfice de l'amnistie, ni revenir sur l'opinion exprimée par moi dans ma lettre à la *Revue de Namur* sur la nature du délit politique.

J'ai dit seulement, qu'en raison de l'obscurité qui règne sur la matière du quadruple motif de ma condamnation, des faits relatifs au nommé Vandamme et aux condamnés de l'Opéra-Comique, je désirais qu'on interpellât le gouvernement sur la question de savoir, si, etc., etc. Vous connaissez la substance de l'interpellation.

Voilà, cher ami, ce qui se passe et ce que vous savez depuis longtemps. D'après cela, il est naturel qu'au *Courrier* et à la *Presse* on donne la préférence à des articles conçus dans ce sens, plutôt qu'à votre travail, conçu dans une pensée toute contraire à celle bien connue du gouvernement et à la mienne. Votre travail pouvait servir à montrer le *doute* répandu sur la question; ainsi considéré, il devenait *subordonné* à l'article à faire; c'est pour cela qu'entre vous et MM. Chaudey, Peignon, Feuillade, il n'y a pas possibilité de s'entendre.

Je vous ai dit comment je concevais la publication de votre travail, en quelle forme et dans quel esprit. Je n'y reviendrai plus. Mais n'attribuez qu'à vous-même ou plutôt à votre opinion tranchée ce qui vous arrive. Celui qui vous met des *bâtons dans les roues*, c'est vous-même.

Merci de l'intérêt que vous prenez à ma petite famille. Stéphanie est encore bien bas; hier elle a eu une espèce de rechute, et je ne croirai à la guérison que lorsque je la verrai courir dans les blés après les coquelicots. Elle ne quitte pas le lit : toute sa distraction est de caresser le lapin que vous lui avez donné. Elle couche avec et ne s'en sépare pas. Soignez votre femme et votre enfant; c'est chose atroce que de voir les siens souffrir. Ma femme est malade.

Tout vôtre.

P.-J. Proudhon.

1859.

A M. GOUVERNET

Mon cher Gouvernet, deux lettres et peut-être quatre courses.

L'ami Chaudey, dont je viens de recevoir une longue lettre, me parle de l'amnistie de manière à me faire désirer de le voir en rapport avec M. de Jonquières, rue des Poitevins, 2, et Cretin, rue Pigalle, 18. Je voudrais surtout que celui-ci eût l'obligeance de vous confier ma dernière lettre que je lui ai écrite, afin que Chaudey en prît connaissance. Lui seul, jusqu'à présent, est l'homme qui comprend le mieux l'attitude que je veux prendre; il pourrait donner d'excellents conseils à M. Nefftzer de la *Presse*.

A défaut du docteur Cretin, M. de Jonquières pourrait renseigner pleinement Chaudey sur ma manière de voir et mes intentions. Rien autre à vous dire pour le moment, si ce n'est que Stéphanie se plaint du ventre et ne se lève toujours pas. Je ne croirai à la délivrance que quand je la verrai courir sur le boulevard de Waterloo.

Est-ce que Chaudey n'aurait pas quitté la rue de Verneuil, 52? Je ne m'en souviens plus.

Bonjour.

P.-J. PROUDHON

P.-S. Au moment de fermer ma lettre, je reçois la visite de M. de Jonquières. C'est donc une course de moins que vous aurez à faire. Il m'apprend que l'interpellation que je désirais faire adresser au gouvernement par la *Presse* ou tout autre journal a fini par devenir à peu près impossible, grâce à l'embrouillement que MM. Nefftzer, Langlois, etc., ont mis dans la question. On n'a pas l'idée d'un pareil crétinisme. Depuis quatre mois je demande à cor et à cri qu'au lieu de solliciter pour moi la *faveur* d'être assimilé aux autres amnistiés, on demande au gouvernement, en s'appuyant sur les motifs que j'indique, si, oui ou non, il me considère comme un condamné politique, et pourquoi? Qu'il rende publiquement sa décision, etc. On me répond, tantôt que je fais une demande de grâce déguisée, tantôt que le gouvernement, interpellé, ne répondra pas, ou qu'il est trop tard, etc.

De grâce, procurez-vous ma dernière lettre au docteur Cretin, et faites-la lire à Chaudey; il agira ensuite s'il est possible. Jamais je n'ai vu pareille imbécillité. Voilà donc ce que l'on devient en France sous le régime impérial! Honte et flagellation!

Ixelles, 1er janvier 1860.

A M. VERDEAU

Monsieur Verdeau, je ne vous ai pas écrit depuis bien longtemps; j'ai même oublié la date de ma dernière. Le fait est que je n'avais rien à vous dire. J'ai eu d'ailleurs indirectement de vos nouvelles par Duchêne dans le courant de l'été dernier. Il me marquait que rien n'était changé dans votre existence, que vous habitez tantôt Paris, tantôt Versailles, tantôt votre maison de campagne. De mon côté, de quoi vous aurais-je entretenu? La politique, vous la voyez et l'appréciez comme moi, et n'êtes pas de ceux que les batailles et les bâtisses émerveillent. Mes travaux? Ce n'est guère matière à la lettre, à moins qu'on n'en fasse l'objet d'une correspondance longue et suivie, ce qui, pour le moment, me serait impossible.

J'ai à Paris un manuscrit considérable et qui attend l'impression. Je compte pouvoir, dans le courant de cette même année, le faire suivre de trois ou quatre brochures; vous recevrez tout cela au fur et à mesure des publications. J'ai passé cette année à préparer de nombreux matériaux et à réimprimer par livraison mon gros livre *De la Justice*, avec corrections, additions, notes, plus un bulletin politique servant à appliquer les principes développés dans l'ouvrage aux faits d'actualité.

Voilà ma vie pour l'année 1860 : je tiens la douzième et dernière livraison, et dans quinze jours tout sera fini.

Quant à nos santés, il y a du bien et du mal. En somme, deux petites filles qui grandissent tandis que le père décline. *Un clou chasse l'autre*, dit le proverbe.

C'est à mon bulletin politique que j'attribue la remise qui vient de m'être faite de ma condamnation, par une décision impériale du 12 de ce mois, dont vous aurez eu sans doute connaissance par les journaux.

Ce petit fait tout personnel, mais qui s'ajoute à la série des mesures qui depuis le 24 novembre ont dénoté de la part du gouvernement impérial une sorte de revirement politique, me place dans une situation nouvelle, et que vous jugerez sans doute comme moi tout à fait avantageuse.

Il va sans dire que je n'ai ni sollicité, ni fait solliciter cette *grâce*, émanée du *proprio motu* impérial et *sans condition* aucune; ainsi le dit la lettre du ministre des affaires étrangères, Thouvenel.

Mais ce que vous remarquerez tout d'abord, c'est que la décision a été prise après que le gouvernement avait cru devoir, un an auparavant, m'exclure de l'amnistie accordée à la suite des victoires d'Italie; bien mieux, après une suite de critiques très-vives, publiés par moi dans mes bulletins, du régime impérial. En sorte que, combinant toutes ces circonstances : 1° le mouvement des idées libérales en Europe (Italie, Autriche, Prusse, Allemagne, Russie); 2° l'insuccès complet d'une politique renouvelée des traditions de 1804-1814; 3° la situation économique et financière; 4° le refroidissement du clergé; 5° enfin, pourquoi ne le dirai-je pas? la justesse de certaines de mes critiques, je suis forcé de conclure à une volte-face du gouvernement et peut-être à une tentative de rapprochement avec la démocratie, même *sociale*.

Dans tous les cas, je vais consacrer mon onzième bulletin à bien fixer cette situation, telle que la suite des événements et la logique la font paraître; ce sera ma réponse à la décision impériale. Je tâcherai d'être aussi modéré que ferme, mon métier n'étant pas de *juger* l'empereur et son gouvernement, mais d'affirmer une idée, une politique, un droit. Ma position est ainsi des plus faciles, et je puis dire que je rentre avec les honneurs de la guerre. Je tâcherai de vous faire parvenir mon *programme*, qui naturellement restera inconnu du public français.

Tout cela apporte un immense changement dans mes affaires, et le cœur me dit que si mon appréciation n'est point fautive, si je manœuvre avec un peu d'adresse, je puis encore réparer la mauvaise fortune des treize dernières années. J'ai dit le plus gros et le plus périlleux; ma période critique est terminée : il ne me reste qu'à faire un développement doctrinal au fur et à mesure des événements; en sorte que je me représente devant le public avec le double avantage d'être l'un des hommes les plus avancés dans la Révolution et en même temps les plus calmes dans l'exposition de leurs vœux, les plus désintéressés dans leurs prétentions personnelles.

Le nouvel an me rappelant à mon devoir envers vous, j'ai voulu, mon cher monsieur Verdeau, tout à la fois vous exprimer mes sentiments et ceux de ma famille, et soumettre à votre appréciation la manière dont j'envisage l'avenir. Vous noterez bien que j'ai parlé de *rapprochement* de la part de l'Empire vers la démocratie; cela n'implique de mon côté aucun ralliement au pouvoir. Je reste sur mon terrain, non plus hostile, il est vrai, puisque je rentre, mais libre.

Quelques mots de vous, de votre conscience à la mienne, me seraient bien précieux. Permettez-moi d'espérer que vous ne me refuserez pas en ce moment votre pensée de bon citoyen et d'honnête homme.

Mes salutations bien respectueuses et celles de ma femme à Mlle Verdeau. Et croyez-moi, cher monsieur Verdeau, que je ne cesserai jamais d'être votre reconnaissant et tout dévoué.

P.-J. PROUDHON.

Ixelles, 2 janvier 1860.

A M. ALFRED DARIMON

Mon cher Darimon, ma réponse à votre lettre du 29 décembre se trouve dans le passage où vous me dites que des *démarches ont été faites par d'autres personnes dans un autre sens* que les vôtres, et que vous avez refusé de *seconder Langlois* dans ses courses.

Vous et Langlois lisiez mes lettres en commun; vous combattiez en commun ma manière de voir; il m'a donc été permis de me tromper sur ce qu'il y avait de commun et de différent dans vos deux manières de penser.

Comment d'ailleurs aurais-je discerné ce qui est de vous et ce qui est de Langlois, quand je vois par votre dernière que vous continuez à me prêter des idées qui ne sont pas les miennes ?

J'ai toujours pensé de même sur la question :

Je n'ai jamais admis et n'admets pas encore que le délit d'outrage à la morale, commis par la voie de la presse, soit un délit politique ;

Je n'admets pas que le délit de presse soit, de sa nature, un délit politique ;

J'*ignore*, enfin, si les délits politiques pour lesquels

j'ai été condamné couvrent ici le délit d'outrage à la morale, ou si c'est le délit d'outrage à la morale qui doit emporter le délit politique.

J'ai accordé à Langlois, par une pure *hypothèse*, que quand même il parviendrait à jeter du doute sur l'esprit de la législation de 1819, en ce qui touche le caractère politique ou non politique du délit d'outrage à la morale, cela prouverait simplement que la morale est maltraitée en France par les lois, mais ne changerait rien au principe. C'est dans cet esprit et pour d'autres raisons encore, résumées dans une lettre qui doit être entre les mains de Nefftzer ou Peignon, que j'ai demandé, après avoir de nouveau insisté sur l'attitude que j'entends conserver dans la discussion, que l'on portât tous ces doutes à la connaissance du public et que l'on sollicitât une explication doctrinale du gouvernement. Ce dont je me plains le plus, c'est qu'il laisse planer le doute sur des choses qui paraissent à beaucoup de gens sujettes à discussion, et qu'il agisse dans le silence à la façon des pouvoirs discrétionnaires.

Voilà, mon cher ami, quelle est mon intention et quelles sont mes opinions. Vous me connaissez, du reste, assez pour penser que je n'apporte en tout ceci aucune raideur puritaine, et que je ne joue pas à l'exilé. Je suis donc bien loin de vous accuser, ni vous ni personne, d'avoir, par vos démarches, compromis ma dignité ou mon attitude vis-à-vis du gouvernement.

A mes yeux, l'intention d'obliger couvre tout.

Mais il s'agit de plusieurs questions de théorie et de pratique, que je croyais pouvoir être posées au gouvernement et développées dans la presse, sans toucher au principe sur lequel je suis d'accord avec la magistrature, et sans qu'on s'occupât non plus de ma personne. Car, si l'intérêt que je prends à l'amnistie est faible aujourd'hui, il n'en est pas de même de mon procès, dont je ne renoncerai jamais à poursuivre les auteurs. C'est cet imbroglio monstrueux, auquel l'amnistie et ses exclusions sont venues mettre le comble, que je voudrais voir tirer au clair ; là se borne pour le moment mon désir.

Ni tolérance ou faveur pour moi : vous l'avez compris ;

Ni violation des vrais principes : en ceci nous différons ;

Mais discussion de ces principes aujourd'hui mêlés, confondus, mal définis, et sur lesquels le silence du gouvernement est un moyen de despotisme de plus.

Adieu, bon jour et bon an.

Je vous serre la main.

P.-J. PROUDHON.

Ixelles, 8 janvier 1860.

A M. MAURICE

Mon cher Maurice, j'ai reçu votre dernière, m'apportant vos compliments de nouvel an et m'informant de la maladie de votre Laure. Comment une jeune personne, de son âge et de sa constitution, peut-elle être ainsi malade ? Votre lettre m'a étonné, inquiété, et vous ne me donnez pas d'explication. Apparemment que les médecins n'en savent pas davantage. Il faudrait interroger la malade.

L'année 1859 a été pour moi une année néfaste. J'ai eu, tant par moi-même que par ma femme et mes petites filles, *cinq mois* de maladie, *cinq mois* de chômage, qui n'ont pas, vous le comprenez, avancé fort mes affaires. Le 14 octobre, ma femme revenait de Paris avec ses deux filles atteintes toutes deux de la *scarlatine;* le lendemain elle se mettait au lit, et me voilà avec trois malades sur les bras. Pendant six semaines, j'ai été cuisinier, infirmier, femme de ménage et tout ce qui s'ensuit. Vous donner le détail de ces maladies serait trop long. La maladie de ma femme, après avoir pris diverses formes, céphalalgie, angine, *fièvre intermittente*, s'est terminée par un *rhu-*

matisme polyarthritique, *erratique*, *suraigu*, pendant quatorze jours, elle a crié nuit et jour, sans pouvoir se remuer ; elle n'est pas encore guérie.

L'aînée de mes filles s'est assez promptement rétablie. La seconde,n'ayant pas réussi à évacuer l'élément scarlatin, a passé à son tour par *l'hydropisie*, *l'épilepsie*, *la paralysie*, *la fièvre pernicieuse*, *l'hypertrophie de la rate ;* elle en est au *catarrhe*, par où elle avait débuté. Nous la considérons comme en pleine convalescence. Pendant quatre heures elle a été morte; pendant quinze jours, paralysée du côté gauche ; enfin, tout le monde, les médecins eux-mêmes, au nombre de trois, nos amis, l'avaient condamnée. Elle n'en a pas voulu démordre, elle vit.

Je m'imaginais autrefois que pendant la maladie on économisait au moins les frais de nourriture et d'habillement. Il n'en est rien. Nous avons plus dépensé durant les trois derniers mois que nous n'aurions fait avec la meilleure santé et le meilleur appétit, ce qui fait que je suis un peu plus enfoncé que je ne devrais l'être.

Ajoutez à toutes ces maladies une perte nette de 450 francs pour frais d'impression d'une brochure que j'avais entreprise à la sollicitation de quelqu'un et que j'ai ensuite supprimée. En somme, mon déménagement en Belgique, les maladies, le temps perdu, etc., m'auront certainement coûté 3,000 fr.

Cependant je vous avoue que si je suis rudement éprouvé, ma confiance n'est point ébranlée. J'ai foi à l'avenir, je compte sur mon travail, et je ne doute pas que je ne me tire d'affaire. L'exclusion de l'amnistie, dont on a cru devoir me gratifier, n'y fera rien. J'ai à Bruxelles toutes les ressources possibles pour le travail. On vient de mettre sous presse la *deuxième édition*, revue et augmentée, de mon livre *De la Justice*. Cela servira à couvrir mes dépenses de l'année écoulée. Je prépare pour MM. Garnier une série de publications ; ce qui pourra passer en France, ils l'imprimeront ; ce qui leur semblera dangereux sera pour la Belgique ; quand reviendront des temps meilleurs, tout profitera.

Jusqu'ici la chance est furieuse contre moi ; mais j'espère qu'il en sera comme de ma seconde fille. Si je ne succombe pas, le réveil sera honorable. Et, je vous le répète, jamais je me suis senti plus calme et plus de courage. Je souffre bien un peu du rhume ; mais j'ai la tête meilleure qu'en 1856, 1857 et 1858, alors que j'étais forcé de suspendre le travail et d'aller me promener.

Dans huit jours, le 15 de ce mois, j'aurai cinquante et un ans révolus. Croiriez-vous que, hors la légèreté que je n'ai plus, il ne me semble pas que je vieillisse? C'est encore une expérience que je fais : l'homme voit se détraquer sa machine ; au fond, par la tête et par le cœur, il ne vieillit point. Il n'y a que les imbéciles qui, continuant de l'être et ajoutant sans cesse à leur imbécillité naturelle par le vice et la paresse, tombent dans la décrépitude. Cela me fait songer que vous non plus vous ne vieillissez pas. Chez nous le corps s'use, cher ami ; le feu de la vie, l'esprit, ne baisse pas. A vingt ans je n'aimais pas le vin, aujourd'hui je l'adore ; voilà tout. C'est de la physique cela ; ce n'est pas vraiment de la vitalité.

Je voudrais bien savoir ce que fait le père Proudhon avec ses quatre-vingt-quatorze ou quatre-vingt-quinze ans ?

Soyez assez bon pour remettre l'incluse à l'ami Mathey, de la maison Gérard. C'est une affaire qui regarde mon père; j'ai écrit à tous deux, il y a près de trois semaines, et je suis sans réponse.

Bonjour, et meilleure santé à votre bonne Laure.

Ma femme, dont la convalescence est suspendue, mais qui n'en fait pas moins héroïquement son ménage, vous fait à tous deux ses compliments.

Tout vôtre.

P.-J. Proudhon.

11 janvier 1860.

A M. GUSTAVE CHAUDEY

Mon cher Chaudey, deux mots seulement en courant; nous reprendrons la conversation une autre fois.

Votre article sur l'amnistie répond à mon esprit et à mon cœur. C'est cela, c'est comme cela, pas autrement, pas plus, pas moins. On sent néanmoins, après vous avoir lu, que vous n'avez pas tout dit, et que vous êtes en mesure de reprendre la discussion; mais l'*introduction d'instance* est ce qu'elle doit être, surtout de la part de l'avocat d'un des intéressés.

J'ai reçu hier l'article Peignon de la *Presse*. Galimatias pur, galimatias double, triple gâchis. M. Peignon ne sait pas même déraisonner. Il a voulu faire trop bien les choses en enchérissant sur vous, et il a compromis la position. Messieurs, pas de zèle, disait Talleyrand. Il faut le rappeler à Peignon. Enfin, peut-être le gouvernement daignera-t-il parler, j'attends ce que diront l'*Opinion publique* et les autres.

L'article de M. Prévost-Paradol, qui précédait le vôtre, était charmant. On ne pouvait mieux échiner l'auteur de la brochure impériale sans faire une seule concession au pape. Mais, hélas! j'ai bien peur que notre public ne soit plus en état de comprendre ce style; il trouve beau qu'on dépossède le pape et qu'on lui paye quelques millions!... La France, qu'on juge cependant plus favorablement de l'étranger qu'elle ne se juge elle-même, me dégoûte. La sottise Welche rivalise avec l'hypocrisie anglicane.

Comment jugez-vous, là-bas, la situation? Pour moi, mon mépris du prince et du public redouble. On parlait ces jours passés d'une brochure de M. Thiers sur l'affaire du pape; on la dit maintenant ajournée. Si je puis conjecturer ce qu'il pense, voici, ce me semble, ce qu'il doit y avoir dans sa brochure, exprimé et sous-entendu :

La Révolution, organe de la philosophie du dix-huitième siècle, a voulu substituer au principe féodal, religieux et chrétien, un principe démocratique et purement humain; telle a été la pensée de 93.

L'Empire, la Restauration, le gouvernement de Juillet, n'ont pas voulu de cette substitution impraticable, sinon impossible. Ils ont voulu, à l'aide de quelques concessions réciproques, *concilier les deux principes.*

Organe de 89, la France restait donc la fille aînée de de l'Église, et, comme telle, elle était à la tête de 130 millions de catholiques. D'immenses destinées lui étaient promises si elle était fidèle à ce double principe, si elle savait conserver cette double influence.

Depuis 1851, le gouvernement impérial a semé 89, 93 et toute la Révolution; le voici qui maintenant est en train de renier le catholicisme. Car la papauté abattue, l'esprit protestant entre dans l'Église; la France chrétienne perd donc, *ipso facto*, son protectorat et son influence. Le foyer du protestantisme, ce n'est point Paris : c'est Londres, c'est Berlin.

Plus de principes en France, ni la Révolution, ni l'Évangile, ni Voltaire, ni de Maistre. Nous en sommes au néant pur. La République de 48 tendait à doubler la puissance de la Révolution, parce qu'elle se séparait de l'Église; la réaction de 51, première phase, semblait tendre, au contraire, à doubler la puissance religieuse, parce qu'elle écartait la Révolution. Dans les deux cas on ne perdait rien; aujourd'hui il n'y a plus rien.

Supposez maintenant que les Italiens, obéissant au principe de l'initiative populaire et à la théorie du fait accompli, se déclarent tous pour le Piémont; qu'est-ce que l'empereur des Français aurait à y dire? Supposez, en conséquence, que le Piémont, porté à 12 millions d'habitants, nous fasse ainsi une Prusse au midi, comme disait Cavaignac, quelle sera la position de la France ainsi emmaillottée? Nous serons descendus de quatre degrés plus bas qu'en 1840.

Si nous échappons à cette chute, certes, ce ne sera pas la faute de Sa Majesté Impériale.

Je vous fais grâce des conséquences.

Maintenant, voyez-vous d'ici Thiers, réveillant la vanité nationale, montrant la profonde ineptie de cette politique sans principe, tendant la main au parti épiscopal, et élevant, au-dessus du gâchis napoléonien, l'astre nouveau de la dynastie bourgeoise?

1° Ou le christianisme;

2° Ou la Révolution;

3° Ou la conciliation des deux principes.

Il n'y a pas d'autre politique. Le représentant de l'*Idée* napoléonienne a inventé, lui, le néant; point d'idée d'aucune sorte, le sabre tout seul et la corporation de M. Gilbain !...

Pour moi, j'avoue que je ne puis me réjouir de ce gâchis d'ivrogne. Napoléon III a trahi tout le monde, il a tout souillé, tout conspué, et la multitude est à ce degré d'avilissement qu'elle applaudit à chaque cascade qu'il plaît à ce monsieur de faire sur les idées des anciens et sur les nôtres.

Pour se réconcilier avec la jacobinerie, avec le saint-simonisme, avec l'Angleterre, pour obtenir un brin de popularité, après Villafranca, il sacrifie cette papauté que nous soutenons, remarquez-le bien, non pas depuis quarante-neuf ans seulement, mais depuis l'occupation d'Ancône; cette papauté dont nous disputons le protectorat à l'Autriche, parce que c'est celui de 130 millions de catholiques, il la sacrifie, dis-je, sans se douter seulement qu'il arrache la dernière pierre des fondements de son Empire.

Comment la restauration orléaniste ne se ferait-elle donc pas aujourd'hui, quand la démocratie est si bête, quand l'opinion en France, ignorante des principes, n'est gouvernée que par des mots?... Encore un peu, et la dissolution sera arrivée au grand complet; alors, catholiques, monarchistes, amis de 89, tous démolis, seront bien forcés de s'embrasser de nouveau sous les auspices d'une nouvelle Charte!

Encore une fois, mon cher ami, mon cœur est soulevé, mon âme navrée. Je sens parfaitement que je passe au rang des *vieux;* mais, franchement, moi et mes pareils, je veux dire les hommes de la Révolution, de la légitimité et de la conciliation ecclésiastique de 1830, nous avions des idées, des principes, une politique. La France de 1860 n'a rien. C'est pourriture, imbécilité, ignominie.

Je vous serre la main et vous souhaite la bonne

année. Mes respects et mes vœux à Mme Chaudey, un baiser à mon fieux.

Tout vôtre.

P.-J. PROUDHON.

P.-S. Ollivier a bien fait de résister au procureur impérial. Mais le garçon veut exploiter sa petite aventure; c'est de mauvais goût et montre qu'il n'est pas franc du collier. Je ne comprendrais pas, je l'avoue, qu'une Cour infirmât le jugement du tribunal, qui, maître de la police de son audience, a prononcé, après tout, sur un *fait* qu'il lui appartenait d'apprécier, et qui, à distance, ne s'apprécie plus de même.

Ixelles, 11 janvier 1860.

A MM. GARNIER FRÈRES

Messieurs, la lettre par laquelle vous m'avez autorisé à faire traite sur vous, dans l'espace d'un mois, d'une somme de 1,000 francs, m'avait pénétré de reconnaissance ; votre dernière du 9 courant, m'annonçant un envoi d'étrennes pour mes filles, m'a gagné, messieurs, si j'ose ainsi dire, tout à vous. Vous savez être plus qu'honorables, messieurs, avec les écrivains qui travaillent pour votre librairie, vous savez être amis. Vos deux ouvrages nous sont arrivés hier : il ne se peut rien de mieux choisi pour un cadeau de nouvel an, rien de mieux imprimé, de mieux illustré, enfin, et à tous les points de vue, de meilleur goût. Dès le soir même et pour faire honneur à MM. Garnier frères, j'ai commencé la lecture du *Robinson suisse*, et pendant trois heures la mère et les filles sont restées attentives ; onze heures sonnaient qu'on en demandait encore.

Je vous serais moins reconnaissant de cet envoi, messieurs, si vous étiez deux pères de familles. Je dirais que vous avez fait, comme tout le monde, ce qui se fait entre papas. Mais vous êtes célibataires, énormément affairés, fatigués, et vous vous souvenez de deux petites filles. Ah ! messieurs, vous êtes plus gens de cœur que vous ne le voulez paraître.

J'ai été ces jours-ci ressaisi par mon terrible rhume, mais je l'ai arrêté à temps, et mon travail n'en souffrira pas. En ce moment, comme je crois vous l'avoir dit, je suis occupé à mettre en train la deuxième édition par livraison de cinq feuilles grand in-18 de mon livre *De la Justice*. Dans quelques jours, j'achèverai un autre manuscrit. Si rien ne m'arrive, je compte d'ici à quelques années avoir fait paraître, tant à Paris qu'à Bruxelles, tant en travaux inédits qu'en réimpressions, trente à quarante livraisons de cinq feuilles au moins. Cela dépendra de la faveur que m'accordera le public.

Conservez-vous, messieurs, pour vos édités, et recevez les remerciements de ma femme et de mes petites filles.

Votre tout dévoué.

P.-J. Proudhon.

Ixelles, 22 janvier 1860.

A M. BONNON

Cher et excellent monsieur Bonnon, je possède toutes vos lettres : 29 juillet, 15 septembre, décembre 1858 ; 11 juillet, 15 avril, 17 octobre et 24 décembre 1859. — Combien y a-t-il que je ne vous ai écrit moi-même ? Je ne m'en souviens pas ; ce qui est sûr, c'est que si je suis négligent à vous répondre, je ne vous lis pas moins avec grand plaisir ; je suis même décidé, dans une prochaine publication, à faire usage de vos lettres ainsi que de plusieurs autres que je reçois de diverses parts.

Continuez-donc, cher ami, si cela ne vous coûte pas trop de temps, et comptez sur ma discrétion autant que sur ma reconnaissance.

L'année 1859 a été pour moi une année néfaste : j'ai éprouvé cinq mois de chômage, tant par suite de maladie personnelle que pour les maladies de ma femme et de mes enfants. J'ai eu d'autres anicroches qui ont sans cesse affligé ma bourse, retardé mes travaux et mes publications. Enfin, ma femme et ma fille cadette sont en convalescence ; je vais assez bien moi-même, je travaille, et comme l'âme est plus énergique que jamais, j'espère que tout ce désordre finira et que je parviendrai à renflouer ma barque.

Avez-vous su que j'étais excepté de *l'amnistie?* Oui, vous me le dites dans votre lettre du 17 octobre. Cela a été mené jésuitiquement par la magistrature, le clergé et les flibustiers de la Bourse; bref, on est décidé à me faire passer mes cinq ans à l'étranger, en guise des trois ans d'emprisonnement auxquels j'ai jugé à propos de me soustraire.

Voici maintenant, cher ami, où j'en suis :

Je commence une seconde édition, revue, corrigée, augmentée, de mon dernier livre DE LA JUSTICE. En même temps, je me propose de publier à Paris, si je trouve éditeur, divers opuscules sur des sujets intéressants.

Je voudrais bien pouvoir vous faire tenir un exemplaire de mon gros livre, jamais bonne semence ne serait tombée en meilleure terre. Vous me direz par quelle voie je pourrai vous le faire parvenir. Car il s'agit d'abord de pénétrer en France, puis d'arriver à Bourbéville. Au reste, comme l'impression durera cinq à six mois, nous avons le temps de nous retourner. Mais il ne faut pas que vous mourriez sans avoir lu cela, entendez-vous, mon cher Bonnon. Les treize livraisons (je parais par livraison) feront ensemble 2,400 pages : vous en aurez pour plus de dix-huit mois de lecture.

Nous sommes en plein cahos politique et social.

Le gouvernement impérial, sans principes, ne sachant où donner de la tête, fait la guerre à l'Autriche soi-disant pour affranchir les Italiens.

Puis, tout à coup, il abandonne sa tâche à Solferino et fait une paix impossible. Le Piémont suspend sa constitution, et le gouvernement militaire règne en Italie, avec force intrigues, où il n'y a rien du tout pour le peuple : voilà l'affranchissement.

Puis, pour se réconcilier avec l'Angleterre, après l'avoir longtemps menacée, Napoléon III sacrifie le pape qu'il a si longtemps caressé, et compromet le sort de l'Église romaine, son plus fidèle soutien.

Il fait un traité de commerce, qui déjà soulève des réclamations de tous côtés, et par lequel la marine marchande française est sacrifiée à celle d'Angleterre.

Tandis qu'on se bat en Italie pour la défense des nationalités, la Savoie, poussée par ses prêtres, demande à être réunie à la France, à laquelle elle n'a jamais appartenu. C'était en haine de Victor-Emmanuel, accusé de vouloir dépouiller le pape, que le clergé savoyard agissait ainsi.

Maintenant, voici que Napoléon fait pis au pape que Victor-Emmanuel, les prêtres ne parlent plus d'adjonction, mais les impérialistes en veulent !...

Mon opinion est que Napoléon, qui a fait la guerre d'Italie pour apaiser les fanatiques complices d'Orsini, sacrifie la papauté et les intérêts français à la politique de l'Angleterre, afin que l'Angleterre, qui est restée neutre pendant cette dernière guerre, reste neutre encore pendant celle qu'il médite et qui sans doute aura lieu sur le Rhin.

Il n'y a pas plus de principes, de prudence, de loyauté chez les autres gouvernements que dans le nôtre. Aussi, vous voyez que les Français, en s'alliant tantôt aux uns, tantôt aux autres, les battent tous individuellement l'un après l'autre; c'est une imitation des guerres du premier empire et une répétition des mêmes fastes. La Prusse exécutée, nous passerons enfin la

Manche, et comme de toutes les puissances la plus coupable est l'Angleterre, je vous avoue que je ne serais pas fâché de voir exterminer cette aristocratie britannique et un grand coup frappé sur Londres.

En attendant, la France s'apauvrit, se déprave, se dépeuple. Il n'y a plus d'esprit public, plus de mœurs. Le clergé s'est brouillé avec la nation dans sa servilité pour l'empereur, qui maintenant le dédaigne; tout est divisé, tout est antagonique. La classe moyenne se ruine, le peuple reste pauvre; les villes de province n'ont plus de vie, et l'escroquerie triomphe en pleine police correctionnelle. La génération actuelle est mauvaise; enfin, la France est bête et lâche.

Vous comprenez que je regrette peu le séjour de Paris. Je servirai la Révolution et la France elle-même beaucoup mieux du dehors que du dedans. Aussi je m'y prépare avec zèle.

Écrivez-moi par le canal ordinaire, et dites-moi toujours tout ce que vous savez, sentez et voyez. Vos lettres ne peuvent qu'être retardées quelques jours dans le bureau de la maison par où elles passent, ainsi ne craignez rien.

Je vous serre la main.

P.-J. Proudhon

Ixelles, 22 janvier 1860

A M. GOUVERNET

Mon cher Gouvernet, reçu votre dernière par l'ami R***, qui est revenu dégoûté de la capitale et enchanté de vous.

R*** me rapporte que vous lui avez dit que plusieurs personnes que je crois encore mes amis ne le sont guère. Je suis fâché, cher ami, que vous n'ayez pas cru devoir confier les noms de ces amis-là à R***. Cela m'empêcherait de faire des conjectures et de concevoir des soupçons. Ceux que je soupçonne sont donc les gens qui dans le fond de leur cœur sont plus ou moins atteints de la contagion impériale, et qui regrettent que je me montre si raide sur la question de ma rentrée. Si je me trompe, vous me le direz; j'aime à connaître mon monde; et je vous assure que je ne souffre guère à me voir délaissé; la seule chose qui m'importe est de n'être pas trahi.

Avez-vous lu un article sur l'affaire Perron, un éreintement soigné, dans la *Gazette de l'industrie et du commerce*, numéro du dimanche 8 janvier 1860, rue Feydeau, 26. Si vous ne l'avez pas lu, achetez le numéro, il en vaut la peine. Vous y verrez les blagues de votre compatriote tirées au clair; et comme quoi il a su faire allouer à son désintéressement un traitement de préfet de première classe. Lisez, lisez.

J'ai reçu de Massol une lettre très-peu édifiante sur l'état du peuple français. Comme Massol ne me flatte point et me dit la vérité toute crue, je ne le soupçonne pas de m'être infidèle. Je vous donne inclus un billet pour lui. Tâchez donc de le faire un peu causer.

J'ai reçu une feuillette de vin de Daventure, qui a été malade. Toutes mes traites sur Garnier frères sont arrivées; ainsi, vous n'avez aucune information à prendre pour cela. J'ai encaissé les 450 francs en reçu de votre dernière; si vous voyez le papa B***, dites-lui simplement que je le couvrirai en mandats successifs sur Garnier frères.

Quand vous aurez une somme de 50 francs disponible et huit jours de vacances, vous pourrez, si le cœur vous en dit, venir nous voir. Vous coucherez dans ma chambre, et vous n'aurez à boire que la bière brune.

Je vous serre la main.

P.-J. Proudhon.

Ixelles, 6 février 1860.

A M. JOSEPH FERRARI

Mon cher Ferrari, je me hâte de répondre à votre appel. Je connais depuis deux jours la nouvelle de votre candidature, et j'en ai été heureux. Avec la même franchise et aussi peu d'hésitation que je vous ai dit mon sentiment sur votre projet de fonder un journal, je vous dirai que mon opinion très-arrêtée est que vous devez accepter la candidature. Je ne vous parle pas des motifs tirés de l'état du pays, que vous connaissez mieux que moi; mais je trouve qu'il est des cas où nous devons suivre le flot et payer de notre personne, tout comme il en est d'autres où l'abstention est commandée par la plus vulgaire prudence.

Il existe en Italie une pensée fédéraliste dont vous êtes l'un des principaux représentants : il ne faut pas que cette pensée s'efface tout à fait. La lutte journalitique ne peut lui convenir en ce moment (il s'agit ici de nous). La lutte parlementaire ne peut que lui être favorable. Au Parlement, vous n'avez besoin que de parler avec modération, gravité, sans trop d'empressement ni de fréquence ; au moment où la furie militaire emporte tout, votre devoir est le calme, l'affirmation pure et simple, motivée en termes dignes, précis, et, pour ainsi dire, en apophtègmes. Peu à peu vous relèverez les contre-sens, les périls, les illusions d'une politique fausse, et, le moment donné, vous et vos amis ferez une charge à fond.

Songez, c'est un vieux batailleur qui vous parle, qu'on ne triomphe pas des emportements populaires par une résistance violente et de front; il suffit qu'on vous sache là, qu'on vous voie présent.

Sous cette réserve, je dis que votre vie d'historien et de publiciste, qui se serait éparpillée, déshonorée dans la presse quotidienne, se complétera par quelques années de parlementage...

Avec un homme tel que vous, on s'entend à demi-mot. Je vous laisse donc le soin de développer votre thème.

Écrivez à vos amis pour leur dire que votre opinion et que l'idée fédéraliste doit, dans l'intérêt suprême de l'Italie, être représentée au Parlement, que vous êtes prêt, en conséquence, à accepter le mandat; que votre élection, si elle a jamais lieu, n'aura dans aucun temps une autre signification, etc., etc., que, du reste, ne voulant agir en ceci, ni comme chef d'un parti, ni dans une pensée hostile au Piémont, mais seulement dans l'intérêt de la vérité italienne, vous vous abstiendrez de toute démarche, et attendrez à Paris le résultat des élections.

Ainsi posé, vous devenez inexpugnable, vous attendez les événements, vous notez les fautes et vous vous ménagez le facile avantage de rejeter sur l'ambition impatiente du roi de Sardaigne et la fantasia italienne tous les mécomptes de vos compatriotes.

N'avez-vous pas déjà d'ailleurs un appui? La paix

de Villafranca était bien absurde; mais enfin la pensée fédérale y était, et tout en pensant ce qu'il convient de Sa Majesté Impériale, vous pourrez toujours vous prévaloir du premier sentiment du potentat.

Allez donc, cher ami, et que Dieu vous assiste !

L'annexion de la Savoie est une des hontes du gouvernement piémontais ; quel thème à exploiter contre Cavour, quelle confiance peut avoir l'Italie en un gouvernement si prompt à rejeter son antique patrimoine ! Est-ce que la Savoie ne devrait pas être sacrée pour Victor-Emmanuel ? Où est le temps où les rois et les nations ne faisaient qu'un; où celles-ci pouvaient dire à ceux-là : Vous êtes l'os de mes os et la chair de notre chair ? L'histoire et la nature vous ont fait roi de l'Alpe, Savoyard, Piémontais, Allobroge, Ligurien même, si vous voulez. Et vous reniez le tombeau de vos pères pour devenir roi de la Toscane qui ne vous connaît pas, de la Lombardie qui ne veut pas de vous ?...

Et que dire aussi de ce clergé savoyard qui un jour, comptant que l'empereur Napoléon appuierait le Pape, demande la réunion à la France, qui le lendemain, déçu dans ses espérances, regrette ses démarches.

Quoi ! voilà où en est l'Italie ? Voilà sur quel noyau on parle de fonder l'unité !... Honte !

Encore un thème que je vous laisse à développer. Le roi *chevaleresque* préfère à ses compatriotes pauvres les Florentins et Lombards riches. Comme c'est édifiant !...

Quant aux unitaires italiens, unitaires et plats copistes des unitaires français, vous n'avez qu'un mot à dire : c'est que la France porte le deuil de ses fédérations anéanties ; c'est que de tous côtés surgit la pensée de décentralisation. La Révolution est en sens inverse des tendances actuelles de l'Italie.

Enfin vous avez l'avenir à exploiter. Si le gâchis napoléonien était vaincu, si la pression des armées françaises ne se faisait plus sentir en Italie, qu'en serait-il du nouveau royaume? Comment, travaillé à l'intérieur par les répulsions nationales, au dehors par l'Autriche, se soutiendrait-il ? Il aurait compromis une fois de plus les destinées de l'Italie. Mais je vous fais la leçon et je devrais me taire ; ne voyez dans mes paroles que la confirmation de mon idée, que vous devez accepter la candidature si elle vous est offerte. Oui, plus j'y pense, plus je trouve que, dans cet accès de fièvre des Italiens, soutenir l'idée de la fédération par la polémique quotidienne, serait augmenter le trouble et tout compromettre, tandis que l'affirmer simplement, tantôt par un discours, tantôt par une profession de foi, en un mot par un acte, c'est la sauver, la faire grandir et ménager le revirement *en masse* de la même manière qu'aura eu lieu l'entraînement.

Au surplus, je me prépare à agir de mon côté vis-à-vis de la France, dans le même esprit que je vous conseille (puisqu'enfin, cher ami, vous me permettez de vous donner mon opinion) ; à cette heure, la démocratie française est à demi vaincue par la politique impériale. On applaudit au sacrifice que Sa Majesté a faite de la papauté ; on applaudit aux idées de *libre-échange*, deux mystifications dont l'année 1860 verra la fin.

De la part d'un pouvoir sans principes, le sacrifice de la papauté à l'Angleterre est une augmentation de gâchis, un pas de plus dans la dissolution européenne, l'abandon de l'influence française sur 130 millions de catholiques, un dérivatif de Révolution.

Quant au libre-échange, il y a quinze ans que j'ai coulé bas cette jonglerie, qui, avec le principe du *laissez faire et laissez passer* et du *libre agiotage*, après avoir eu quelques entrepreneurs, n'aboutira qu'à une aggravation de misère de la classe ouvrière.

Le gouvernement impérial paiera cher son succès d'un moment, je vous en réponds. Pour le moment il faut laisser aller les choses, puisque le silence qui est imposé à la France ne permet pas de prendre au corps les actes du gouvernement. En Italie vous avez la fougue populaire, incapable à cette heure de rien entendre; en France nous avons la compression de la police et le bâillonnement de la presse; attendons donc.

La deuxième édition de mon livre *De la Justice* est sous presse et paraîtra par *livraisons* de 180 à 200 pages, avec *notes* et *éclaircissements*, un nouveau PROGRAMME et des *nouvelles de la Révolution*.

Je prépare aussi une publication pour Paris.

Accusez-moi réception de ma lettre, et donnez-moi des nouvelles plus amples sur les affaires d'Italie.

J'espère que si vous retournez à Milan, vous m'écrirez de là ou de Turin.

Tout vôtre.

P.-J. PROUDHON.

Ixelles, 6 février 1860.

A M. GOUVERNET

Cher ami, inclus une lettre pour le papa Beslay. Je lui envoie un premier reçu de 200 francs sur Garnier frères, et le remercie de son obligeance. Puis, je lui fais un petit sermon sur son bonapartisme. Il sera donc bien que vous déposiez simplement ma lettre chez le portier; vous le verrez une autre fois.

L'Empire fait de la bascule. A bout de ressources, il se rejette du côté de l'*Angleterre* et de la *démocratie*, et pour gage il lui offre le sacrifice du pape et une soi-disant réforme douanière.

Tout cela sera une aggravation de gâchis, un pas de plus dans la dissolution générale. C'est ce que je dis dans la première circulaire de mon livre, qui paraîtra bientôt.

Au lieu de supprimer l'*Univers*, pourquoi ne laisse-t-on pas à M. Proudhon le soin de lui répondre?

Au lieu d'introduire les Anglais dans nos ports, pourquoi a-t-on laissé partir la *Franco-Américaine?*

Mais je laisse de côté les discussions.

Je vous remercie des nouvelles que vous me donnez des *amis*. Puissent-ils se soutenir aussi bien que je me soutiens! En tous cas, ils auront de mes nouvelles; e comme l'année 1860 ne verra probablement pas la guerre, la première étape de la Révolution se manifestera de nouveau.

Que je travaille six mois comme j'ai fait depuis deux, et les choses iront bien.

Je voudrais savoir ce que fait Duchêne!

Qu'il ne croie pas que je l'oublie, ni que j'aie entièrement mis de côté les travaux qu'il m'a fournis. *Tout vient à point à qui sait attendre.*

Je vous serre la main.

P.-J. Proudhon.

Ixelles, 6 février 1860.

A M. CHARLES BESLAY

Cher ami, je suis bien content que vos affaires prennent enfin tournure : la vente de vos procédés vous donne enfin du comptant; j'espère que l'affaire suisse ne s'en liquidera que mieux.

Mais pourquoi donc consentir que l'on vous fourre dans cette commission de *réforme douanière?* Est-ce que, sous aucun rapport, cela pouvait vous convenir?

Pardon, cher ami, de vous exprimer aussi franchement mon opinion; mais vous savez que les amis s'appartiennent les uns aux autres; que nous sommes plus ou moins solidaires de nos erreurs comme de notre honorabilité.

Le faible que vous avez toujours eu pour le bonapartisme, et qui date chez vous de 1814 et 1815, vous emporte cette fois trop loin. Je comprends que les patriotes de votre nuance n'aient pu se réconcilier avec les Bourbons; qu'ils n'aiment point aujourd'hui l'orléanisme; est-ce une raison pour vous enrôler dans la brigade Havin et sa politique!

En ce qui touche le pape, comment ne voyez-vous pas que, de la part d'un gouvernement sans principes, l'abandon de la papauté n'est qu'un pas de plus dans la dissolution universelle; que ce n'est qu'un coup de bascule; qu'au moment où on touche le pape et Veuillot, on condamne Vacherot et on exclut de l'amnistie le citoyen Proudhon? On supprime l'*Univers*, et vous applaudissez. Il faut protester, au contraire. Que l'*Univers* vive, et qu'on nous laisse le soin de lui répondre.

Quoi! c'est au moment où Napoléon trahit ses amis les ultramontains comme il nous a trahis nous-mêmes, c'est à cette heure-là que vous lui donnez l'accolade! Mon cher ami, il arrive parfois qu'on se sert des traîtres, ce qui est toujours triste; on ne les accepte jamais.

Quant à l'affaire de la réforme douanière, je m'étonne que vous, qui savez compter, vous donniez dans cette mystification. Suffit-il qu'on crie : *A bas les monopoles*, pour obtenir votre suffrage?...

Est-il séant que vous, bourgeois, vous applaudissiez à la ruine d'une portion de la bourgeoisie industrielle?...

Croyez-vous que le bien-être des masses s'améliore?

Relisez mon chapitre des *Contradictions économiques*. relatif au libre-échange ou à la *balance du commerce*, et vous verrez que j'ai réfuté il y a quinze ans toutes ces niaiseries. Le libre-échange n'est possible qu'à la condition de l'escompte gratuit...

Allons, cher ami, consultez ceux de nos amis présents à Paris. Ne vous laissez pas englober dans ce mouvement de ralliement qui entraîne la démocratie. C'est assez qu'à la suite du coup d'État la bourgeoisie égoïste et peureuse se soit prostitutée à l'usurpation; en dira-t-on autant des républicains?

Envoyez votre démission au ministre; vous ne manquez pas de prétextes. Je vous prédisq u'avant deux ans les affaires impériales seront en plus mauvais état que jamais, et les démocrates plus honteux, plus dégrisés qu'on ne les a encore vus.

L'intrigue bonapartiste aura beau faire, l'avenir n'est point à elle. Elle ne peut aller, avec son jeu de bascule, que d'inconséquence en inconséquence, de contradiction en contradiction, d'arbitraire en arbitraire. Le ralliement des républicains à cette clique serait la déchéance; prenez-y garde.

Je vous serre la main, cher ami, et, encore une fois, je vous prie d'excuser ma franchise. Mon amitié seule me fait parler; vous savez que vous êtes un peu de ma famille.

Votre dévoué.

P.-J. PROUDHON.

Dimanche, 20 février 1860.

A M. GOUVERNET

Cher ami, reçu ce matin la vôtre du 18 courant.

Si vous voyez Chaudey, dites-lui que j'attends depuis longtemps quelques mots de lui sur la situation générale. Depuis qu'à propos des articles du *Courrier du Dimanche*, de l'*Opinion nationale* et de la *Presse*, vous m'annoncez encore le *Siècle* sur la question d'amnistie, il m'est venu en idée d'adresser, un beau jour, une plainte vigoureuse au ministre, et d'en envoyer copie à droite et à gauche à quelques entendants titrés. — Je repousse la théorie de MM. Peignon et Langlois; mais, enfin, le gouvernement n'a pas parlé, et il y a un côté qui m'est avantageux et sur lequel on me fait évidemment injustice. C'est là ce que j'entends ne pas subir. Je verrai, j'attendrai pour cela une occasion.

Ma première livraison est à peu près terminée; on passe à l'impression de la seconde. Ce sera une occasion de suivre les événements et de faire parvenir à la France quelques idées sincères.

A ce propos, cher ami, je dois plus que jamais vous recommander la prudence. Sous forme *épistolaire* je dis beaucoup de choses très-déplaisantes à nos matadors de l'Empire. Avertissez les amis quand ils auront des communications importantes à me faire de vous les remettre. Je me pourvoirai d'occasion et vous donnerai d'autres adresses..

Il me semble que je commence *piano pianissimo.* Mais vous savez que sous ma plume les choses prennent une figure fortement accentuée, et qui dépasse mon attente.

Au surplus, nous en jugerons bientôt.

Le *Progrès international*, journal hebdomadaire d'ici, contient un nouvel article sur *Perron.* Si vous avez lu l'article que je vous ai indiqué, vous avez dû remarquer une circulaire du ministre qui se déclare en dehors de la *Caisse générale.* M. Perron a réussi à obtenir une contre-circulaire du même ministre qui le recommande au préfet, etc.

C'est aussi gâchis que la politique.

Je viens de voir l'arrêt définitif contre Ollivier. Je n'ai pas été satisfait de ses explications devant la Cour. Tout ce qu'il a fait est de pure vanité. Du moment qu'on admet en principe que l'avocat ne peut pas parler au procureur impérial comme à un autre avocat son antagoniste, et qu'il faut voir en lui l'organe de la société, laquelle est inviolable, il est clair, selon moi, qu'Ollivier ne pouvait pas dire au ministère public qu'il faisait appel aux passions. Sa distinction entre *l'homme* et *l'acte d'accusation* est sophistique. Bref, il n'y a pas là bonne foi.

J'aurais aimé entendre dire à la Cour : Messieurs, le ministère est faillible comme moi ; or il *m'a semblé qu'il avait ici failli*, et je l'ai dit. *Je ne crois pas que ce soit une faute !...*

Que si pareil sentiment ne peut être exprimé ou défendu, eh bien il fallait tout simplement rétracter ses paroles.

Le papa B*** m'a envoyé ses *explications*. Il est meilleur patriote que jamais, et me prouve que je suis dépassé. Voyez-le ; je ne lui ai pas dit de qui je tenais la nouvelle; vous vous arrangerez à votre guise. C'est un homme qui entend à merveille la raillerie. Au surplus, voici inclus une lettre dans laquelle je lui envoie son absolution.

Saluez tous les amis, et priez-les de me tenir au courant ; il y va du succès de mon œuvre.

Bonjour.

P.-J. PROUDHON.

Ixelles, 20 février 1860.

A M. CHARLES BESLAY

Mon cher ami, nous avons reçu la vôtre du 16 courant.

J'accepte avec satisfaction les explications que vous me donnez sur l'affaire douanière, non pas que j'en eusse besoin pour être sûr de vos sentiments démocratiques, mais parce qu'en matière si délicate j'aime à être renseigné exactement.

Enfin, cher ami, il y a une phrase de votre lettre qui montre que vous jugez parfaitement la politique de ce monsieur, c'est quand vous dites qu'elle nous mène à la *dissolution universelle.*

Rien n'est plus vrai, et c'est pourquoi l'atteinte portée à la papauté par un gouvernement qui se joue de tout, m'a paru, à moi, dans la situation, et en l'absence de la pensée révolutionnaire, une énormité. Aussi, je saisis cette occasion de commencer ma propagande en réimprimant mon livre.

« Plus de Pape, plus d'Église ;
« Plus d'Église, plus de religion ;
« Plus de religion, plus de morale ;
« Plus de morale, plus de société. »

Souvenez-vous de cela. C'est pourquoi je dis dans ma première livraison : *En avant la justice révolutionnaire !*

Écrivez-moi à l'avenir avec circonspection, à moins que vous n'ayez des occasions particulières.

Adieu, cher ami ; on a jeté de grands cris quand j'ai lu le passage de votre lettre où vous parlez de nous faire visite. Ne vous embarquez pas avant le beau temps.

J'espère me couvrir de toutes mes dettes et réparer enfin mon petit désastre.

Si ma nouvelle entreprise prend et que je ne sois pas entravé d'ici à deux ans, j'aurai peut-être assuré mon bien-être et la dot de mes filles. Enfin je ne vous dis que ce mot : Vous pouvez dire hardiment que vous êtes content de moi, car je travaille beaucoup et me conduis bien.

A vous de cœur.

P.-J. PROUDHON.

Bruxelles, 12 mars 1860

A M. MAURICE

Mon cher Maurice, mon frère est ma croix et ma désolation. Ce n'est pas que je l'accuse à cette heure; depuis cinq ou six ans, je lui dois ce triste témoignage qu'il est devenu à peu près impotent, ce qui, joint à son incapacité naturelle et au milieu défavorable où il vit, ne peut manquer d'aggraver sans cesse sa misère.

Mais c'est que je ne puis vraiment rien pour lui. Voilà bien longtemps que, pour lui épargner tantôt une saisie, tantôt une expropriation ou des frais, tantôt un refus de pain, je fais des efforts au delà de mes moyens; à cette heure, je n'en puis plus. Ma propre existence est trop précaire, trop aléatoire pour que je m'endette davantage à son intention.

Peut-être dans six mois ma position aura-t-elle changé ; mais, après toutes mes mésaventures, puis-je compter sur l'avenir?

La première livraison de mon dernier ouvrage, livré maintenant à la réimpression, vient de paraître à Bruxelles. Je vous ai dit que cette réimpression paierait à peu près mes dépenses de 1859, et que je préparais d'autres publications pour me remettre à flot.

Cette deuxième édition me coûte beaucoup de travail. Elle est revue, corrigée, augmentée, refaite de fond en comble, bien que le caractère et la forme du livre soient conservés. Enfin, c'est un bon travail. Si vos relations avec Genève ou Bâle vous le permettent, je ne puis que vous engager à acquérir cette édition et à vous défaire de la première.

Mon projet est de préparer une refonte générale de tous mes livres dans les mêmes conditions, ce qui me créera peut-être un petit revenu fixe; mon libraire du moins n'en doute pas.

Mais, je vous le répète, je suis au début, je suis encore fort arriéré et je ne vis que de mon compte courant.

Si, à ma considération, les créanciers de mon frère voulaient consentir encore à un attermoiement, je leur en serais personnellement reconnaissant. Ils doivent voir qu'il ne manque ni de bonne foi ni de bonne volonté. Aussitôt que la petite succession de Salins lui est parvenue, il s'est empressé d'en faire part à ses créanciers, leur promettant de faire de son mieux pour les payer; pour toute réponse on lui fait un commandement, on menace de l'exproprier.

Tant qu'on m'a supposé quelque ressource, on a patienté avec lui; depuis qu'on me croit perdu, on se montre féroce. Que je reparaisse à Paris avec un succès littéraire, et les offres de service lui reviendront; ainsi va l'opinion, esclave du succès, sans pitié pour l'infortune.

J'ai prévenu mon frère que j'étais à sec; les maladies et le chômage m'ont épuisé. Cela ne m'a pas empêché de lui envoyer 50 francs pour ses étrennes; il recevait en même temps un commandement de 17 francs!...

Quand on songe que depuis plus de quarante ans, — j'en ai cinquante et un révolus — ma vie se passe dans une continuité de pareilles misères; il ne faut pas s'étonner s'il y a quelquefois de l'aigreur sous ma plume.

Voici inclus un mot pour mon frère. Comme je suppose que vous aurez à lui écrire ou que vous le reverrez, je mets sa lettre sous le même pli que la vôtre.

Qu'il essaie d'obtenir encore un ajournement en donnant quelque espérance; c'est la seule chose que je puisse lui dire. De l'argent, je n'en ai pas, et j'en dois partout. En ce moment il faut qu'il m'oublie; le mieux pour lui est de me laisser sortir de l'abîme.

J'ai écrit, à l'époque du nouvel an ou peu de temps après, une lettre au père Proudhon. Il n'a pas répondu; je suppose qu'il s'est fâché de mon long, trop long silence. Je lui ai dit franchement, pour excuse, qu'outre mes calamités particulières qui me rendent taciturne, j'avais reçu de lui, par voie indirecte, des nouvelles si déplorables, qu'elles m'avaient ôté le courage de lui écrire. On me disait qu'il était tombé en *enfance* et qu'il était entouré de *prêtraille*.

Si vous revoyez la personne dont vous m'avez parlé, tâchez donc, je vous en prie, de savoir si ma lettre est parvenue et pourquoi on l'a laissée sans réponse. Je me suis recommandé à l'obligeance et aux bons offices de Pernot, notre vénérable; peut-être saurait-il quelque chose. Ce vieux diable de jacobin est intraitable, et ne sait ce que c'est que le pardon pas plus que le malheur.

Je voudrais bien savoir aussi ce que devient le père Weiss; j'ai regretté bien des fois de l'avoir si peu cultivé. Je crois vous avoir dit déjà mon opinion sur ce savant.

Les imbéciles du pays en parlent comme d'une nécessité locale; les médiocrités envieuses le déprécient sans seulement savoir en quoi consiste son très-rare mérite. Moi, je vous dis que M. Weiss est, en son genre, un des hommes les plus dignes, les plus savants, les plus spirituels de France, et l'un des derniers et des plus honorables représentants du dix-huitième siècle, qui, comme personnel, valait mieux que le dix-neuvième!

Pardonnez-moi, mon cher Maurice, quand j'ai tant de soucis, de m'entretenir avec vous d'autres choses. S'il me fallait renoncer à mes affections, à mes opinions, à mes sentiments, autant vaudrait me jeter à l'eau. Je compte sur douze ou quinze années de travail encore; je crois que ce seront les meilleures et les plus fructueuses de toute ma vie, et peut-être me reverrez-vous plus illustre et moins détesté que je ne l'ai été depuis 1848.

Mes salutations à votre Laure.

Je vous serre la main.

P.-J. PROUDHON.

Bruxelles, 12 mars 1860.

A M. CHARLES PROUDHON

Mon cher Charles, j'ai reçu ta lettre et deux de M. Maurice, relatives à l'expropriation dont tu es menacé.

Je te le dis avec désolation : je ne puis rien du tout en ce moment pour toi. Peut-être que dans six mois mes affaires auront pris meilleure tournure ; je commence la réimpression de mon livre. Sous quelques semaines, j'enverrai un manuscrit à Paris. Pour le quart d'heure, je te le répète, je n'ai rien que du déficit et des dettes.

Tâche d'obtenir un nouvel atermoiement. Tu as fait preuve de bonne volonté et de bonne foi, c'est ce que je dis à M. Maurice, il serait peu digne qu'on t'en récompensât par une expropriation sans pitié.

Est-ce que tes créanciers s'imaginent par hasard que les vignes vont être hors prix ?... En ce cas, ne résiste pas. C'est une opinion fausse, dont ils reviendront. Les Anglais n'achèteront guère plus de nos vins après le traité de commerce qu'ils ne faisaient auparavant ; et ce ne sont pas ceux de Burgille qui feront la hausse.

Fais-moi savoir le résultat de l'opération dont tu me parles, et tiens toujours ton cœur haut et ferme. On te pourchasse en ce moment parce qu'on nous suppose tous les deux ruinés à fond. Peut-être, cependant, me reverra-t-on sur l'eau plus tôt qu'on ne s'y attend. Alors tu verras les sots te faire de nouvelles offres de service.

Crois que je ne peux faire mieux en ce moment que de te donner de bonnes paroles; et souviens-toi, comme moi, que la vie étant un combat, le plus sage est de faire de ce combat notre félicité.

Ton frère.

P.-J. Proudhon.

Ixelles, 15 mars 1860.

A M. ALEXANDRE HERZEN

Cher monsieur Herzen, j'ai reçu la visite de votre jeune compatriote, ainsi que le livre et la lettre dont vous l'aviez chargé pour moi. J'ai lu déjà tout le livre, dont je connaissais une partie, sans que je puisse dire aujourd'hui d'où me venait cette connaissance. Ces Mémoires sur votre famille, votre jeunesse, votre vie russe et votre initiation à la persécution, ne m'en ont pas moins vivement intéressé. Comme on vous l'a prédit, vous étiez prédestiné à devenir l'un des hommes les plus importants de la Russie : vous comprenez de reste qu'en vous disant cela, je ne vous adresse pas un compliment exagéré. Qu'est-ce que le règne d'un ours comme Nicolas, auprès de votre propagande? Qu'est-ce que la politique d'un Nesselrode, et même les sermons d'un Philarète? Courage donc, pieux révolutionnaire; ne ralentissez point votre travail; le temps est plus que jamais à l'orage, et, comme toujours, vous verrez les événements, des événements formidables, devancer encore la prévoyance des hommes.

Je vois avec tristesse la reculade de votre Alexandre. Est-ce un changement de politique ou simplement un changement de front? La Russie, avec son jeune empereur, recommencerait-elle la période de notre imprudent et malheureux Louis XVI? Je crois, quant à moi, tous les gouvernements de l'Europe en état de trahison vis-à-vis de leurs peuples, depuis Victor-Emmanuel jusqu'au pape, depuis Napoléon III jusqu'à Alexandre II. Tôt au tard, après s'être longtemps chamaillés, nous les verrons s'unir contre la Révolution, qui arrive sur eux à grands pas. C'est pour cela que nous devons nous hâter et profiter du temps qui nous est laissé pour semer dans le monde le reste de notre graine.

Je viens de remettre sous presse mon dernier gros livre sur la *Justice*. Il paraît par *livraisons* de cent cinquante à deux cents pages, comprenant chacune : 1° une *Étude* de l'ancienne édition ; 2° des notes, éclaircissements, et des appréciations sur les faits contemporains.

La première livraison contient, en outre, un *Programme de philosophie populaire.*

Le tout soigneusement *revu*, *corrigé*, *augmenté*.

J'ai prié l'éditeur de vous adresser un exemplaire de cette première livraison, et je me promets de faire de même pour toutes les autres. Maintenant, monsieur Herzen, voici ce que je désire de vous :

Nous servons la même cause; mais travaillons, chacun de notre côté et à notre manière, à la même œuvre.

Je fais appel dans mon programme à tous les hommes de bonne volonté. Il faut que l'écho révolutionnaire se réveille dans tous les coins de l'Europe, et que les rayons de la justice enveloppent notre monde corrompu.

Ne pourriez-vous citer de temps en temps dans votre *Cloche* quelque chose de moi, pendant que, de mon côté, je ferais dans mon tocsin des citations de vous? Ce serait un commencement d'union entre la France et la Russie, deux pays, après tout, faits pour se comprendre.

Tandis que nos princes font du gâchis et des massacres, commençons, par notre pensée, la fédération européenne.

Nous trouverons des correspondants allemands, flamands, hollandais, anglais peut-être, suisses, autrichiens, italiens, espagnols, américains, grecs, etc.; avec un peu de zèle, en six mois, nous devrions tenir l'Europe sous notre réseau.

Je vous promets d'apporter à l'exécution de ce plan tous mes soins; la lecture de mon premier numéro vous prouvera qu'il ne s'agit point ici de faire école, mais simplement de réveiller les sentiments impérissables du droit et de la liberté. Nous pouvons garder tous la plus entière indépendance et cependant nous grouper, nous discipliner dans cette grande guerre : tout cela doit se faire par un mot : *le droit.*

Enfin, cher monsieur Herzen, lisez-moi sans prévention ; interrogez votre conscience, et voyez ce que vous pouvez faire pour répondre à mon appel. Il s'agit, non plus de former un de ces comités aussi vains que prétentieux, à la façon du triumvirat Mazzini, Kossuth et Ledru-Rollin ; mais de faire circuler parmi les multitudes romanes, germaniques et slaves, une pensée forte et féconde, qui prépare, amène et assure l'affranchissement définitif.

Deux mots, s'il vous plaît, de réponse, et quoi que vous imprimiez en français, ne m'oubliez pas. Je compte sur vos communications, pour en embellir mes *Études*.

Je vous serre la main bien cordialement.

Tout vôtre.

P.-J. Proudhon.

Ixelles, 25 mars 1860.

A M. CHARLES BESLAY

Cher ami, avez-vous fini vos travaux avec la commission du libre-échange ?

Avouez que l'empereur avait fait un coup de tête, puisque MM. Rouher et Baroche ont cru devoir raccommoder la chose et dorer au bon public français la pilule. Mon Dieu ! quand donc l'histoire, la sévère et impartiale histoire, viendra-t-elle dire que Napoléon III fut un sot, ses ministres des fripons, et la France la plus lâche des nations. Depuis douze ans une pièce à intrigue se joue pour faire regarder Sa Majesté Impériale comme un grand politique, un grand génie, un grand homme, et le monde n'est plein que de ses bévues et tours de paillasse.

Avez-vous lu, et si vous l'avez lue, avez-vous compris la circulaire de M. Thouvenel sur l'annexion de la Savoie ?

Concevez-vous ce gouvernement obligé d'avouer qu'il n'avait ni prévu, ni voulu la conduite des Italiens; qu'il espérait autre chose que l'annexion des duchés au

Piémont; que cette annexion, il a fait ce qu'il a pu pour l'empêcher, et qu'elle s'est faite malgré lui; que, de toutes les puissances, celle à qui elle a fait le plus de tort, c'est la France; que, par là, nous nous trouvons de fait *amoindris*, et que l'annexion de la Savoie n'est qu'un bien faible dédommagement d'une si grande faute!

Voyez-vous cette série de stupidités qu'on est en train à cette heure de nous donner pour des succès?

Ah! la France est en train de digérer toutes les bourdes dont on l'a repue depuis quarante ans. Un accroissement de territoire la flatte. Sa Majesté a touché la fibre des *conquêtes*, et tandis que nous touchons aux dernières limites de l'ineptie, nous nous bouffissons dans notre vanité sotte. Savez-vous à quoi servent les conquêtes? A rien. Les annexions? A rien. Les redressements de frontières? A rien. Tout cela est suranné, rétrograde, absolument stérile. C'est comme si vous reveniez aux hallebardes, aux boucliers et aux catapultes. Heureusement, tout passe vite aujourd'hui. Après le dada de la guerre, nous avons enfourché celui du libre-échange; après le libre-échange, la conquête (comme si avec le premier on avait besoin du second!); après la conquête qu'aurons-nous encore? O race bête, ingrate, indigne! Avoir guillotiné Louis XVI, déterré Louis XIV, chassé Charles X, expulsé Louis-Philippe, maudit la République, pour venir s'accroupir sous l'aventurier de Boulogne!

J'en fais ici le serment : si jamais une ombre de liberté revient en France, monarchie ou république, je vous jure que ce n'est pas moi qui ferai de l'opposition au gouvernement. Je laisse cela à nos braves de la vieille République, qui ne soufflent mot aujourd'hui, et qui, sous un régime de liberté, retrouveraient leur grande gueule; c'est la nation que je me propose d'attaquer, et à qui je me réjouis d'avance de frotter le nez avec ce que l'on ne dit qu'à Dôle.

Je vous serre la main.

P.-J. PROUDHON.

Ixelles, 25 mars 1860.

A MM. GARNIER FRÈRES

Depuis la dernière lettre que j'ai eu l'honneur de vous écrire, la plus grande partie de mon temps a été employée à préparer la deuxième édition de mon livre *De la Justice*, dont la première livraison a enfin paru il y a à peu près quinze jours à l'*Office de publicité*. Vous comprendrez quel travail m'a donné cette réimpression, quand vous saurez que plus de cent pages nouvelles ont été ajoutées, la moitié de la première Étude entièrement refaite, et partout des corrections, des additions, des changements importants. En somme, quand la douzième livraison aura paru, mon livre aura été *augmenté* de près de 500 pages, sans parler de toutes les corrections et améliorations.

Voilà pourquoi, messieurs, la publication que je vous ai depuis si longtemps annoncée a traîné si longtemps. Enfin, aujourd'hui même, j'ai terminé la rédaction, je veux dire la mise au net, car j'ai écrit au moins *trois fois* cette brochure. Je la relirai encore, ce qui me prendra bien huit jours; puis je compte vous expédier le manuscrit, s'il vous convient de lui faire accueil.

Le sujet roule sur la *guerre et la paix*, c'est-à-dire sur les principes du *droit des gens*. D'après le manuscrit, cela formera au plus entre dix et onze feuilles (360 à 380 pages) grand in-18. Comme je ne parle ni de la religion, ni de l'Église, ni de l'empereur et de sa politique, ni de l'armée, mais tout simplement de droit et d'histoire, j'ai tout lieu de croire que mon travail, intéressant et instructif, plaira à tout le monde.

Maintenant, messieurs, tenez-vous, si vous vous chargez de cette publication, à ce que l'impression ait lieu à Paris, sous vos yeux, ou vous convient-il que je m'en charge pour vous à Bruxelles? Je vous soumets cette question, à laquelle je n'ai d'autre intérêt que celui des épreuves. Si vous préférez Paris, je vous expédierai mes feuilles avec mes instructions pour l'imprimeur. Dans ce cas, vous vous arrangerez pour me faire parvenir par la poste les épreuves. Si Bruxelles vous convient, vous me ferez part de vos intentions, et je serai pour vous tout à la fois auteur, correcteur, correspondant et commissionnaire.

Mon travail, je vous en préviens, bien qu'il forme un tout complet, doit avoir une *suite*. Cette suite viendrait courant septembre ou octobre; et nous continuerions ainsi deux ou plusieurs fois par an.

Soyez assez bons, messieurs, pour me faire réponse au plus tôt. Dois-je envoyer ou ne pas envoyer mon manuscrit? Pensez-vous le publier sur-le-champ? Voici le printemps : peut-être M. Hippolyte va-t-il bientôt faire une tournée en Belgique; peut-être viendra-t-il lui-même m'apporter votre réponse. Un mot, s'il vous plaît, messieurs.

Mon ami, M. Beslay, qui veut bien me servir de banquier gratuit, vous présentera un de ces jours un *reçu de ma main*, suivant notre ancienne habitude. Cela me dispensera de faire traite, d'employer des timbres, et de passer par le banquier, toutes formalités qui me sont désagréables.

Je vous salue, messieurs, bien cordialement.

P.-J. PROUDHON.

APPENDICE

1851.

A M. ET Mme SUCHET

Monsieur et madame, j'ai reçu vos deux bonnes lettres qui ont rendu ma femme bien fière et bien heureuse. J'attendais, pour y répondre, la visite par vous annoncée de l'excellent Gustave ; et c'est pendant qu'il cause avec Mme Proudhon et mes petites filles que je vous écris à la hâte ces quelques mots.

Nous sommes aussi bien portants tous qu'on peut l'espérer à Paris ; ma femme me semble plus heureuse ; je suis plus calme et je travaille mieux.

Je comptais pouvoir remettre à Gustave un petit opuscule pour mon bon ami Suchet : la CENSURE n'a pas encore donné son *exequatur*. J'ai peur qu'elle ne me garde rancune ; en tous cas, j'en serai quitte pour imprimer en Belgique; et le public savant de l'Europe n'y perdra rien.

Vous savez sans doute que grâce à nos instantes démarches, Pilhes et Langlois ont été transférés de Belle-Isle à Sainte-Pélagie, auprès de Gauthier. Chacun de ces messieurs occupe seul une des belles chambres du pavillon. Ce m'a été une grande joie d'abord de voir ces deux amis jouir de la présence de leurs familles et d'une source de bien-être qui les fait toucher à la liberté. Mais, depuis, j'ai eu peu à me féliciter de mes démarches. C'est à peine si, aujourd'hui, ceux que j'ai servis malgré mes répugnances et au prix même d'une certaine portion de ma dignité, me conservent l'estime à laquelle j'ai droit. Le puritanisme de ces *martyrs* est plus intraitable que jamais; et pendant qu'on me déchire à Paris, à Londres, à Belle-Isle, pour les visites que j'ai faites à Napoléon, Maupas, etc., dans un but de dévouement, ceux qui me devraient amitié et reconnaissance, loin de me défendre, ne semblent occupés qu'à se justifier, aux yeux des amis de là-bas, d'un transfèrement auquel, disent-ils, ils sont totalement étrangers. — Est-ce là, je le demande au loyal Suchet, est-ce là comprendre le devoir, l'honneur, le dévouement?...

Mon cher Suchet, vous êtes heureux d'avoir pu échapper à la société de ces vipères; et si jamais épouse eut des droits à la reconnaissance d'un époux, c'est Mme Suchet, pour la bonne inspiration qu'elle a eue de vous tirer de la caverne aux monstres de Doullens.

Mme X*** est bien moins heureuse. Son cher mari est une des natures les plus ingrates, les plus hypocrites que j'aie rencontrées. Croiriez-vous que cet homme, qui obtient aujourd'hui des sorties quand il le demande, affecte de dire plus haut que jamais qu'il n'a d'obligation à qui que ce soit, et qu'il se sent aussi pur de favoritisme et de sollicitation que lorsqu'il était à Doullens ? — En ce cas, lui ai-je dit, vous feriez bien de vous expliquer publiquement; car non-seulement on vous accuse d'avoir fléchi, mais on vous reproche d'être hypocrite.

Depuis un mois je ne vais plus à Sainte-Pélagie et n'y retournerai peut-être jamais. Je n'ai que faire d'entretenir des liaisons avec des gens qui tiennent plus à la bonne opinion de mes calomniateurs qu'à la mienne; qui acceptent mes démarches auprès des personnages officiels du jour, parce que, déshonoré et perdu, je n'ai plus rien à compromettre et que je ne puis servir qu'à cela?...

Oh! si une fois une bonne amnistie pouvait me mettre à l'aise vis-à-vis de cette tourbe jacobinique!... quel plaisir j'aurais à les écraser une dernière fois et de leur infamie et de mon mépris... Mais ils sont proscrits et je ne puis joindre ma malédiction à l'insulte de nos communs ennemis.

J'avais cela sur le cœur, mon bon et brave Suchet; je me sens soulagé en vous en faisant ici la triste confidence. Gardez cela pour vous; mais croyez qu'il est des instants où je regrette mon caveau de la Conciergerie, en société de la plus belle âme et du plus noble caractère que j'aie jamais rencontrés.

Voilà Gustave devenu homme. Quinze ans et demi, la voix changée, taille de cinq pieds trois pouces; une sérénité de regard et de cœur qui rappelle son père et sa mère, et je ne sais lequel des deux plus que l'autre.

Cultivez-moi ce jeune homme : ce sera un des héros de la génération nouvelle. Ne laissez pas pénétrer en lui l'hypocrisie, le fiel, les haines, les envies, les férocités des hommes de parti et de secte. Vous me connaissez, mon cher Suchet, jusqu'au bout des ongles, et vous savez si nos cœurs vibrent à l'unisson.

Parlez à votre fils pour nous deux, en mon nom comme au vôtre ; je ratifie d'avance toutes vos paroles.

Qu'il soit toujours, avant tout, loyal et franc ; qu'il ait les vertus de l'humanité avant celles du sectaire !

Je vous embrasse tous deux, chers amis, et suis votre tout dévoué.

P.-J. PROUDHON.

P.-S. Gustave vous portera sur la joue le baiser de ma femme.

Paris, 9 juillet 1854

A M. CHARLES EDMOND

Mon cher Edmond, j'ai reçu votre bonne lettre, datée de Constantinople, 15 juin, et je vous avoue que je l'attendais. Je connais toutes vos tribulations; je sais quels intérêts sacrés vous préoccupent, et tout ce que le devoir de la reconnaissance et des convenances vous imposent. Je serais le premier à vous le rappeler si vous pouviez l'oublier; mais, enfin, nous devons toujours garder au fond du cœur le coin de l'amitié, et je vous remercie affectueusement de votre souvenir.

Parlons donc des affaires d'Orient, puisque vous m'y invitez le premier, puisque votre sort actuel y est attaché et que l'Europe ne pense pour le quart d'heure à autre chose. Mais, pour vous donner un jugement motivé tel que vous le demandez, je serai obligé de reprendre les choses d'un peu haut et de les suivre, comme on dit ici, de fil en aiguille. Aussi bien, je tiens à faire à tout le monde sa juste part de blâme et d'éloge.

Commençons par la Russie.

Il est évident, d'après toutes les nouvelles d'Orient, que lorsque le tsar disait confidentiellement à M. Seymour : *la Turquie se meurt*, *la Turquie est morte*, le tsar était dans le vrai, et je ne comprends pas comment M. de Nesselrode, si habile, n'a pas tiré hautement parti de cette déclaration *confidentielle*.

Il est évident encore que lorsque Nicolas allait quêter partout un concours pour régler cette triste succession, il avouait implicitement qu'il ne se sentait pas la force d'agir seul, et je ne comprends pas encore pourquoi son diplomate ne l'a pas hautement reconnu.

Mais les choses en ce monde iraient trop vite et trop bien si on les tirait de cette manière au clair, et le diable, qui se mêle de tout, ne pouvait permettre que le tsar, qui avait deux fois raison, se conduisît ensuite en habile homme. Le tsar, c'est la personnification de tous les intérêts qui soupirent après le trépas de cette pauvre Turquie, intérêts qui ont leur égoïsme et, conséquemment, leur part d'iniquité. Au lieu de jouer franc jeu, le tsar colporte ses nouvelles en filou ; puis il tombe sur le moribond en brigand : *inde iræ*. Puisqu'il tenait à en finir, une fois le pot-aux-roses découvert il n'avait, ce me semble, que ceci à faire : dire aux Puissances qu'il exigeait *l'émancipation des chrétiens*, ce qui était bien l'extrait mortuaire du vieux ; que si la Porte s'y refusait, il l'y contraindrait ; mais, en même temps, que s'il plaisait aux Puissances de venir elles-mêmes faire la besogne, il les laisserait volontiers et se contenterait d'attendre, sans prendre d'engagement. C'est à peu près ce qu'il propose aujourd'hui à l'Autriche ; que ne l'a-t-il fait plus tôt ?... Une fois les Anglo-Français à Constantinople, éclairés par l'expérience, qui diable eût songé à disputer à Nicolas la Dobroudcha ? Enfin, on aurait enseveli le mort et l'on se serait entendu.

France et Angleterre. — Si quelque chose est honteux, à mon avis, ce ne sont pas les révélations de lord Seymour, c'est l'hypocrite scandale qu'elles ont soulevé. Comment! l'Angleterre qui somme le pauvre Abdul-Medjid d'abjurer les *principes erronés* du Koran a rougi de pudeur aux paroles de Nicolas. Comment, quand le tsar fait des ouvertures à Napoléon celui-ci lui ferme la porte au nez! On ne veut pas entendre parler de la mort de la Turquie, on veut qu'elle vive! Respect aux faibles! intégrité de la Turquie, nécessaire à l'équilibre européen!... Voilà la diplomatie de M. Drouyn de Lhuys, l'homme de l'expédition romaine!...

Qui donc vous obligeait à prendre pour acceptables les propositions du tsar? Le tsar fait des offres, ouvre le débat, met en avant une idée; il fallait examiner, discuter, contre-proposer; enfin, préparer les bases d'un traité. Mais non. L'Albion, en vraie bégueule, avait baissé les yeux; la France, en vertu de la halle, s'est mise à chanter pouille au séducteur :

> Sacré cochon, m' prends-tu pour un' margot?
> Si j' n'étais pas un' femme comme il faut,
> J' te ficherais mon poing sur la gueule!...

Et nous voilà lancés comme des paladins de l'Arioste... Qui donc leur a détraqué la cervelle? C'est ce qu'il est bon de voir.

Vous le savez, cher ami, la société européenne est dans le même état que la Turquie; elle est bien malade, elle s'en va; elle le sent, elle le sait; elle se raccroche à toutes les madones, elle appelle tous les empiriques, elle s'abreuve de tous les orviétans.

En France, par exemple, la réaction de 1848 se

poursuit, acharnée et toujours plus furieuse, plus impitoyable que jamais. C'est au point que si l'Empire venait à tomber, vous auriez demain pour ministres Guizot-Labourdonnaye, Broglie-Polignac, et Cousin-Trestaillons. A défaut de la fusion, les néo-jacobins se donneraient le plaisir de commencer la guillotinade par Clootz, Hébert, Desmoulins, Chaumette, Jacques Roux, Varlet, Monmoro et autres anarchistes et athées. Et cela durerait jusqu'à ce qu'un sabre sorti de la culotte du néo-chrétien Buchez se chargeât de rétablir l'ordre et les bons principes dans la société expirante ! C'est vous dire assez que sous des formules en apparence contradictoires, le vieux monde est d'accord au fond et conduit par les mêmes routines, les mêmes préjugés. Par exemple, que voulez-vous qu'imagine de mieux cet ancien prix d'honneur répondant au nom de Drouyn de Lhuys, que de raffermir *l'équilibre européen*? ces traditions de la Sainte-Alliance, de Richelieu, du traité de Westphalie? Quant aux Turcs, n'avons-nous pas une autre tradition, celle de François Ier ? Vous dites : mais les nationalités ? — Les nationalités ! ceci est de tradition, c'est-à-dire de blagologie révolutionnaire. Il a suffi que la Révolution montrât le bout de l'oreille pour que les nationalités fussent à l'instant écartées. — Qui l'a voulu ? Drouyn de Lhuys, c'est-à-dire toujours cette vieille société dont lui et ses collègues sont les sifflets. A coup sûr, ni l'orléanisme, ni le légitimisme, ni la fusion n'ont appuyé la guerre; mais ce qu'ils ont fait, ne pouvant tout empêcher, ç'a été de rendre la guerre à la fois contre-révolutionnaire et hostile aux peuples. Le moment, en effet, eût été mal choisi pour faire cette brèche au principe d'autorité.

Rappelez-vous ma dernière lettre, cette lettre épouvantée, où je vous disais qu'il fallait absolument, à peine de ruine et d'infamie, forcer Napoléon III *d'abdiquer?* J'étais sous le coup d'une de ces intuitions comme il m'en arrive par instants, et qui me font parler presque avec l'emportement des oracles. Eh bien! ce qui n'était alors qu'une intuition devient pour moi insensiblement une certitude. Oui, la voie où l'Empire s'est engagé aboutit à une abdication, non plus en faveur d'un prince de la famille, mais en faveur du comte de Paris : *sacer esto!*

J'ignore encore ce que deviendra la guerre, tant je la trouve à la fois ruineuse, dénuée de cause, en un mot absurde. Mais suivez mon raisonnement et vous allez voir, à moins d'un revirement de politique, c'est-à-dire d'une révolution, ce qui attend la dynastie des Bonaparte.

Ce qui me semble avoir entraîné l'Angleterre à cette guerre et forcé la main au ministère Aberdeen, c'est, avec le chauvinisme commun à ce pays et au nôtre, l'ambition de l'aristocratie. L'aristocratie anglaise souffre dans son orgueil, elle se voit pousser, à la fois, par la bourgeoisie mercantile, par le cobdénisme, par le chartisme, par les agitations du continent, dans une voie à elle inconnue. Elle songe, cette aristocratie, à refaire contre la Russie, ou tout autre, quelque chose comme la guerre avec la République Française et l'Empereur. C'est toujours, sous une forme locale, la contre-révolution.

Joignez à cela les instincts de la bourgeoisie allemande qui, sous couleur de libéralisme, et je veux le croire, avec des intentions libérales, appuie la politique commune de la France et de l'Angleterre. En Allemagne on a la manie du parlementarisme autant que la haine du Slave. Le bourgeois veut avoir sa Constitution, aidé en cela par la démocratie germanique; il s'imagine, en conséquence, d'après le passé, que le véritable ennemi de sa chère Constitution, c'est la Russie, c'est Nicolas. Faire la guerre à la Russie, on crie cela depuis trente ans, c'est faire la guerre au despotisme; bien mieux, admirez la sagesse profonde des bourgeois, c'est ôter tout prétexte, toute occasion, tout aliment, c'est tordre le cou à la Révolution. Le bourgeois allemand n'a pas moins d'horreur que le nôtre de la démocratie sociale; mais il ne veut pas plus de despotisme que de noblesse; il veut se mettre au niveau du bourgeois anglais, bien rogue avec le ministère, hautain avec le prince, cafard, bigot, sec, comme Malthus.

Tous ces élements se sont donc réunis dans une pensée commune pour faire cette Sainte-Alliance bourgeoise à laquelle a présidé Napoléon III, comme autrefois Alexandre Pavlovitch présidait à celle des rois, et qui a pris pour son géant à abattre et son monstre à étouffer Nicolas et la Révolution. — Le peuple, *pecudes*, fait chorus : à Paris, à Vienne, à Berlin, à Londres, il crie hurrah contre le Cosaque, et le bourgeois répond : *Amen, et contre la Révolution !...*

Que le roi *Guillaume* et le jeune empereur *François-Joseph* gardent quelque sympathie pour le tsar; — qu'ils aient peu d'estime pour Napoléon III et peu de confiance à l'Angleterre, cela ne me parait pas douteux, mais dans ce gâchis qui leur fait la partie si belle, je trouve leur politique toute tracée, et je ne vois pas qu'ils s'en écartent. Ils se mettent à la tête du mouvement; ils se sont faits médiateurs ; — or, l'intégrité de la Turquie, c'est l'intégrité de la Prusse et de l'Autriche qu'un partage avoué compromettrait. *Ne parlons pas corde dans la maison d'un pendu!* Nicolas a été indiscret, il est trop sage pour ne le pas comprendre. Il faut, pour le salut de l'Autriche, que la Turquie soit, officiellement du moins, maintenue; ne le voyez-vous pas? On ira, s'il faut, jusqu'à se battre contre les Russes. Mais cet intérêt, si flagrant, n'est pas le seul; faire la guerre, pour les cours de Berlin et de Vienne, armer, recruter des soldats, faire marcher des bataillons, se faire décerner des bravos par le bourgeois contre-révolutionnaire et la multitude anti-cosaque, croyez-vous que ce soit s'engager à donner à leurs peuples des Constitutions? Souvenez-vous de 1814-1815 : Napoléon abattu, les rois victorieux ne se souvinrent plus de leurs promesses à l'heure où je vous parle, l'Allemagne est renvoyée à vingt-cinq ans.

Franchement, je trouve à l'Autriche, pour se comporter comme elle fait sournoisement avec tout le monde, toutes sortes de motifs : anéantir, en défendant l'intégrité de l'Empire ottoman, la question des nationalités, — combattre la Révolution européenne; — ajourner indéfiniment les vœux de ses bourgeois; — recueillir de la popularité en flattant l'instinct des masses; se rendre un peu moins dépendants de son haut protecteur Nicolas; en cas de mort de la Turquie, s'arrondir en tout bien tout honneur de deux ou trois provinces; voilà, mon cher, d'après ce que je vois et ma manière de poser les chiffres, comme j'envisage la position de l'empereur d'Autriche. Les mêmes observations s'appliquent au roi de Prusse, quoique dans une moindre proportion; vous savez que le reste de l'Allemagne les suit.

Et maintenant, quel fruit recueillera le France de

cette grande politique conservatrice, équilibriste et *providentielle ?...*

Un répit de quelques années, une étape sur notre grande route révolutionnaire, si Napoléon III ne tombe pas trop tôt;

Une restauration forcée, pour peu que le cours des choses se précipite ; du côté de l'Ouest, rien, pas un denier, pas un koppek, pas même l'honneur. Or, à moins que le bon ange de la contre-révolution, qui jusqu'à ce jour a inspiré et couvert de ses ailes Napoléon III, ne trouve moyen pour lui d'allonger le débat, je parle surtout de la question d'Orient, je crois, je vous l'avoue, la restauration proche.

Avant-hier, un décret impérial a ouvert un crédit extraordinaire de 52 millions au ministre de la guerre pour les expéditions d'Orient; cela fait 302 millions de dévorés. Vous savez qu'en principe, quand un gouvernement emprunte, c'est que l'argent est dépensé : nous avons le temps, d'ici fin décembre, d'arriver au demi-milliard.

Vous me dites que les Russes seront battus, je le veux, mais cela ne nous avance de rien, et le pire qui puisse nous arriver serait de leur prendre une province qu'il faudrait garder. Nous sommes embarqués dans une entreprise qui peut nous coûter bon an mal an 50,000 hommes et 200 millions de francs. On s'en apercevra bientôt, et le jour viendra où le pays ne pouvant plus aller, la contre-révolution, dont Napoléon III n'est que l'instrument peu aimé, dira : Halte !

Halte ! c'est l'abdication. En effet :

L'Autriche et la France consolidées, les Constitutions ajournées, les nationalités enchaînées, la démocratie vaincue, la logique commandera de *faire la paix.* La paix, ce sera le *mea culpa* de Napoléon III, et pour peu que l'Angleterre s'y prête, il disparaîtra. Le comte de Paris l'enverra à Londres ou lui fera une pension alimentaire. Comment résisterait-il? Est-ce qu'il y a en France un parti bonapartiste? Est-ce que tout ce qui se passe depuis cinq ans n'a pas détruit tout le prestige du nom, usé tous les dévouements? Est-ce qu'on ne voit pas les plus fidèles s'écarter l'un après l'autre par une puissance occulte? Hier Casabianca, aujourd'hui Persigny, demain Piétri; il n'en restera tout à l'heure pas un, vous dis-je. Tout est préparé pour la transition; tout l'attend, la désire; il n'y faut que l'occasion. C'est Louis-Philippe devenu dévot qui règne et gouverne; l'Empire et ses soi-disant institutions ne sont qu'un jouet avec lequel en ce moment la vieille société mystifie les masses, et sur lequel elle épuise la rage tout à l'heure impuissante de nos aveugles républicains.

Vous me parlez de la perfidie autrichienne. Êtes-vous plus sûr de la bonne foi anglaise? A quelques symptômes, je crois voir que l'Angleterre n'est point amie du nouvel Empire : malheur à nous si elle l'aimait, nous serions devenus sa proie!... Mais avez-vous su que le *Times* a fait la conduite à M. Persigny, démissionnaire, avec force injures et railleries? Savez-vous que la cause de ces injures était l'opposition que faisait Persigny à la politique de l'empereur?... Savez-vous que le même *Times* trouve fort mauvais que Plumridge ait incendié les magasins des Russes dans la Baltique? Qu'on brûle les *flottes* russes, qu'on détruise les forts, à la bonne heure! Point de marine que la marine anglaise. Mais des marchandises, du goudron, des cordages! quelle félonie?

Après avoir couvert d'outrages Napoléon III, tant

qu'elle a eu peur de le voir descendre chez elle, l'Angleterre lui a prodigué le plus grossier encens; mais c'est elle qui a la haute main dans la guerre; quant à Napoléon, elle lui procure le passe-temps, au lieu de sauter sur la Belgique, d'éjaculer sa fringale belliqueuse sur le Danube et la mer Noire. Puis-je croire à la sincérité de ces démonstrations, à l'oubli de ces cœurs offensés, de ces cœurs aristocrates ?

Et nous en sommes là.

Nous aiderons à détruire les flottes russes, et pour cela nous usons les nôtres, notre dernière ressource; car nos arsenaux sont épuisés : tout est à la mer!..... Cela fait, l'Angleterre règnera seule sur l'Océan; mais nos chauvins seront satisfaits, nous aurons battu le Tsar!...

Nous ne sauverons pas la Turquie, et quand nous aurons inoculé à la malheureuse France ce nouveau chancre, cette autre Algérie par où s'écoule son sang, il lui faudra crever tôt ou tard, laissant la place libre aux Grecs, aux Autrichiens et aux Moscovites. Heureux encore si quelque royauté exilée, se dévouant pour nous et assumant notre honte, nous apporte la paix au prix de l'abandon de notre *allié*, je me trompe, de notre funeste conquête!

Quand un courant se lève dans l'histoire, vous le savez, il faut qu'il s'épuise. Je ne crois plus que le nouvel Empire puisse revenir de la voie où il est engagé; il n'y aurait, je vous le répète, qu'une abdication, tout au moins une sorte de coup d'État contre la politique ministérielle, qui pût résoudre ce difficile problème. Mais un acte de cette vigueur équivaudrait à une révolution. Est-ce possible, désormais? Je ne le crois pas. Il faut que l'Empire meurt comme est morte la monarchie de Juillet, après avoir achevé le personnage à moitié joué de la dynastie d'Orléans. Que cette fin arrive le plus tôt possible, afin qu'il n'y ait pas de reprise et que la nation, éclairée, sorte enfin de son ornière fatal; c'est tout mon souhait.

Je vois par les journaux que le prince est à Varna; je pense que vous, officier dans les troupes du Sultan, vous ne resterez pas à Constantinople. Je ne souhaite point, je vous le dis sincèrement, que le prince Napoléon arrive jamais à l'Empire. Je lui dois trop de reconnaissance pour cela. Oserait-il faire volte-face, rendre la liberté et la parole au pays, en même temps qu'il se poserait en initiateur envers et contre tous?... Le pourrait-il?... Quand une dynastie est entrée si avant dans la réaction, quand, pendant deux règnes séparés l'un de l'autre par quarante ans d'intervalle, elle s'est donné une signification si tranchée, il est difficile qu'elle abdique tout à coup sa tradition et tout son organisme. Ce que n'eût pas osé le premier empereur dans toute sa gloire, la restauration du pouvoir jésuitique, Napoléon III l'a fait; il a fait plus, il a renié 89 et la Révolution. L'évolution du principe posé au 18 Brumaire a annexé Rome à Constantinople; le chef de la Sainte-Alliance, ce n'est plus Nicolas, c'est Napoléon... Pour qu'un Bonaparte fût logique, il faudrait qu'il commençât par être conspirateur, carbonaro.

Je travaille de toutes mes forces. Aujourd'hui dimanche, j'ai suspendu mes travaux pour cette conversation avec vous. Vous avez le résumé de mes conjectures sur l'avenir, et de mes sentiments. Je tâche de deviner les événements d'après la disposition des esprits : c'est pour cela que, selon moi, dans cette question d'Orient, de même que depuis longtemps le Saint-

Sépulcre n'est plus de rien, de même la Turquie n'est rien, la Russie rien; ce qui est quelque chose, la véritable affaire, c'est la mystification de l'Allemagne, l'enchaînement de la démocratie et de la Révolution, et la *gloire* de l'Angleterre.....

Tous nos amis se portent assez bien et ma femme vous remercie. Mais la proscription pèse sur nous; c'est toujours le socialisme que tous accusent, car c'est le socialisme qui seul est vivant. Darimon, Boutteville, trop connus, ne peuvent pas trouver le moindre emploi pour gagner leur vie; — moi, je vis de mon reste et de quelques pacotilles, en attendant que je lance une dernière fois le gant à ce vieux monde perverti, ce que je compte faire au printemps prochain. Ou je ressusciterai, comme je vous l'ai dit, ou je passerai en Amérique, car la position ne serait plus tenable.

Je vous embrasse de tout cœur.

P.-J. Proudhon.

Paris, 12 septembre 1854.

A M. LE DOCTEUR DUPAS

Cher docteur, vous avez donc voulu contribuer, de votre cave, à ma guérison, et sceller avec moi, sous l'étreinte du choléra, un pacte d'amitié! car vraiment je ne puis attribuer à autre cause votre tant doux et tant joli cadeau. Merci donc, et à toujours amitié.

Vraiment, je suis un malade à envier. Un homéopathe me soigne comme une mère soigne son enfant; — un *Raspaillier* se charge de me refaire le cœur et d'abreuver ma convalescence; — un vieil ami, médecin de campagne, de l'École académique et allopathique, m'appelle à grands cris dans les champs de la Beauce. Jamais homme n'eut tant à se louer des médecins, vraiment. Mais avouez qu'entre ces trois *maîtresses*, il m'est bien difficile de faire un choix et de ne pas rester ce que j'ai toujours été en matière médicale : éclectique, pour ne pas dire un peu sceptique....

N'en déplaise à mon ami, le docteur Cretin m'a sauvé du choléra avec ses infinitésimaux; mais j'aurais grand besoin, à cette heure, qu'on me délivrât de la convalescence, qui se prolonge de façon à me désespérer. Et c'est précisément là que je vois échouer les systèmes. Depuis douze jours que le mal m'a quitté, je n'avance guère; mes jambes refusent le service et mon estomac proteste. Hier encore, il m'a fallu passer la journée sans manger. On m'a fait avaler dans les commencements, par cuillérées étendues de dix fois leur volume d'eau, une bouteille ou deux de celles que vous m'avez envoyées; je crois que cela m'a fait du bien, mais je ne saurais dire encore quel est le goût du liquide, mon palais ne s'y prêtant pas du tout!

Tant y a, cher docteur, que je n'ai pas encore pu boire à votre santé, et que c'est à peine si j'ai la tête assez libre aujourd'hui pour vous écrire ce long remerciement.

Au fait, il y a longtemps que je chargeais cette mine, et maintenant qu'elle a éclaté, je ne m'étonne point de cette étrange faiblesse. Résignons-nous. Je m'accorde six semaines.

Mes hommages bien sincères à votre excellente femme, et mes caresses à ses enfants.

A vous, bonjour cordial.

P.-J. PROUDHON.

Paris, 15 juin 1857.

A M. DUPAS

Mon cher Dupas, la nation est en train de mourir de ce qu'on appelle *la politique*. Elle va ailleurs....

L'Empire, seul, à moitié usé, ayant besoin de se rafraîchir le sang, avait besoin de prendre un bain électoral.

Il appartenait à notre vieille démocratie, rouge et modérée, de n'apercevoir ni l'un ni l'autre.

Je ne donne mon approbation ni ma désapprobation à aucune candidature. J'ai résolu de me tenir a l'écart, et j'ai remercié très-décidément tous ceux qui parlaient de me faire candidat.

Si, pour mon malheur, j'avais eu un journal, j'aurais soutenu les propositions qui précèdent, et l'on aurait dit que j'étais payé par la police.

Si je m'étais porté candidat pour la démocratie sociale, on aurait dit que j'*effrayais*, et, de plus, *divisais*.

Je rends grâce au ciel que les circonstances et ma santé ne m'aient pas permis de rien dire.

Je ne sais pas ce qu'a écrit Darimon le 12 janvier. De quoi me parlez-vous là ?

J'accepte votre poignée de main comme une absolution de mes torts envers vous. Depuis dix-huit mois, je ne sors quasi plus, retenu par l'épuisement de mes forces et de ma cervelle. Mes sentiments à Mme Dupas.

Bonjour.

P.-J. Proudhon.

Bruxelles, 25 juillet 1858.

A M. GUSTAVE CHAUDEY

Mon cher ami, le soin que vous prenez de mes intérêts me montre votre amitié. Puissiez-vous trouver, malgré mes brusqueries et mes oublis, que j'y correspond à votre gré! Elle durera longtemps et il pourra en sortir quelques bonnes choses.

J'ai reçu vos lettres; la première, destinée à orner mon *Mémoire*, est parfaite. J'y ai retrouvé les signes de l'esprit franc-comtois autant que de la logique du jurisconsulte. Me pardonnerez-vous si je vous dis, au risque de froisser votre amour-propre, que je vous trouve bien supérieur comme écrivain à ce que vous êtes comme avocat? Il est vrai que, hors de nos conversations, je ne vous ai entendu qu'une fois; mais enfin vous allez au style, vous avez la formule, et votre logique, profondément dissimulée sous la période, est irréprochable.

Il en est tout au contraire de mon ancien collègue Crémieux. J'ai quelques lettres de lui; ce superbe artiste d'éloquence s'entortille quand il écrit, au point qu'il ne sait pas, en commençant une phrase, comment il la finira. S'il fallait le juger sur sa correspondance, il perdrait beaucoup.

Puisque je vous parle de M. Crémieux, vous avez appris, par mon ami Beslay, que je l'ai chargé de remettre une lettre au président; vous avez dû lire la copie de cette lettre ; ainsi, je n'ai plus rien à vous apprendre. Les choses vont comme vous l'avez désiré, et ne craignez rien. Si M. Perrot de Chézelles me donne congé jusqu'au mois d'octobre, cela ne prouvera nullement que M. Delangle laisse pénétrer mon Mémoire. En sorte que je suis gardé à carreau. Et si le Mémoire entre, je leur en verserai une cargaison telle qu'ils finiront par crier holà ! et qu'alors je les enverrai faire *lanlaire*.

Je les tiens par les cornes, et vous pouvez m'en croire, je suis disposé à tirer sur le palais à boulets rouges.

A ce propos, parlons un peu affaires.

Mon Mémoire sera ma dénonciation de guerre à vos magistrats. Les corrections que vous m'avez indiquées, quelques additions importantes, un certain nerf que j'y vais mettre; le tout animé par une pensée générale terrible, qui est que nos juges ne savent pas la justice, parce qu'ils sont tous ou bigots ou tartuffes; tout cela réuni formera un manifeste superbe. Maintenant, à vous et aux amis de la bonne cause, vos confrères, de me colliger de petits faits, bien élucidés, bien authentiques (tout doit venir du palais), à l'aide desquels je vous bâtirai le *Manuel de Perrin Dandin*, pour faire pendant au *Manuel de M. Schylock*.

Il faut attaquer l'*Infâme* par la morale, vous dis-je; faire de la vertu une machine de guerre, et le mot du guet de la Révolution. C'est par là que nous ferons crouler cette hideuse boutique, qu'il ne me serait pas plus possible, à l'étranger, d'attaquer en la personne du gérant, qu'il ne me l'était, il y a six mois, à Paris.

Il vous faudra faire connaissance d'Hippolyte Duboy, qui ne demande pas mieux que de marcher. Je le ferai pousser par Marc Dufraisse.

Cultivez M. Faustin Hélie et tout ce que vous rencontrerez d'honnêtes gens parmi les légistes, et ramassez des matériaux.

Méfiez-vous des gens qui plaident toutes les causes; ces gens-là, je vous en préviens, passeront tous par mon étamine, et vous ne voudriez pas me donner le chagrin de penser que mon ami Chaudey, mon avocat, mon complice, mon confrère en exil, ne vaut pas mieux que les autres. Choisissez vos affaires et marchons à la conquête de l'avenir.

Je compte que mon Mémoire pourra être mis sous presse cette semaine. Ce que je remue là-dedans d'idées est énorme; puis il faut soigner la clarté, la justesse du raisonnement, le style, et me renfermer toujours dans mon sujet. C'est écrasant.

Ma santé est médiocre; je paie le tribut d'un si brusque changement d'habitudes par un peu de mélancolie, de relâchement d'estomac, etc. Mais la volonté prend le dessus; je me couche de bonne heure, je travaille tant que je puis, et pendant les promenades je pense aux miens, à vous, à tous nos amis.

Ma permission de séjourner en Belgique a été décidée au Conseil des ministres, sur la demande que j'ai adressée au Ministre de la justice et la promesse que j'ai faite de ne rien faire qui pût troubler les relations internationales du pays. L'Empire est exécré par ici, mais la Belgique est faible; il faut passer sous les fourches caudines.

Je ne crois pas encore que je fixe ici ma résidence, mais j'y ferai des courses; c'est un pays bon à cultiver.

Au reste, vous saurez toujours où je serai.

Écrivez-moi, soit sous le nom de Dufort, soit par l'entremise de ma femme, et quand vous aurez des choses sérieuses, prévenez-m'en à l'avance, je vous donnerai d'autres adresses.

Mes respects à Mme Chaudey, mes amitiés à votre beau-frère Barbier et à toute la famille, et un baiser à mon fillot.

Je vous serre la main.

P.-J. PROUDHON.

FIN DU TOME NEUVIÈME.

TABLE DES MATIÈRES

1859

1860

Appendice.

1851

1854

1857

1858

Paris. — Imp. Moderne (Barthier, dr), rue J.-J. Rousseau, 61

Paris. — Imprimerie Moderne (Barthier, d^r), rue J.-J.-Rousseau, 61.

www.ingramcontent.com/pod-product-compliance
Ingram Content Group UK Ltd.
Pitfield, Milton Keynes, MK11 3LW, UK
UKHW021844190726
13855UKWH00001B/139

9 782013 400725